# 精准自然叫牌

◎陈光荣 著

人民体育出版社

图书在版编目（CIP）数据

精准自然叫牌 / 陈光荣著. -- 北京：人民体育出版社, 2024

ISBN 978-7-5009-6430-8

Ⅰ.①精… Ⅱ.①陈… Ⅲ.①桥牌—基本知识 Ⅳ.①G892.1

中国国家版本馆CIP数据核字(2024)第034175号

\*

人民体育出版社出版发行
三河市紫恒印装有限公司印刷
新 华 书 店 经 销

\*

880×1230　32开本　14.125印张　389千字
2024年6月第1版　2024年6月第1次印刷
册数：1-3,000册

\*

ISBN 978-7-5009-6430-8
定价：52.00元

社址：北京市东城区体育馆路8号（天坛公园东门）
电话：67151482（发行部）　　邮编：100061
传真：67151483　　　　　　　邮购：67118491
网址：www.psphpress.com
（购买本社图书，如遇有缺损页可与邮购部联系）

# 前言

本书以国际公认的《桥牌世界标准》（Bridge World Standard，简称BWS）2001版为依据，结合桥牌比赛实践中的需要，对其内容进行了细化，使广大桥牌爱好者能够掌握并运用现代自然叫牌体系。

精准自然叫牌把现代自然叫牌1阶花色开叫分为1阶高花开叫和1阶低花开叫。1阶高花开叫为13~21点，5张以上套；1阶低花开叫为13~21点，3张以上套。因1阶花色开叫的牌点幅度较大，不好把握，因此，精准自然叫牌把开叫牌点分为三档：低限牌力为13~15点、中限牌力为16~18点、高限牌力为19~21点。在开叫人再叫时，持低限牌力不跳叫再叫；持中限牌力跳一级再叫；持高限牌力一般跳二级再叫，但按照好牌慢慢叫的要求，当同伴也持有一定牌力时，持高限牌力只跳一级再叫。

精准自然叫牌把均型牌15~17点列为1NT的开叫牌点，20~21点列为2NT的开叫牌点。13~15点的均型牌先开叫1阶低花，下轮再叫时再叫1NT；18~19点的均型牌也是先开叫1阶低花，下轮再叫时跳叫2NT；22点以上的均型牌先开叫2♣，下轮再叫时，持22~24点再叫2NT，持25~27点再叫3NT。

精准自然叫牌把长套牌型点计入开叫牌点。5张套计1点，6张套计2点，7张套计3点，8张套计4点。因此，5张套开叫，持大牌点12点就可以开叫1阶花色。叫牌时，确定是否叫到成局定约，大牌点加牌型点，联手达到26点牌力就应该叫到局，联手达到33点就可以打小满贯定约。这样就解决了不到相应的大牌点也可以打成一个局的困惑。在打有将定约时，当将牌配合，还应计算短套牌型点，即双张加

1

1点、单张加2点、缺门加3点。

  精准自然叫牌就现代自然叫牌体系的开叫牌点幅度有较多的限制和补充再叫。如同伴开叫1阶花色，你作一盖一应叫，表示牌点在6点以上18点以下，幅度太大，不好把握。精准自然叫牌就把一盖一应叫的牌点幅度修改为6~15点，在下轮再叫时，持11点以上就应跳一级再应叫，这样能很好地表达牌力。再比如，现代自然叫牌体系中将1阶低花开叫后的2阶单加应叫，由弱应叫改为强应叫，表示牌点在11点以上。那么1阶低花开叫后的双加应叫就变成了阻击性弱应叫，牌点为6~10点。6~10点仍幅度较大，精准自然叫牌就将6~10点牌力分为低限6~8点，高限9~10点。开叫人为了弄清应叫人是高限牌力还是低限牌力，可再叫3♥询问，应叫人答叫3♠为低限，答叫4阶低花为高限。

  精准自然叫牌把满贯叫牌中的问叫分为高花将牌问叫和低花将牌问叫。高花将牌问叫使用4NT关键张问叫，低花将牌问叫使用4♣关键张问叫，无将定约的问叫仍采用黑木问叫或格伯问叫。低花将牌问叫采用4♣关键张问叫阶数较低，使继续问特定K不受影响，只有超过4♣确定将牌时才使用4NT问关键张。

  本书对于2♣开叫后的应叫，采用最新版的现代自然叫牌体系。凡是不适宜应叫2♥、2♠、2NT、3♣、3♦的牌，都可以先应叫2♦，大牌点为0~10点。若持大牌点为0~4点，则在下一轮叫牌时作第二次示弱。应叫2♥、2♠、2NT、3♣、3♦，表示持有8点以上牌力的特殊牌型。

  本书对于对方干扰后的叫牌，增加了负加倍手段。使用负加倍叫牌，一般适用于对方争叫的阶数在2♠以内，对方在3阶水平争叫后叫加倍就是惩罚性加倍。负加倍叫牌的牌力范围为6~15点，表示一门或两门未叫过的花色持有4张。

  本书对于防守叫牌，增加了牺牲加倍叫牌和平衡性扣叫。对于1NT开叫后的防守叫牌，采用卡普兰蒂争叫。对于迈克扣叫，不论是低花迈克扣叫还是高花迈克扣叫，均采用扣叫低限牌力为8点且持有两套牌。对于不寻常2NT争叫，其牌力或弱或强，即或8~11点或16点以上。

  本书适合于有一定桥牌基础的桥牌爱好者为提高桥牌技术水平使用，也可以供参加全国各类桥牌比赛的牌手参考。鉴于本人水平有限，书中难免有缺点和错误，恳请各位读者批评指正。

陈光荣<br/>2023年9月

# 目录

## 第一章　开叫 ································· 1

### 第一节　精准自然叫牌介绍 ················ 2
一、牌点的计算方法 ···················· 2
二、精准自然叫牌的开叫原则 ·········· 4
三、精准自然叫牌开叫概述 ············ 5

### 第二节　1阶花色开叫 ······················ 8
一、1阶高花开叫 ······················ 8
二、1阶低花开叫 ······················ 9
三、花色再叫原则 ···················· 10

### 第三节　无将开叫 ························ 12
一、1NT开叫 ·························· 12
二、2NT开叫 ·························· 14
三、3NT开叫 ·························· 15

### 第四节　2阶花色开叫 ···················· 16
一、2♣开叫 ·························· 16
二、2♦开叫 ·························· 17
三、弱2开叫 ·························· 19

### 第五节　阻击性开叫 ······················ 20
一、赢墩的计算 ······················ 21
二、低花阻击性开叫 ·················· 21
三、高花阻击性开叫 ·················· 23

## 第二章　1阶高花开叫后的叫牌 ………………………… 25

### 第一节　应叫人的第一应叫 ………………………… 26
一、加叫同伴开叫花色 ………………………… 26
二、应叫无将 ………………………… 27
三、应叫新花色 ………………………… 29
四、对同伴开叫花色有支持的应叫整合 ………… 30

### 第二节　开叫人的再叫 ………………………… 32
一、低限牌力的再叫 ………………………… 33
二、中限牌力的再叫 ………………………… 41
三、高限牌力的再叫 ………………………… 51

### 第三节　应叫人的再应叫 ………………………… 58
一、开叫人表示低限牌力的再应叫 ……………… 58
二、开叫人表示中限牌力的再应叫 ……………… 67
三、开叫人表示高限牌力的再应叫 ……………… 76

## 第三章　1阶低花开叫后的叫牌 ………………………… 81

### 第一节　应叫人的第一应叫 ………………………… 82
一、加叫同伴开叫花色 ………………………… 82
二、应叫无将 ………………………… 83
三、应叫新花色 ………………………… 84

### 第二节　开叫人的再叫 ………………………… 85
一、低限牌力的再叫 ………………………… 86
二、中限牌力的再叫 ………………………… 94
三、高限牌力的再叫 ………………………… 106

### 第三节　应叫人的再应叫 ………………………… 115
一、开叫人表示低限牌力的再应叫 ……………… 115
二、开叫人表示中限牌力的再应叫 ……………… 123

三、开叫人表示高限牌力的再应叫 ················ **130**

第四章　无将开叫后的叫牌 ·························· **140**

　第一节　1NT开叫后的第一应叫 ······················ **141**
　　一、2阶应叫 ······································ 141
　　二、3阶应叫 ······································ 142
　　三、4阶应叫 ······································ 146

　第二节　1NT开叫后的斯台曼问叫及发展 ············ **147**
　　一、高花斯台曼问叫 ······························ 147
　　二、贝尔约定叫 ·································· 150
　　三、斯莫伦约定叫 ································ 152
　　四、斯台曼问叫后爆裂叫 ·························· 156
　　五、低花斯台曼问叫 ······························ 159

　第三节　1NT开叫后的转移叫 ······················ **163**
　　一、雅可比转移叫 ································ 163
　　二、高级雅可比 ·································· 171
　　三、得克萨斯转移叫 ······························ 173

　第四节　2NT开叫后的叫牌 ······················· **173**
　　一、2NT开叫后的第一应叫 ························ 174
　　二、第一应叫后的发展 ···························· 175

　第五节　赌博性3NT开叫后的叫牌 ·················· **181**

第五章　2阶花色开叫后的叫牌 ······················ **185**

　第一节　2♣开叫后的叫牌 ························· **186**
　　一、2♣开叫后的第一应叫 ························· 186
　　二、2♣开叫后的开叫人再叫 ······················· 188
　　三、2♦第一应叫后的应叫人再应叫 ················· 191
　　四、牌例 ········································ 197

3

## 第二节　2♦开叫后的叫牌 ………………………………… 205
一、2♦开叫后的第一应叫 ………………………… 205
二、2♦开叫人的再叫 ……………………………… 207
三、应叫人的再应叫………………………………… 212
## 第三节　弱2开叫后的叫牌 ……………………………… 225
一、弱2开叫后的第一应叫 ………………………… 225
二、第一应叫以后的叫牌…………………………… 228

# 第六章　对方干扰后的叫牌…………………………… 235
## 第一节　对方技术性加倍后的叫牌……………………… 236
一、对方技术性加倍后的几种应叫………………… 236
二、牌例……………………………………………… 241
## 第二节　对方花色争叫后的负加倍……………………… 245
一、负加倍的使用…………………………………… 245
二、负加倍的几种情形……………………………… 246
三、同伴使用负加倍后的再叫……………………… 249
四、应叫人的再应叫………………………………… 252
五、牌例……………………………………………… 254
## 第三节　对方花色争叫后的叫牌………………………… 258
一、对方花色争叫后的应叫………………………… 258
二、对方花色争叫后的开叫人再叫………………… 263
三、牌例……………………………………………… 267
## 第四节　1NT开叫被对方干扰后的叫牌 ………………… 272
一、对方干扰后的第一应叫………………………… 272
二、牌例……………………………………………… 278
## 第五节　对方其他形式干扰后的叫牌…………………… 286
一、1阶花色开叫接着对方争叫1NT后的叫牌 …… 286
二、1NT开叫被对方惩罚性加倍后的叫牌 ………… 288

三、虚应叫被对方加倍后的叫牌 ·················· 290

第七章　防守叫牌 ···················· 293

　第一节　加倍 ························ 294
　　　一、技术性加倍 ······················ 294
　　　二、技术性加倍后的推进者应叫 ············ 299
　　　三、牺牲加倍 ······················ 303
　　　四、牌例 ························ 307
　第二节　争叫 ························ 313
　　　一、花色争叫的条件 ·················· 313
　　　二、对方花色开叫后的争叫 ·············· 314
　　　三、推进者的应叫 ···················· 315
　　　四、牌例 ························ 323
　第三节　1NT开叫后的争叫 ·················· 327
　　　一、卡普兰蒂争叫 ···················· 327
　　　二、推进者的应叫 ···················· 329
　　　三、牌例 ························ 333
　第四节　迈克扣叫 ························ 340
　　　一、低花迈克扣叫 ···················· 340
　　　二、高花迈克扣叫 ···················· 347
　第五节　不寻常2NT争叫与平衡性扣叫 ············ 355
　　　一、不寻常2NT争叫 ·················· 355
　　　二、不寻常2NT争叫后的应叫 ············ 356
　　　三、平衡性扣叫 ···················· 357
　　　四、牌例 ························ 359
　第六节　其他防守叫牌 ···················· 365
　　　一、弱2开叫后的防守叫牌 ·············· 365
　　　二、弗兰纳里2◆开叫后的防守叫牌 ·········· 370

5

三、赌博性3NT开叫后的防守叫牌……………………371
　　　四、牌例……………………………………………………372

第八章　满贯叫牌……………………………………………………381
　第一节　黑木问叫与格伯问叫……………………………………382
　　　一、黑木问叫………………………………………………382
　　　二、格伯问叫………………………………………………384
　第二节　罗马关键张问叫…………………………………………387
　　　一、高花为将牌的确认……………………………………387
　　　二、继续问将牌Q…………………………………………391
　　　三、5NT旁花K问叫………………………………………392
　　　四、花色问叫………………………………………………396
　　　五、有缺门的表示办法……………………………………399
　　　六、两门花色的关键张问叫………………………………401
　第三节　低花为将牌的关键张问叫………………………………405
　　　一、低花为将牌的确认……………………………………406
　　　二、继续问将牌Q…………………………………………413
　　　三、旁花K问叫……………………………………………415
　　　四、花色问叫………………………………………………416
　　　五、低花为将牌用4NT问关键张…………………………417
　第四节　其他满贯叫牌……………………………………………419
　　　一、无将满贯叫牌…………………………………………419
　　　二、扣叫……………………………………………………423
　　　三、小满贯邀请叫…………………………………………427
　　　四、大满贯推进叫…………………………………………429

附录1　桥牌比赛记分办法…………………………………………433
附录2　桥牌国际比赛分换算表……………………………………436
附录3　胜利分20制整数转换表……………………………………437

# 第一章 开叫

精准自然叫牌的开叫与现代自然叫牌体系的开叫一样，1阶花色开叫为13点以上，1NT开叫为15~17点，2NT开叫为20~21点，2♣开叫为逼叫性强开叫，2♦开叫为特殊牌型的约定性开叫，2♥和2♠开叫为弱2开叫，3♣以上开叫为阻击性开叫。精准自然叫牌与现代自然叫牌体系的不同之处就是2♦开叫为特殊牌型的约定性开叫。其特殊牌型就是：高花为4-4型、低花为4-1型或5-0型的特殊牌型。开叫牌力范围为13~21点，与1阶花色开叫的牌力范围一样。其他部分与现代自然叫牌体系一样，就是内容进行了细化。下面具体介绍精准自然叫牌的开叫。

**精准自然叫牌**

## 第一节 精准自然叫牌介绍

精准自然叫牌是在现代自然叫牌法的基础上进行了改良、细化的一种叫牌体系。自然叫牌法的基本构架主要是由花色自然开叫、强无将开叫、2♣逼叫性开叫等组成。自然叫牌法最大的特点是大多数叫品都是直接地表示牌的原本含义，叫牌方法符合逻辑，各种叫品顺其自然。自然叫牌体系结构设计合理，叫牌简单明了，容易学习，使用方便，因此长盛不衰。自然叫牌法在国内外广为流行，同时也受到广大桥牌爱好者的普遍欢迎。

### 一、牌点的计算方法

拿到一手牌，首先要对这手牌的牌力进行正确的判断。牌力是指一手牌获得赢墩的能力，获得赢墩的能力主要依据大牌A、K、Q、J，牌越大获得赢墩的能力就越强。另外，有利的牌型也是提高获取赢墩能力的一个因素。因此，我们把大牌和牌型作为获取赢墩的依据。

**1. 大牌是衡量牌力的主要依据**

拿到一手牌，首先要看有多少大牌。大牌也要分大小，A最大，K次之，Q排第三，J最小。衡量大牌获取赢墩的能力，用大牌点计点法，具体是：

A=4点，K=3点，Q=2点，J=1点；每门花色共有10个大牌点，整副牌就有40个大牌点。例如，你拿到下面一手牌：

♠107　　　♥AQJ73　　　♦AJ7　　　♣K93

上述这手牌共有15个大牌点。

**2. 牌型是衡量牌力的另一个依据**

（1）先看长套牌型的价值。

无论是有将定约，还是无将定约，5张以上长套，其小牌都具有潜在的赢墩能力，特别是长套作为将牌时，赢墩能力就更大。

# 第一章 开叫

长套牌型点的计算办法是：

5张长套加1点；

6张长套加2点；

7张长套加3点；

8张长套加4点；

9张长套加5点。

（2）再看短套牌型的作用。

在有将定约中，短套牌型具有将吃获取赢墩的能力。因此，只有在将牌配合的情况下，才能计算短套牌型点。

短套牌型点的计算办法是：

缺门加3点；

单张加2点；

双张加1点。

长套牌型点在开叫时就可以计算牌型点，而短套牌型点只能在将牌配合的前提下才能计算牌型点。

### 3. 牌点与定约的关系

根据大量实际比赛的牌例进行统计，总结出联手牌点与可完成的阶数大致有如下关系：

26点可以完成3NT和4阶有将定约；

29点可以完成5阶定约；

33点可以完成6阶定约；

37点可以完成7阶定约。

这里所说的牌点，无将定约中指大牌点和长套牌型点；有将定约中指大牌点和牌型点，牌型点包括长套牌型点和短套牌型点。

当然，以上牌点数量与完成定约的关系是指一般情况下获得的，联手牌型配合好，牌点的标准还可以降低；联手牌型配合不好，对牌点的要求就要提高。

# 精准自然叫牌

## 二、精准自然叫牌的开叫原则

精准自然叫牌和现代自然叫牌一样，1阶花色开叫首先选择一门最长的花色开叫，开叫应具备最少牌力为13点，最高牌力为21点；1NT开叫牌力为15~17点；2NT开叫牌力为20~21点；2♣开叫牌力为22点以上的任何牌；2♦开叫牌力为13~21点的特殊牌型；2♥、2♠开叫为弱2开叫，开叫牌力为大牌点6~11点；3阶以上开叫为阻击性开叫，开叫牌力为大牌点6~11点。精准自然叫牌的开叫原则概述如下。

### 1. 高花5张开叫原则

一手牌持有13~21点，怎么开叫呢？开叫高花保证5张以上，若没有5张高花套，开叫3张低花即可。高花5张开叫的优点是，同伴只需要3张这门花色就可以支持，有利于尽早确定将牌。如果只有4张高花套，先开叫较长的低花套，如果两门低花均为3张，优先考虑开叫3张♣；如果两门高花均为4张，♣为2张，可以开叫3张♦。一般情况下，开叫1♦应为4张以上。

### 2. 高花优先开叫原则

高花4阶可以成局，低花要5阶才能成局。高花优先开叫就是高花成局价值高于低花。同时，叫出高花便于在争叫中处于有利地位，你开叫1阶高花，敌方争叫低花就要在2阶水平上争叫。一手牌若持5张高花和5张低花，牌力为13~15点，优先考虑开叫5张高花。你若开叫1阶花色，没有开叫高花，就说明你没有5张高花套（大牌点大于16点逆叫除外）。

### 3. 力求清楚显示原则

叫牌是通过合规的手段将手中的牌情告诉同伴，把手中的牌叫清楚，就是要将手中的牌点、牌型准确地叫出来，告诉同伴，让同伴能够准确判断是打有将定约还是打无将定约，是叫到局还是不叫到局。牌点、牌型显示得越清楚，同伴就越容易准确计算出联手牌力，就能准确地选择定约。

第一章 开叫

**4. 考虑再叫原则**

在1阶花色开叫时，还要结合以后再叫来选择开叫花色。例如，一手牌持两门5张以上的花色套，牌力为13~15点，应先开叫较高级别的花色，下一轮再叫较低级别的花色；若牌力为16点以上，就应先叫较低级别的花色，下一轮在2阶水平再叫较高级别的花色。这种先叫较低级别的花色后叫较高级别的花色称为逆叫。逆叫虽然与高花优先开叫原则相违背，但牌点的显示更为重要。再比如，一手牌持5-4型两套，牌力为13~15点，高花为5张，低花为4张，先开叫5张高花，下一轮再叫4张低花；若低花为5张，高花为4张，就不能先开叫5张低花，下一轮再叫4张高花，只有牌力为16点以上，才能先开叫5张低花，下一轮在2阶水平再叫4张高花。详情请看下一节。

下面这些牌例，你应该开叫哪一门花色呢？

a. ♠A10742　♥AQJ103　♦Q2　　♣4
b. ♠A942　　♥AKJ83　　♦A7　　♣K2
c. ♠A4　　　♥AQ842　　♦KJ10653　♣—
d. ♠3　　　 ♥AQJ42　　♦KJ9653　♣3

a）大牌点13点，长套牌型点为2点，♠和♥为5-5两套，总牌点为15点。虽然♥比♠强，但只能开叫1♠。

b）大牌点19点，长套牌型点为1点，♥和♠为5-4两套，牌点符合逆叫的要求。可以开叫1♥，下轮在2阶水平再叫♠套。

c）大牌点14点，长套牌型点为3点，合计牌力为17点，♦和♥为6-5两套，牌点符合逆叫的要求。可以先开叫1♦，下轮再叫♥套。

d）大牌点11点，长套牌型点为3点，合计牌力为14点，牌点不符合逆叫的要求。只能按照高花优先的原则，先开叫1♥，下轮再叫时两次叫♦套，表示♦为6张以上。

## 三、精准自然叫牌开叫概述

精准自然叫牌开叫与现代自然叫牌一样，13点以上可以开叫，

# 精准自然叫牌

6点以上就应该应叫。处在第三家或者第四家位置时，有11点以上才能开叫。

### 1. 1阶花色开叫

（1）1阶高花开叫，保证开叫花色5张以上，牌点为13~21点。

（2）1阶低花开叫，保证开叫花色3张以上，牌点为13~21点。

由于1阶花色开叫牌点幅度较大，因此把13~21点分为三档。即：

第一档为低限牌力13~15点；

第二档为中限牌力16~18点；

第三档为高限牌力19~21点。

开叫时计算牌力为大牌点加长套牌型点。

### 2. 2阶花色开叫

（1）2♣开叫，九个左右赢墩的不平均牌型和22点以上的任意牌型。

（2）2♦开叫，高花为4-4型、低花为4-1型或5-0型的特殊牌型，牌点为13~21点。

（3）2♥/2♠开叫为弱2开叫，大牌点为6~11点，6张以上套。

### 3. 无将开叫

（1）1NT开叫，15~17点，包括差的18点，平均牌型，三门有止。

（2）2NT开叫，20~21点，包括差的22点，平均牌型，三门有止。

（3）3NT开叫=赌博性3NT开叫，持有一门坚固的低花长套，7张以上，其他三门旁边花色无止张。

平均牌型13~14点，包括差的15点，先开叫1阶低花，下轮再叫1NT；

平均牌型18~19点，包括差的20点，先开叫1阶低花，下轮再跳叫2无将；

平均牌型22点以上，先开叫2♣，2♣为逼叫，然后再叫时，持22~24点再叫2NT，25~27点再叫3NT。

精准自然叫牌开叫无将，同伴用2♣斯台曼问叫，答叫时没有高限与低限之分。若你开叫1NT，同伴用2♣斯台曼问叫，你答叫2♦

为无高套；答叫2♥为有4张♥套，可能还有4张♠；答叫2♠则有4张♠，否定有4张♥。

**4. 阻击性开叫**

（1）3阶阻击性开叫，也就是开叫3♣/3♦/3♥/3♠，3阶阻击性开叫较为常见。3阶阻击性开叫的条件是阻击花色必须是7张套，并有两张大牌领头的7张套，牌点为6~11点。无局时为6~10点，有局时为8~11点。

（2）4阶阻击性开叫，也就是开叫4♣/4♦/4♥/4♠，4阶阻击性开叫较少。4阶阻击性开叫的条件是阻击花色必须是8张套，并有两张大牌领头的8张套，牌点为6~11点。无局时为6~10点，有局时为8~11点。

（3）低花阻击性开叫与高花阻击性开叫有区别。低花阻击性开叫的花色一定要带两张大牌，这样同伴一手好牌，只要同伴在阻击花色持有一张大牌就可以打3NT定约；高花阻击性开叫的目的就是干扰敌方的叫牌，因此高花阻击性开叫可放宽到QJ10领头的就可以。

**5. 第三家或第四家开叫**

如果前几家都不叫，表明他们的牌力低于开叫牌力，轮到处在第三家或者第四家位置的牌手，此时达到正常开叫牌力可照常开叫，如果比正常开叫牌力略低1~2点也可以开叫。例如：

a. ♠652　　♥AJ872　　♦K7　　♣Q106
b. ♠AQ87　　♥Q7　　♦876　　♣K1085
c. ♠75　　♥J8　　♦A874　　♣KQ1087

a）大牌点10点，长套牌型点1点，处于第三家或第四家位置，可以开叫1♥。

b）大牌点11点，均型牌，♠和♣为4张套，处在第三家或者第四家位置，可以开叫1♣。

c）大牌点10点，长套牌型点1点，由于高花很短，判断我方有高花配合的机会很小，敌方高花有配合的机会大于我方，♣虽然有5张套，还是不叫为好。

## 精准自然叫牌

**第二节　1阶花色开叫**

1阶花色开叫的条件根据牌点和牌型来衡量。1阶花色开叫的低限为13点（大牌点加长套牌型点），高限为21点，22点以上开叫2♣。也可以根据二十法则作为开叫的条件。二十法则，就是一手牌的大牌点数加上一手牌两门长套的张数之和，等于或者大于20就可以开叫。比如一手牌为5-5-2-1牌型，其两门长套的张数之和为10，只需要这手牌的大牌点达到10点就可以开叫；再如一手牌为4-4-3-2牌型，其两门长套的张数之和为8，则需要这手牌的大牌点达到12点才能开叫。二十法则把大牌点与牌型相结合，适当放宽了牌型好的开叫条件。

### 一、1阶高花开叫

1阶高花开叫，要求所叫高花必须保证5张，13~21点牌力。5张高花开叫的优点在于同伴只需要在开叫花色中有3张支持就可以，不需要等到再叫这门花色后才支持。这样有利于尽早确定将牌花色。下面举例说明。

a. ♠K73　　♥AK10954　　♦76　　♣A6
b. ♠AJ9　　♥Q10976　　♦AQ　　♣KJ4
c. ♠AQ7652　♥AJ10　　　♦1084　♣2
d. ♠AKQJ76　♥KQ8　　　♦A7　　♣95
e. ♠KQJ83　♥AJ1042　　♦83　　♣2
f. ♠KQ10832　♥AJ1082　　♦94　　♣—
g. ♠K8532　♥J8543　　　♦K　　　♣KJ
h. ♠QJ853　♥QJ6　　　　♦QJ4　　♣K2

a）大牌点14点，♥为6张套，加长套牌型点2点，共16点，可以开叫1♥。

b）大牌点17点，♥为5张套，加长套牌型点1点，共18点，可以

8

## 第一章 开叫

开叫1♥。

c）大牌点11点，♠为6张套，加长套牌型点2点，共13点，可以开叫1♠。

d）大牌点19点，♠为6张套，加长套牌型点2点，共21点，可以开叫1♠。

e）大牌点11点，♠为5张套，♥为5张套，加长套牌型点2点，共13点，可以开叫1♠。

f）大牌点10点，♠为6张套，♥为5张套，加长套牌型点3点，共13点，可以开叫1♠。

g）大牌点11点，♠为5张套，♥为5张套，加长套牌型点2点，共13点，这手牌符合1阶花色开叫的低限。但这手牌没有中间张10和9，其♦K为单张，没有保护张，应当减1点。因此，这手牌质量太差，不叫为好。

h）大牌点12点，♠为5张套，加长套牌型点1点，共13点，这手牌符合1阶花色开叫的低限。但这手牌没有中间张10和9，且大牌点都是Q和J之类，应当减点。因此，这手牌质量较差，不宜开叫。

### 二、1阶低花开叫

如果一手牌没有5张高花，又符合开叫条件，则只能开叫1阶低花或无将。开叫1无将要求大牌点为15~17点，且为平均牌型。假设一手牌符合开叫条件，持13点以上，但没有5张高花又不符合开叫无将的条件，则只能开叫1阶低花。开叫1阶低花，优先开叫较长的一门低花。如果两门低花都是4张，则开叫牌点实力较强的一门；如果两门低花都是3张，优先开叫1♣；如果两门高花都是4张，♣只有双张，则开叫1♦。由此可见，开叫1♣只保证3张，开叫1♦一般为4张，只有两门高花均为4张时，才允许开叫3张的♦。因此，1阶低花开叫，13~21点，3张以上。下面举例说明。

a. ♠AJ6　　♥Q5　　♦KJ1084　　♣Q85

## 精准自然叫牌

| | | | |
|---|---|---|---|
| b. ♠8 | ♥Q1054 | ♦AQ64 | ♣AK83 |
| c. ♠AKJ3 | ♥953 | ♦A93 | ♣Q104 |
| d. ♠AQ95 | ♥KQJ5 | ♦K4 | ♣A109 |
| e. ♠KQ85 | ♥AJ103 | ♦KJ3 | ♣64 |
| f. ♠8 | ♥A3 | ♦AQJ97 | ♣K10987 |
| g. ♠K | ♥2 | ♦10987 | ♣AKJ9874 |
| h. ♠— | ♥2 | ♦AQJ9765432 | ♣64 |

a）大牌点13点，加长套牌型点1点，共14点，可以开叫1♦。

b）大牌点15点，4-4-4-1牌型，可以开叫1♣。

c）大牌点14点，无5张套，♣和♦均为3张，一般开叫1♣。

d）大牌点19点，无5张套，高花均为4张，♣为3张，开叫2NT不够牌点，先开叫1♣，下轮再跳叫2NT。

e）大牌点14点，无5张套，高花均为4张，♣只有双张，♦为3张，开叫1♦。

f）大牌点14点，♣和♦均为5张，加长套牌型点，共计16点，属中限牌力，先开叫1♣，下轮再叫♦套。

g）这手牌在比赛中打过。大牌点11点，♣为7张套，加长套牌型点3点，共计14点，可以开叫1♣，也可以开叫3♣。

h）这手牌也在比赛中打过。大牌点7点，♦为10张套，加长套型牌点6点，共计13点，符合开叫1♦条件，但大牌点太少，开叫1♦可能会误导同伴，因此不能开叫1♦。这手牌可采用阻击性开叫，有局时可开叫4♦，无局时可开叫5♦。

### 三、花色再叫原则

在1阶花色开叫时，还应结合牌点及牌型考虑，再叫其他花色。如果一手牌有两门花色长套，特别是两门花色都是5张以上，那么先叫哪一门长套花色呢？这就要根据牌点来确定。

如果牌点为13~15点，并有两门长套花色，先叫较高级别的花

# 第一章 开叫

色，下一轮再叫较低级别的花色，这种再叫称为顺叫。

如果牌点为16点以上，并有两门长套花色，先叫较低级别的花色，下一轮在2阶水平再叫较高级别的花色，这种再叫称为逆叫。

如果两门长套花色为5-4型，牌点为13~15点，5张长套为较高级别的花色，则可以顺叫；也就是说先开叫5张较高级别的长套花色，下一轮再叫4张较低级别的花色。若5张长套为较低级别的花色，4张长套为较高级别的花色，先开叫5张较低级别的花色，4张较高级别的花色暂时掩盖起来，等同伴叫出这门花色时，再加叫。这是不得已的办法，以免同伴误判你的牌点。

如果两门长套花色为5-4型，牌点在16点以上，较低级别的花色为5张，较高级别的花色为4张，可以逆叫；如果较高级别的花色为5张，先开叫较高级别的花色，下一轮再叫时跳叫较低级别的花色，跳叫表示16点以上。

如果两门长套花色为5-5型或5-6型，牌点在13~15点，应当顺叫，先开叫较高级别的花色，下一轮再叫较低级别的花色；牌点在16点以上时，应当逆叫，先开叫较低级别的花色，下一轮在2阶水平再叫较高级别的花色。下面举例说明。

a. ♠A8742　♥AQJ103　♦Q2　♣4
b. ♠7　♥AQJ42　♦K96532　♣3
c. ♠AQJ83　♥Q32　♦4　♣KJ104
d. ♠A942　♥KQJ83　♦A7　♣K2
e. ♠A4　♥AQ842　♦KJ10653　♣—
f. ♠AK94　♥K93　♦4　♣AK1042

a）大牌点13点，长套牌型点2点，合计15点，♠和♥为5-5两套，应当顺叫。开叫1♠，虽然♥比♠牌力强，但两门长套为5-5两套，一般开叫较高级别的花色，下轮再两次叫♥，表示♥为5张套。

b）大牌点10点，长套牌型点3点，合计13点，♥和♦为5~6两套，应当顺叫。开叫1♥，下轮再叫♦，同伴会认为你的♥和♦至少

11

**精准自然叫牌**

为5-5两套。

c）大牌点13点，长套牌型点1点，合计14点，♠和♣为5-4两套，应当顺叫。先叫1♠，下轮再叫♣，表示♠和♣为5-4两套。

d）大牌点17点，长套牌型点1点，合计18点，♥和♠为5-4两套，应当逆叫。先叫1♥，下轮在2阶水平再叫♠，表示♥和♠为5-4两套。

e）大牌点14点，长套牌型点3点，合计17点，♥和♦为5-6两套，应当逆叫。先叫1♦，下轮再两次叫♥，表示♦和♥至少为5-5两套。

f）大牌点17点，长套牌型点1点，合计18点，♣和♠为5-4两套，应当逆叫。先叫1♣，下轮在2阶水平再叫♠，表示♣和♠为5-4两套。

## 第三节 无将开叫

前面已经作了介绍，无将开叫属于平均牌型的精准自然叫牌，1NT开叫为15~17点，包括差的18点；2NT开叫为20~21点，包括差的22点；13~14点平均牌型，包括差的15点，先开叫1♣/1♦，然后再叫1NT；18~19点平均牌型，包括差的20点，先开叫1♣/1♦，然后再跳叫无将；22点以上的平均牌型，先开叫2♣，然后根据牌点的多少，确定再叫2NT或3NT。

### 一、1NT开叫

1NT开叫的条件主要取决于牌点、牌型和止张。

#### 1. 1NT开叫的牌点要求

过去1NT开叫规定牌点为16~18点，现在看来，这个要求偏于保守。如果你有较好的18点，开叫1NT，同伴有较好的7点，只能不叫，这样很可能会漏掉一个3NT。因此《桥牌世界标准》规定，开叫1NT为15~17点。现在很多牌手开叫1NT都采用15~17点。

第一章  开叫

**2. 1NT开叫的牌型要求**

如果你的牌点在1NT开叫的范围之内，对于下列的平均牌型，均可开叫1NT：（1）4-3-3-3牌型；（2）4-4-3-2牌型；（3）5-3-3-2牌型。对5-4-2-2牌型，一般不倾向开叫1NT，只有在特殊情况下允许开叫1NT。特殊情况就是两门较短的花色很强和5张套是低花。

**3. 1NT开叫的止张要求**

1NT开叫并不要求每门花色都有止张，允许一门花色只有两张小牌，但不允许两门花色均无止张，应该是三门有止张。

对于牌点符合开叫1NT条件的5-3-3-2牌型，如果5张是低花，一般倾向1NT开叫；如果5张是高花，则5张高花实力较弱，双张花色有A或K，可以开叫1NT。下面举例说明。

| a. | ♠KQJ6 | ♥A843 | ♦AQ | ♣1054 |
| b. | ♠AK6 | ♥1096 | ♦AK105 | ♣K52 |
| c. | ♠Q106 | ♥AQ7 | ♦KJ1085 | ♣A10 |
| d. | ♠K4 | ♥AKQ4 | ♦102 | ♣AJ874 |
| e. | ♠A96 | ♥A73 | ♦A86 | ♣A1054 |
| f. | ♠A8 | ♥Q8762 | ♦AQ9 | ♣KJ3 |
| g. | ♠AQ83 | ♥KQ3 | ♦AQ86 | ♣J8 |
| h. | ♠AK7 | ♥J93 | ♦104 | ♣AQJ73 |

**a）** 大牌点16点，牌型为4-4-3-2，三门有止张，符合开叫1NT的条件，可以开叫1NT。

**b）** 大牌点17点，牌型为4-3-3-3，三门有止张，符合开叫1NT的条件，可以开叫1NT。

**c）** 大牌点16点，牌型为5-3-3-2，♦为5张套，加长套牌型点1点，共17点，四门有止张，符合开叫1NT的条件，可以开叫1NT。

**d）** 大牌点17点，牌型为5-4-2-2，♣为5张套，加长套牌型点1点，共18点，三门有止张。但5-4-2-2牌型一般不倾向开叫1NT，应当先开叫1♣，下轮在2阶水平再叫♥套，争取逆叫出套。

13

## 精准自然叫牌

e）大牌点16点，牌型为4-3-3-3，四门有止张，符合开叫1NT的条件。但大牌点张数不多，不适合做无将定约，还是开叫1♣更为合适。

f）大牌点16点，牌型为5-3-3-2，四门有止张，♥虽然有5张，但实力偏弱，开叫1NT比开叫1♥更好。

g）大牌点18点，牌型为4-4-3-2，三门有止张，符合开叫1NT的条件。虽然大牌点有18点，但没有中间张10和9，应当算差的18点，开叫1NT比开叫1♦以后再跳叫无将好。

h）大牌点15点，牌型为5-3-3-2，♣为5张套，加长套牌型点1点，共16点，两门有止张，不符合开叫1NT的条件，应当开叫1♣。

### 二、2NT开叫

2NT开叫的条件与1NT开叫的条件差不多，主要是牌点要求更高。

#### 1. 2NT开叫的牌点要求

过去2NT开叫要求牌点为22~24点，现在随着1NT开叫条件的放宽，2NT开叫条件也相应放宽。《桥牌世界标准》规定，2NT开叫的条件是：大牌点好的20点，差的22点。因此，2NT开叫的牌点要求是20~21点。

#### 2. 2NT开叫的牌型要求

与1NT开叫的牌型一样：（1）4-3-3-3牌型；（2）4-4-3-2牌型；（3）5-3-3-2牌型。2NT开叫也允许有5张低花或者较弱的5张高花。

#### 3. 2NT开叫的止张要求

2NT开叫允许一门花色只有两张小牌，也就是说2NT开叫应当三门有止张。

对于大牌点为22~24点的平均牌型，先开叫2♣，下一轮再叫2NT。下面举例说明。

a. ♠A1054　　♥AK86　　♦A86　　♣AQ

第一章 开叫

b. ♠AK108　♥A105　♦AJ4　♣KQ4
c. ♠AK84　♥AQ63　♦AK5　♣Q7
d. ♠AK5　♥A53　♦AK863　♣K5
e. ♠A8　♥Q10643　♦AK5　♣AK10
f. ♠AK84　♥A　♦KJ107　♣KQ104

a）大牌点21点，牌型为4-4-3-2，四门有止张，符合开叫2NT的条件，开叫2NT。

b）大牌点21点，牌型为4-3-3-3，四门有止张，符合开叫2NT的条件，开叫2NT。

c）大牌点22点，牌型为4-4-3-2，三门有止张，♣带Q的双张不能算有止张，全手牌没有10和9，应该算较差的22点，应当开叫2NT。

d）大牌点21点，牌型为5-3-3-2，♦为5张套，加长套牌型点1点，共22点，全手牌没有10和9，应该算较差的22点，应当开叫2NT。

e）大牌点20点，♥为5张套，加长套牌型点1点，共21点，四门有止张，5张♥套偏弱，开叫2NT比开叫1♥好。

f）大牌点20点，牌型为4-4-4-1，四门有止张，由于♥为单张，不符合开叫2NT的牌型要求，不能开叫2NT，应当开叫1♣，待同伴应叫后，视情况叫牌表示有20点牌力。

## 三、3NT开叫

3NT开叫为赌博性3NT开叫。赌博性3NT开叫的条件目前还没有统一的标准，但有一点是一致的，即赌博性3NT开叫必须有一门低花是AKQ领头的7张套。对于其他三门旁门花色中的牌点要求，大致有三种不同规定：第一种是要求旁门花色有两门止张，以提高打成3NT的概率；第二种是要求旁门花色有一门止张；第三种是要求旁门花色很弱，没有A或K，可能有Q，《桥牌世界标准》规定的是第三种情

精准自然叫牌

况。赌博性3NT开叫，其目的主要是有效地阻击对方，并非自己就肯定能打成3NT，因为3NT开叫比3阶花色开叫的阻击作用更大。例如：

a. ♠A8　　　♥93　　　♦AKQJ763　　　♣95
b. ♠63　　　♥54　　　♦AKQJ763　　　♣94
c. ♠84　　　♥Q2　　　♦AKQ109652　　♣7
d. ♠6　　　♥873　　　♦4　　　　　　♣AKQJ8642

a）大牌点14点，7张♦套，可以开叫1♦，也可以开叫3NT。
b）大牌点10点，7张♦套，可以开叫1♦，也可以开叫3NT。
c）大牌点11点，8张♦套，除♦外，其他三门均无止张，符合《桥牌世界标准》的第三种情况，开叫3NT。
d）大牌点10点，8张♣套，除♣外，其他三门均无止张，符合《桥牌世界标准》的第三种情况，开叫3NT。

## 第四节　2阶花色开叫

### 一、2♣开叫

2♣开叫属于约定性、逼叫性强开叫。2♣开叫的条件：第一是有九个左右赢墩的非均型牌；第二是有22点以上的任意牌。只要符合上述条件的一种，就可以开叫2♣。下面举例说明。

a. ♠AKQJ754　♥AQ6　　　♦A4　　　　♣4
b. ♠A6　　　　♥A7　　　♦AKQJ10632　♣4
c. ♠5　　　　　♥AKQJ107653　♦93　　♣K
d. ♠AQJ7　　　♥KQ64　　♦AK5　　　♣AJ
e. ♠KQJ95　　 ♥AKQJ4　　♦3　　　　♣AK
f. ♠KQ10　　　♥A　　　　♦AKJ1064　　♣AK6

a）♠有7张，有七个赢墩，♥有AQ，计一个半个赢墩，♦有A，

16

计一个赢墩，共有九个半赢墩，符合开叫2♣的条件，可以开叫2♣。

b）♦有八个赢墩，加♠和♥两个A，共有十个赢墩，符合开叫2♣的条件，开叫2♣。

c）♥有九个赢墩，符合开叫2♣的条件，开叫2♣。

d）大牌点24点，符合开叫2♣的条件，先开叫2♣。此副牌为4-4-3-2型的平均牌型，待同伴应叫后可再2NT。

e）大牌点23点，高花为5-5型，若逆叫同伴可能会误会，认为你只有17点左右。这手牌符合开叫2♣的条件，应当开叫2♣。

f）大牌点24点，♦为6张套，符合开叫2♣的条件，可以先开叫2♣，待同伴应叫后再出♦套。

## 二、2♦开叫

自然制2♦开叫的大多是约定叫，有使用弗兰纳里2♦开叫的，也有使用多功能2♦开叫的；精确制2♦开叫，表示大牌点为11~15点，牌型为4-4-4-1的特殊牌型。

### 1. 弗兰纳里2♦开叫

弗兰纳里2♦开叫的具体要求是：大牌点为11~15点，♠为4张套，♥为5张套，♦和♣的分布可以随意。原来有些牌手把♠和♥的分布扩大到4-6型或者5-6型，但这一改进，总的来说，缺点大于优点。

### 2. 多功能2♦开叫

多功能2♦开叫在国内外得到广泛应用，可以说已经相当普及，近几年来又有不少发展。多功能2♦开叫的条件是：

（1）2♥和2♠的弱2开叫的牌型。

（2）适合开叫2NT的牌点、牌型，就是牌点为20~21点的平均牌型。

（3）三门强花色的4-4-4-1牌型。

凡符合上述三种牌点、牌型的都可以开叫2♦。但开叫2♦的应叫比较复杂。首先要确定同伴开叫2♦是弱2开叫牌型、2NT开叫牌点牌

## 精准自然叫牌

型,还是三门强花色4-4-4-1牌型,因此应叫就有许多的约定叫。

为了减少多功能2♦开叫存在的复杂应叫,本书将弱2开叫单独列出,不包括在2♦开叫之内;20~21点的平均牌型也仍然放在无将开叫之中,不包括在2♦开叫之内。这样多功能2♦开叫就剩下三门强花色4-4-4-1牌型。本书设计的2♦开叫只有三门花色的牌型。

### 3. 本书设计的2♦开叫

(1) 大牌点为13~21点。

(2) 牌型为4-4-4-1和4-4-5-0。

(3) 高花为4-4型,低花为4-1型或5-0型。

这种双高花套的牌型在实战中经常碰到,只要你开叫2♦,同伴就会知道你的牌型和牌力范围,应叫也就比较容易。下面举例说明。

| | | | |
|---|---|---|---|
| a. ♠KQ92 | ♥KQ97 | ♦AQ72 | ♣9 |
| b. ♠AQ87 | ♥KQJ6 | ♦8 | ♣AQ106 |
| c. ♠AJ84 | ♥AK86 | ♦Q9763 | ♣— |
| d. ♠A1042 | ♥AK107 | ♦— | ♣AQJ63 |
| e. ♠AJ102 | ♥AJ104 | ♦3 | ♣K1083 |
| f. ♠AKQ3 | ♥AK82 | ♦AK987 | ♣— |

a) 大牌点16点,牌型为4-4-4-1,高花均为4张,低花为4-1型,符合2♦开叫条件,开叫2♦。

b) 大牌点18点,牌型为4-4-4-1,高花均为4张,低花为4-1型,符合2♦开叫条件,开叫2♦。

c) 大牌点14点,牌型为4-4-5-0,高花均为4张,低花为5-0型,符合2♦开叫条件,开叫2♦。

d) 大牌点18点,牌型为4-4-5-0,高花均为4张,低花为5-0型,符合2♦开叫条件,开叫2♦。

e) 大牌点13点,牌型为4-4-4-1,高花均为4张,低花为4-1型,符合2♦开叫条件,开叫2♦。

f) 大牌点23点,牌型为4-4-5-0,高花均为4张,低花为5-0型,由于牌点超过2♦开叫的范围,所以应当开叫2♣,不能开叫2♦。

### 三、弱2开叫

所谓弱2开叫,就是2♥/2♠开叫。

弱2开叫的一般条件:所叫高花为较好的6张套,大牌点为6~11点;弱2开叫的大牌点主要落在开叫花色中,所叫花色的大牌点不少于5点,否则同伴很难作出判断。

弱2开叫跟局况有关。如果己方是有局方,则弱2开叫的牌点要求为8点以上;若己方是无局方,弱2开叫的牌点可放宽到6~10点。

弱2开叫还与所在的位置有关。(1)处在第一家和第二家位置,其另一高花不能有4张,否则可能丢失高花4-4配进局的机会;第三家和第四家位置则不受另一高花4张的限制。(2)处在第四家位置,弱2开叫的牌点要适当提高,一般为9~11点,否则可能会得负分。下面举例说明。

a. ♠KQ10432　♥3　　　　♦AJ104　♣93
b. ♠J83　　　♥AJ10842　♦4　　　♣K93
c. ♠3　　　　♥KQJ983　 ♦Q42　　♣864
d. ♠3　　　　♥KQ9843　 ♦KJ104　♣83
e. ♠Q986　　 ♥AQ10753　♦42　　 ♣3
f. ♠104　　　♥KQJ1062　♦985　　♣94

a)大牌点10点,♠为KQ领头的6张套,符合弱2开叫的要求,开叫2♠。

b)大牌点9点,♥为AJ领头的6张套,符合弱2开叫的要求,开叫2♥。

c)大牌点8点,♥为KQJ领头的6张套,符合弱2开叫的要求,开叫2♥。

d)大牌点9点,♥为KQ领头的6张套,符合弱2开叫的要求,开叫2♥。

19

e）大牌点8点，♥为AQ领头的6张套，因为另一高花♠为4张，在第一家、第二家位置要求另一高花不能有4张，在第四家位置要求牌点为9~11点。因此，这手牌在第一家、第二家、第四家位置都不能开叫2♥，在第三家位置可以开叫2♥。

f）大牌点6点，♥为KQJ领头的6张套，在己方有局的情况下和第四家位置不能开叫2♥，在己方无局的情况下非第四家位置可以开叫2♥。

## 第五节 阻击性开叫

阻击性开叫的目的是不让对方有充分的交换信息的机会。在这种情况下，对方就有可能选择了错误的定约，该进局的没有进局，或者叫过头而受到惩罚，或者错误地选择了将牌花色。

阻击性开叫的条件是：首先是必须保证开叫花色有足够的长度。3阶水平开叫一般为7张，4阶水平开叫一般为8张，5阶水平开叫一般为9张。其次是保证开叫花色有一定的质量。大牌点集中在开叫花色中，一般有两个顶张大牌，旁门花色较弱。一手牌的大牌点应当为6~11点。

阻击性开叫必须符合"二三法则"。"二三法则"就是不考虑同伴的帮助下，有局允许宕二墩，无局允许宕三墩。现在这个规定有所放宽，尤其是在对方有局、己方无局时，宕四墩也是允许的。

# 第一章 开叫

## 一、赢墩的计算

### 1. 大牌赢墩表

| AKQJ | 4个 | J1098 | 1个 | KQ10 | 1.5个 |
| AKQ10 | 3.5个 | AKQ | 3个 | KJ× | 1个 |
| AKJ10 | 3.5个 | AKJ | 2.5个 | QJ10 | 1个 |
| AQJ10 | 3.5个 | AQJ | 2.5个 | Q10× | 0.5个 |
| AJ109 | 2.5个 | AQ10 | 2个 | J10× | 0.5个 |
| KQJ10 | 3个 | AQ× | 1.5个 | QJ | 0.5个 |
| KJ109 | 2个 | AJ10 | 1.5个 | K× | 0.5个 |
| QJ109 | 2个 | KQJ | 2个 | | |

### 2. 长度花色赢墩表

| 5张 | 1个 |
| 6张 | 2个 |
| 7张 | 3个 |
| 8张 | 4个 |

## 二、低花阻击性开叫

在低花阻击性开叫中，最常用的是3♣/3♦开叫，4♣/4♦开叫和5♣/5♦开叫的机会较少。

低花阻击性开叫，一般大牌点为6~11点，有局时为8~11点，无局时为6~10点。

21

## 精准自然叫牌

3♣/3♦开叫还与所处的位置有关。当你处在第一家或第二家位置开叫时，若同伴有一手好牌，他将努力争取打3NT，所以你3♣/3♦开叫必须保证开叫花色是有两个顶张大牌的7张套，以保证这门花色连拿或树立；若你处在第三家位置开叫，对开叫花色的要求可适当放宽，因为同伴一般不会再有打3NT的企图。下面举例说明。

a. ♠852　　♥—　　♦AKQJ6542　　♣109
b. ♠8　　♥85　　♦A43　　♣AQ109865
c. ♠J76　　♥—　　♦AKJ109874　　♣103
d. ♠65　　♥6　　♦AK　　♣Q10985432
e. ♠652　　♥—　　♦AKQ1098754　　♣2
f. ♠93　　♥86　　♦AQ98642　　♣94

a）大牌点10点，♦有8张，♦大牌赢墩四个，长套赢墩四个，共计八个赢墩，己方有局时开叫4♦，己方无局时可开叫5♦。

b）大牌点10点，♣有7张，♦大牌赢墩一个，♣大牌赢墩两个，长套赢墩三个，共计赢墩六个，按照"二三法则"，可开叫3♣。

c）大牌点9点，♦有8张，♦大牌赢墩三个半，长套赢墩四个，共计赢墩七个半，按照"二三法则"，可开叫4♦。

d）大牌点9点，♣有8张，♦大牌赢墩两个，♣大牌赢墩一个，长套赢墩四个，共计赢墩七个。按照赢墩数可开叫3♣或4♣，但♦AK赢墩没有落在长套花色中，不符合阻击性开叫的花色质量要求，因此不能开叫3♣或4♣。

e）大牌点9点，♦有9张，这手牌在比赛中打过。♦长套中的大牌赢墩三个半，长套赢墩五个，共计赢墩八个半，按照"二三法则"，可开叫5♦。但实际情况是，同伴持有剩余的4张♦，敌方两家都没有♦，同伴在♠上是缺门，还持有♣A；当我开叫5♦时，下家争叫5♠，同伴加叫6♠，上家叫出6♠，我加倍，同伴叫出7♦，对方叫出7♠牺牲。结果7♠宕二。

f）大牌点6点，♦有7张，♦大牌赢墩一个半，长套赢墩三个，

22

## 第一章 开叫

共计赢墩四个半，按照"二三法则"，己方有局时绝对不能阻击性开叫，牌点太少；己方无局时可以开叫3♦。

### 三、高花阻击性开叫

高花3♥/3♠阻击性开叫，一般大牌点为6~11点，且在阻击性开叫花色中有AK、AQ或KQ领头的7张套。在己方无局时可放宽到由QJ10领头的7张套，大牌点为6点左右。4♥/4♠阻击性开叫与3♥/3♠阻击性开叫所要求的大牌点一样，但阻击性开叫的花色应该是8张套。

高花阻击性开叫与低花阻击性开叫的不同之处就是，低花3阶阻击性开叫必须长套开叫花色中有两个顶张大牌领头的7张套，而高花3阶阻击性开叫就可以放宽到由QJ10领头的7张套。高花阻击不仅阻击对方交换信息，同时也阻击同伴的叫牌。当你持有10~11点大牌时，你是开叫1阶高花还是开叫3阶高花阻击叫值得思考。当你持有10~11点大牌时，你开叫3阶低花，还可能给同伴提供应叫3NT的机会。这就要求在阻击性开叫3♣/3♦时，一定要按照规定来叫，不能只有一个J或一个Q领头的7张套就阻击性开叫3♣/3♦。下面举例说明。

a. ♠AKJ8532　♥Q72　　　♦62　♣5
b. ♠A76　　　♥AQ108652　♦6　 ♣95
c. ♠107　　　♥KQJ97654　♦4　 ♣A7
d. ♠AQJ87532　♥7　　　　♦83　♣42
e. ♠KQJ8642　♥98　　　　♦72　♣84
f. ♠QJ109432　♥2　　　　♦3　 ♣A1093

a）大牌点10点，♠有7张，♠大牌赢墩两个半，长套赢墩三个，共有赢墩五个半，可以开叫3♠。

b）大牌点10点，♥有7张，♥大牌赢墩两个，长套赢墩三个，♠大牌赢墩一个，共有赢墩六个，可以开叫3♥。

c）大牌点10点，♥有8张，♥大牌赢墩两个，长套赢墩四个，♣大牌赢墩一个，共有赢墩七个，可以开叫4♥。

23

**精准自然叫牌**

　　d）大牌点7点，♠有8张，♠大牌赢墩两个半，长套赢墩四个，共有赢墩六个半，无局时开叫4♠，有局时开叫3♠也可。

　　e）大牌点6点，♠有7张，♠大牌赢墩两个，长套赢墩三个，共有赢墩五个，无局时开叫3♠，有局时不叫为妥。

　　f）大牌点7点，♠有7张，♠大牌赢墩一个，长套赢墩三个，♣大牌赢墩一个，共有赢墩五个，无局时开叫3♠，有局时牌点不够，故不叫为妥。

# 第二章
# 1阶高花开叫后的叫牌

　　1阶高花开叫后的应叫种类很多,每一种应叫都可通过不同的再叫来反映不同的牌力和牌型,情况复杂,再加上对方的干扰,情况更加复杂。因此,在本章介绍各种应叫和再叫时,均不考虑对方干扰叫牌的情形。对方干扰后的应叫和再叫将在第六章中作专门介绍。本章主要介绍1阶高花开叫后的第一应叫,以及开叫人的再叫和应叫人的再应叫。

　　1阶高花开叫1♥/1♠=13~21点,5张以上。

## 第一节 应叫人的第一应叫

开叫人叫出1阶高花后，应叫人的第一应叫大致分为三种：

一是加叫同伴开叫花色；

二是应叫无将；

三是应叫新花色。

### 一、加叫同伴开叫花色

**1. 单加叫**

就是同伴所叫花色带有大牌的3张以上支持或者无大牌的4张支持，8~10点。即同伴开叫1♥，应叫2♥；同伴开叫1♠，应叫2♠。例如：

a. ♠K95　　　♥83　　　　♦AQ83　　　♣10864

b. ♠Q863　　♥3　　　　 ♦KJ75　　　♣Q873

a）同伴开叫1♠，你持有带K的3张支持，9点牌力，应叫2♠。

b）同伴开叫1♠，你持有带Q的4张支持，8点牌力，应叫2♠。

**2. 双加叫**

就是同伴所叫花色有4张支持，11~12点。即同伴开叫1♥，应叫3♥；同伴开叫1♠，应叫3♠。过去的双加叫为13~16点，现在由于采用雅可比2NT应叫和爆裂叫，把13点以上的加叫采用雅可比2NT应叫。例如：

c. ♠K983　　♥92　　　　♦AQ83　　　♣Q102

d. ♠Q8　　　♥KJ98　　　♦AQ9　　　 ♣10875

e. ♠A864　　♥KQ42　　　♦43　　　　♣A97

c）同伴开叫1♠，你持有带K的4张支持，11点牌力，应叫3♠。

d）同伴开叫1♥，你持有带K的4张支持，12点牌力，应叫3♥。

e）同伴开叫1♠，你持有带A的4张支持，13点牌力，因牌点超出双加叫的范围，不能应叫3♠，按照《桥牌世界标准》规定，只能应

## 第二章 1阶高花开叫后的叫牌

叫2NT（也就是雅可比2NT）。

### 3. 三加叫

就是同伴所叫花色至少有4张支持，并且有好牌型，一般有单缺，大牌点不超过10点。即同伴开叫1♥，应叫4♥；同伴开叫1♠，应叫4♠。例如：

**f.** ♠K9842　　♥3　　　　♦KQ974　　♣85

f）同伴开叫1♠，你持有带K的5张支持，大牌点为8点，加牌型点共计12点，应叫4♠（一般为成局止叫）。

## 二、应叫无将

### 1. 应叫1NT

为逼叫性1NT，6~12点。一般有四种情形应叫1NT，具体是：

（1）同伴开叫1阶高花，没有支持，自己有一门好套，但牌点较小，为6~10点，不够二盖一应叫的牌力。应先应叫1NT，待同伴再叫后，下一轮再出套。例如：

**a.** ♠8　　　　♥KQJ742　　♦842　　　♣972

a）同伴开叫1♠，你持大牌点6点，二盖一不够牌点，先应叫1NT，待同伴再叫后，下一轮再应叫♥。

（2）同伴开叫1阶高花，没有支持，平均牌型，11~12点，跳叫2NT不符合雅可比2NT的要求，跳叫3NT不够牌点。先应叫1NT，待同伴再叫后，下一轮再应叫2NT。例如：

**b.** ♠84　　　♥A943　　　♦AJ10　　　♣Q1043

b）同伴开叫1♠，你持大牌点11点，平均牌型，二盖一没有5张套，叫2NT不符合雅可比2NT的要求，应叫3NT不够牌力。先应叫1NT，待同伴再叫后，下一轮再应叫2NT。

（3）同伴开叫1阶高花，你有带大牌的3张支持，但牌点只有6~7点，不够单加叫的牌力。先应叫1NT，下一轮再加叫同伴开叫花色。这样就把持6~7点与持8~10点对同伴开叫花色有支持的应叫区别开来。例如：

**精准自然叫牌**

c. ♠Q108　　♥72　　♦A842　　♣10732

c）同伴开叫1♠，你持有6点牌力，同伴开叫花色有带大牌的3张支持，单加叫不够牌力，先应叫1NT，待同伴再叫后，下一轮再加叫同伴开叫花色。

(4) 同伴开叫1阶高花，你有带大牌的3张支持，牌点为11~12点。双加叫同伴开叫花色没有4张支持，先应叫1NT，待同伴再叫后，跳加叫同伴开叫花色。这样就可以把对开叫花色持有4张支持和持有带大牌的3张支持区别开来。例如：

d. ♠Q103　　♥Q1084　　♦A84　　♣A94

d）同伴开叫1♠，你持12点牌力，同伴开叫花色有带大牌的3张支持，但没有好的4张支持，不符合双加叫的要求。先应叫1NT，待同伴再叫后，下一轮跳加叫3♠。

**2. 应叫2NT**

为雅可比2NT。保证同伴开叫花色有较好的4张支持，旁门花色没有单缺，13点以上，同时要求同伴报单缺。例如：

e. ♠KJ75　　♥AQ4　　♦84　　♣KQ104
f. ♠QJ103　　♥42　　♦AK9　　♣KJ42
g. ♠QJ42　　♥96　　♦A96　　♣A985
h. ♠AQ8　　♥KJ5　　♦92　　♣KQ1042

e）同伴开叫1♠，你持有15点牌力，同伴所叫花色有4张好支持，旁门花色无单缺，应叫2NT，同时要求同伴报单缺。

f）同伴开叫1♠，你持有14点牌力，同伴所叫花色有4张好支持，旁门花色无单缺，应叫2NT，同时要求同伴报单缺。

g）同伴开叫1♠，你持有11点牌力，同伴所叫花色有4张好支持，旁门花色无单缺，因为牌力达不到雅可比2NT应叫的要求，不能应叫2NT，但符合双加叫的要求，应叫3♠。

h）同伴开叫1♥，你持有16点牌力，同伴所叫花色有3张好支持，旁门花色无单缺，但同伴开叫花色没有4张支持，不符合应叫

28

## 第二章 1阶高花开叫后的叫牌

2NT的要求，可以先二盖一应叫2♣，下轮再跳叫3♥。

### 3. 应叫3NT

同伴所叫花色没有支持，最多只有双张，未叫过的花色有止张，13~15点。例如：

i. ♠96　　　♥Q1095　　　♦AK6　　　♣KQ72
j. ♠KQ52　　♥4　　　　　♦A987　　　♣KJ42

i）同伴开叫1♠，你持14点牌力，同伴所叫花色只有两张小牌，其他三门均有止张，应叫3NT。

j）同伴开叫1♥，你持13点牌力，同伴所叫花色为单张，其他三门均有止张，应叫3NT。

## 三、应叫新花色

### 1. 一盖一应叫

同伴开叫1阶高花，你在1阶水平上应叫另一门高花，也就是说同伴开叫1♥，你应叫1♠。这种应叫的条件是：应叫人持有4张以上应叫花色，牌力为6~15点。例如：

a. ♠KQ964　　♥6　　　　♦AQJ86　　♣82
b. ♠KQ103　　♥94　　　 ♦A1092　　♣J103

a）同伴开叫1♥，你持14点牌力，同伴开叫花色为单张，♠为5张套，你可以一盖一应叫1♠。

b）同伴开叫1♥，你持10点牌力，♠为4张套，同伴开叫花色为两张，你可以一盖一应叫1♠，寻求高花4-4配合。

### 2. 二盖一应叫

同伴开叫1阶高花，你在2阶水平上应叫另一门花色，你应叫的花色比开叫花色级别低，如果比开叫花色级别高就是跳叫而不是二盖一应叫。二盖一应叫要求大牌点在11点以上，所叫花色为5张以上。例如：

c. ♠65　　　♥AK1072　　♦KQ108　　♣J7

## 精准自然叫牌

d. ♠K104   ♥A3   ♦KQJ83   ♣1094

c）同伴开叫1♠，你持14点牌力，同伴开叫花色没有支持，但♥有5张套，符合二盖一应叫的条件，应叫2♥。

d）同伴开叫1♥，你持14点牌力，同伴开叫花色没有支持，但♦有5张套，符合二盖一应叫的条件，应叫2♦。

### 3. 跳叫新花色

作为一种最强的应叫，牌力在16点以上，所叫花色为半坚固的5张以上套。例如：

e. ♠AJ106   ♥AKQ107   ♦Q9   ♣K4

f. ♠A62   ♥AK10   ♦AKJ1086   ♣2

e）同伴开叫1♠，你持20点牌力，虽然同伴开叫花色有较好的支持，但应叫2NT无法表示持有16点以上的牌力，因此跳叫3♥，表示持有16点以上的牌力，且♥为半坚固的5张套。

f）同伴开叫1♠，你持21点牌力，♦为半坚固的6张套，符合跳叫新花色的要求，因此跳叫3♦。

### 4. 双跳叫新花色

也叫爆裂叫。表示同伴开叫花色有很好的支持，保证4张以上支持，所跳叫花色为单缺，大牌点为11点以上，进局逼叫。例如：

g. ♠AJ85   ♥KQ107   ♦QJ65   ♣4

h. ♠K10654   ♥—   ♦AQ106   ♣Q1086

g）同伴开叫1♥，你持大牌点13点，同伴开叫花色有4张支持，♣为单张，符合爆裂叫的要求，应跳叫4♣。

h）同伴开叫1♠，你持大牌点11点，同伴开叫花色有5张支持，♥为缺门，符合爆裂叫的要求，应跳叫4♥。

## 四、对同伴开叫花色有支持的应叫整合

### 1. 对同伴开叫花色有支持的整合

同伴开叫1阶高花，你对同伴开叫花色有支持，除单加叫、双加

## 第二章　1阶高花开叫后的叫牌

叫、三加叫以外，还有应叫1NT、雅可比2NT和爆裂叫，那怎么来把握呢？这里作个简单的整合。

（1）持牌力6~7点，对同伴开叫花色有带大牌的3张支持，先应叫1NT，下轮再应叫时加叫同伴开叫花色。

（2）持牌力8~10点，对同伴开叫花色有带大牌的3张支持，直接加叫同伴开叫花色。

（3）持牌力6~10点，对同伴开叫花色有带大牌的4张支持，牌型好，一般有单缺，三加叫同伴开叫花色。

（4）持牌力11~12点，对同伴开叫花色有带大牌的4张支持，双加叫同伴开叫花色。

（5）持牌力11~12点，对同伴开叫花色有带大牌的3张支持，先应叫1NT，下轮再应叫时跳加叫同伴开叫花色。

（6）持大牌点11点以上，对同伴开叫花色有4张以上支持，并且有单缺花色，采用爆裂叫。

（7）持牌力13点以上，对同伴开叫花色有4张支持，旁门花色没有单缺，应叫2NT。

（8）持牌力13点以上，对同伴开叫花色有3张支持，先一盖一应叫或者二盖一应叫，下轮再应叫时加叫同伴开叫花色。

### 2. 双加叫、雅可比2NT和爆裂叫三者间的区别

双加叫、雅可比2NT和爆裂叫的相同之处就是要求对开叫花色有4张支持。不同之处就是双加叫是有限加叫，规定牌力为11~12点；而爆裂叫的下限牌力为大牌点11点，雅可比2NT的下限牌力为13点，上限牌力不封顶。例如：

a. ♠KQ43　　♥96　　　♦A985　　♣QJ4
b. ♠A1098　 ♥KJ10　　♦AQ4　　 ♣1072
c. ♠A642　　♥K1072　♦KJ64　　♣3
d. ♠KQ84　　♥AQ4　　♦4　　　　♣AQ842

a）同伴开叫1♠，你持12点牌力，同伴开叫花色有4张支持，应叫

31

## 精准自然叫牌

2NT不够牌力，应叫爆裂叫旁门花色又没有单缺，应叫3♠正合适。

b）同伴开叫1♠，你持14点牌力，同伴开叫花色有4张支持，应叫3♠牌力超过牌力范围，应叫爆裂叫没有单缺，符合应叫2NT的要求，应叫2NT。

c）同伴开叫1♥，你持大牌点11点，同伴开叫花色有4张支持，♣为单张，符合爆裂叫的要求，应叫4♣。

d）同伴开叫1♠，你持大牌点17点，同伴开叫花色有4张支持，♦为单缺，符合爆裂叫的要求，应叫4♦。

### 3. 持11点以上对同伴开叫花色有3张支持的应叫

至于有带大牌3张支持同伴开叫花色，11~12点牌力，先应叫1NT，下轮再应叫时跳加叫同伴开叫花色；13点以上先一盖一应叫或者二盖一应叫，下轮再应叫时加叫或跳加叫同伴开叫花色。例如：

e. ♠AQ94　　♥K105　　♦J1072　　♣A4
f. ♠A84　　　♥K104　　♦92　　　♣KQ1042

e）同伴开叫1♥，你持14点牌力，同伴开叫花色有带大牌的3张支持，应叫3♥牌力超过牌力范围，应叫2NT和爆裂叫均不符合要求，只能先应叫1♠，下轮再应叫时跳加叫同伴开叫花色。

f）同伴开叫1♥，你持15点牌力，同伴开叫花色有带大牌的3张支持，应叫3♥超过牌力范围并无4张支持，应叫2NT和爆裂叫均没有4张支持又不符合条件，只能先二盖一应叫2♣，下轮再应叫时加叫同伴开叫花色。

## 第二节　开叫人的再叫

精准自然叫牌与现代自然叫牌的不同之处，就是1阶花色开叫后开叫人的再叫，把牌点幅度13~21点分为低限牌力、中限牌力和高限牌力。低限牌力为13~15点，中限牌力为16~18点，高限牌力为19~21

点。持低限牌力，在同伴应叫后，不跳叫再叫。持中限牌力，在同伴应叫后，跳一级再叫。持高限牌力，就要视情况而定，在同伴应叫后，一般跳二级再叫；若同伴牌力也不差，有试探满贯的可能，为了尽量不把牌叫得太高，因此，有时只能跳一级再叫。

开叫人的再叫，就是要准确地把自己手中的牌点、牌型告诉同伴，好让同伴作出正确的决定。

## 一、低限牌力的再叫

### （一）对开叫花色有支持的再叫

应叫人的第一应叫，表明对开叫花色有支持：一是同伴第一应叫直接加叫开叫花色，加叫开叫花色又分单加叫、双加叫、三加叫；二是应叫人应叫2NT，表示对开叫花色有4张以上支持；三是双跳叫新花色，也就是爆裂叫，应叫人对开叫花色有4张以上支持，双跳叫的花色为单缺。

（1）同伴单加叫你的开叫花色，表明他只有8~10点牌力。你持牌力13~15点，若持15点，可以再叫，邀叫进局。同伴若持9~10点，中间张多一点，就可以加叫到4阶水平成局。若你只有13~14点，则不叫，邀叫很危险。例如：

a. ♠KQ1083　　♥AQ104　　♦K82　　♣9

a）你开叫1♠，同伴第一应叫2♠。你有大牌点14点，牌型点3点，共有牌力17点，若同伴持9~10点就可以成局，因此，你再叫3♠，邀叫4♠。

（2）同伴双加叫开叫花色，表明他有11~12点牌力，两手牌应该有25点左右，你直接加叫到4阶水平成局。

b. ♠AK1052　　♥J3　　　　♦A1082　　♣J3
c. ♠K32　　　　♥AQJ97　　♦KJ4　　　♣83

b）你开叫1♠，同伴第一应叫3♠。你有大牌点13点，牌型点3点，共有牌力16点，同伴双加叫牌力至少11点，联手牌力有27点，可

## 精准自然叫牌

以直接加叫到局，叫4♠。

c）你开叫1♥，同伴第一应叫3♥。你有大牌点14点，牌型点2点，共有牌力16点，同伴双加叫牌力至少11点，联手牌力有27点，可以直接加叫到局，叫4♥。

（3）同伴三加叫开叫花色，表明他的牌点，不超过10点，但牌型好，对开叫花色有4张以上支持。你持牌点13~15点，同伴已经叫到局，以不叫为好。例如：

**d.** ♠AQJ83　　♥K93　　　♦QJ4　　　♣102

d）你开叫1♠，同伴第一应叫4♠。你有大牌点13点，牌型点2点，共有牌力15点，同伴第一应叫4♠已经封局，上满贯牌点明显不够，还是不叫为好。

（4）同伴第一应叫为2NT，表明他有4张支持，大牌点在13点以上，旁门花色没有单缺，希望你报单缺。因此，同伴2NT应叫后，根据你的牌报单缺给同伴。答叫如下：

不跳叫新花色=所叫花色为单缺（13~15点）；

不跳叫开叫花色=无单缺（13~15点）。

**e.** ♠AQ876　　♥KJ6　　　♦3　　　　♣K1032
**f.** ♠K3　　　　♥AQJ53　　♦Q103　　♣Q84

e）你开叫1♠，同伴第一应叫2NT，表示♠有4张支持，13点以上，旁门花色没有单缺。你应叫3♦，表示13~15点，♦为单缺。是叫到局还是试探满贯，由应叫人决定。

f）你开叫1♥，同伴第一应叫2NT，表示♥有4张支持，13点以上，旁门花色没有单缺。你应叫3♥，表示13~15点，旁门花色没有单缺。是叫到局还是试探满贯，由同伴决定。

（5）同伴第一应叫为爆裂叫，表明他有4张以上支持，大牌点在11点以上，所爆裂花色为单缺，进局逼叫。你持13~15点牌力，只能再叫开叫花色进局，表示低限牌力。例如：

**g.** ♠KJ854　　♥Q962　　♦A8　　　♣K4

## 第二章　1阶高花开叫后的叫牌

h. ♠AQ874　　♥AJ5　　♦K2　　♣1098

g）你开叫1♠，同伴第一应叫4♣，表示对开叫花色有4张以上支持，♣为单张，大牌点在11点以上，进局逼叫。你只有13~15点牌力，只能再叫4♠，表示低限牌力。

h）你开叫1♠，同伴第一应叫4♦，表示对开叫花色有4张以上支持，♦为单缺，大牌点在11点以上，进局逼叫。你只有13~15点牌力，只能再叫4♠，表示低限牌力。

### （二）对开叫花色没有支持的再叫

对开叫花色没有支持的再叫，主要针对第一应叫1NT、一盖一应叫、二盖一应叫、应叫3NT和跳叫新花色。

（1）同伴第一应叫为1NT，表明同伴持6~12点牌力，这种应叫称为"逼叫性1NT应叫"。具体再叫如下：

不跳叫开叫花色=13~15点，6张以上套；

不跳叫无将=13~15点，平均牌牌；

顺叫新花色=13~15点，4张以上套。

i. ♠K32　　♥A10952　　♦KJ3　　♣K2
j. ♠AQ9742　　♥K32　　♦QJ3　　♣3
k. ♠KJ1054　　♥AQ84　　♦K3　　♣84

i）你开叫1♥，同伴应叫1NT，你持牌力15点，平均牌型，再叫2NT，表示13~15点牌力。

j）你开叫1♠，同伴应叫1NT，你持牌力14点，6张♠套，再叫2♠，表示13~15点牌力。

k）你开叫1♠，同伴应叫1NT，你持牌力14点，还有4张♥套，顺叫2♥，表示13~15点牌力。

（2）同伴第一应叫为一盖一应叫，表示同伴持6~15点牌力，所叫花色为4张以上。具体再叫如下：

加叫同伴应叫花色=13~15点，4张以上支持；

不跳叫开叫花色=13~15点，所叫花色为6张以上；

## 精准自然叫牌

不跳叫无将=13~15点，平均牌型，无4张♠支持，无6张开叫花色；顺叫新花色=13~15点，所叫花色为4张以上。

l. ♠AJ74　　♥AQ1032　　♦K3　　♣107
m. ♠K83　　♥AQ832　　♦K104　　♣J10
n. ♠A3　　♥KQ10987　　♦K9　　♣J103

l）你开叫1♥，同伴应叫1♠，你有4张♠，加叫2♣，表示13~15点牌力，♠有4张支持。

m）你开叫1♥，同伴应叫1♠，你没有4张♠支持，开叫花色没有6张，应叫1NT，表示13~15点牌力，没有4张♠支持，没有6张开叫花色。

n）你开叫1♥，同伴应叫1♠，你没有4张♠支持，但开叫花色有6张，再叫2♥，表示13~15点牌力，所叫花色为6张以上。

（3）同伴第一应叫为二盖一应叫，表明同伴持大牌点在11点以上，所叫花色为5张以上，逼叫。具体再叫如下：

不跳叫开叫花色=13~15点，6张以上套；

加叫同伴应叫花色=13~15点，有带大牌的3张以上支持；

不跳叫无将=13~15点，平均牌型，对同伴应叫花色没有支持；

顺叫新花色=13~15点，4张以上套；

爆裂叫=14~15点，所叫花色为单缺，对同伴二盖一应叫花色有4张以上支持。

注意：同伴二盖一应叫后的爆裂叫，只需跳一级再叫，不必跳两级再叫。如开叫1♠后，同伴二盖一应叫2♥，你再叫3♣/3♦为自然叫，你再叫4♣/4♦就是爆裂叫；再比如，开叫1♥/1♠后，同伴第一应叫为2♦，你再叫3♣为自然叫，你跳叫4♣就是爆裂叫。

o. ♠A62　　♥AKQ1097　　♦106　　♣107
p. ♠AK842　　♥KJ10　　♦J4　　♣Q104
q. ♠AQ963　　♥A1094　　♦4　　♣K43
r. ♠3　　♥AQ1042　　♦K4　　♣KJ1042

## 第二章　1阶高花开叫后的叫牌

o）你开叫1♥，同伴应叫2♣，你持15点牌力，有6张♥套，再叫2♥，表示13~15点牌力，♥为6张以上。

p）你开叫1♠，同伴应叫2♦，你持15点牌力，除♦外其他三门均有止张，再叫2NT，表示13~15点牌力，同伴应叫花色没有支持。

q）你开叫1♠，同伴应叫2♥，你持14点牌力，同伴应叫花色有4张好支持，♦为单张，跳叫4♦，爆裂叫，表示14~15点牌力，同伴二盖一应叫花色有4张支持，所跳叫花色为单缺。

r）你开叫1♥，同伴应叫2♣，你持15点牌力，同伴应叫花色有5张好支持，♠为单张，跳叫3♠，爆裂叫，表示14~15点牌力，同伴二盖一应叫花色有4张以上支持，所跳叫花色为单缺。

（4）同伴第一应叫为3NT，表明同伴持平均牌型，对开叫花色没有支持，13~15点牌力。你持13~15点牌力，联手牌力在26~30点之间，叫到局是肯定的，但叫上满贯却是很难的，成贯的概率较小。例如：

s. ♠AK2　　　♥KJ742　　　♦J7　　　♣1086
t. ♠J97　　　♥AK875　　　♦A108　　　♣Q7

s）你开叫1♥，同伴应叫3NT，表明同伴对开叫花色没有支持，13~15点牌力，平均牌型。你持13点牌力，不叫为好，只能打3NT。

t）你开叫1♥，同伴应叫3NT，表明同伴对开叫花色没有支持，13~15点牌力，平均牌型。你持15点牌力，再往上叫是很危险的，还是不叫为好，就打3NT。

（5）同伴第一应叫为跳叫新花色，表明同伴持16点以上牌力，加上开叫人的13~15点牌力，联手牌力为29点以上，牌型好，可以试探满贯。例如：

u. ♠105　　　♥AKQ104　　　♦Q76　　　♣Q107
v. ♠AKQ1032　　　♥4　　　♦109　　　♣KJ43

u）你开叫1♥，同伴跳叫2♠，表示16点以上牌力，♠为5张以

37

## 精准自然叫牌

上套。你持14点牌力，除♠外其他三门有止张，你再叫2NT，表示13~15点牌力，同伴跳叫花色没有支持，是否叫上满贯由同伴决定。

v）你开叫1♠，同伴跳叫3♣，你持一门半坚固的♠套，同伴跳叫花色有4张带大牌的好支持，牌力为15点牌力，联手牌力至少31点，肯定可以叫上满贯，你可以直接叫4♣。

### （三）牌例

**例1　　双方无局**

♠AQJ98
♥K983
♦—
♣A1053

```
┌北┐
西  东
└南┘
```

| 叫牌过程 | |
|---|---|
| 北 | 南 |
| 1♠① | 3♠② |
| 4♣③ | 4♥④ |
| 4NT⑤ | 5♥⑥ |
| 6♠⑦ | |

♠K1043
♥AQ54
♦753
♣K8

① 开叫1♠，表示13~21点，♠为5张以上。
② 应叫3♠，同伴开叫花色有4张支持，11~12点牌力。
③ 扣叫♣，表示♣有A。
④ 扣叫♥，表示♥有A。
⑤ 以♠为将牌的关键张问叫。
⑥ 答叫有2个关键张，没有将牌Q。
⑦ 北家分析，联手有4个关键张和将牌Q，缺少1个关键张就是♦A，正好自己缺门，可以打小满贯。

## 第二章　1阶高花开叫后的叫牌

例2　　南北有局

♠AQJ73
♥109
♦K4
♣A865

叫牌过程

| 北 | 南 |
|---|---|
| 1♠① | 4♠② |
| =③ | |

```
  ┌ 北 ┐
  西   东
  └ 南 ┘
```

♠K8542
♥A4
♦Q10983
♣7

① 开叫1♠，表示13~21点，♠为5张以上。
② 应叫4♠，表示大牌点6~10点，同伴开叫花色有4张以上支持。
③ 北家分析，联手牌力不够叫上满贯，同伴已加叫到局，还是不叫为好。

例3　　东西有局

♠AQ1063
♥K3
♦A1043
♣86

叫牌过程

| 北 | 南 |
|---|---|
| 1♠① | 4♣② |
| 4♠③ | 4NT④ |
| 5♠⑤ | 6♠⑥ |

```
  ┌ 北 ┐
  西   东
  └ 南 ┘
```

♠KJ95
♥AQ975
♦KQ2
♣3

① 开叫1♠，表示13~21点，♠为5张以上。
② 应叫4♣，爆裂叫，表示11点以上，同伴开叫花色有4张支持，

## 精准自然叫牌

所叫花色为单缺。

③再叫4♠,表示13~15点牌力。

④以♠为将牌的关键张问叫。

⑤答叫有2个关键张和将牌Q。

⑥南家分析,还差1个关键张,只能打小满贯。

### 例4　　双方有局

♠AQJ53
♥A85
♦6
♣K1097

```
┌─北─┐
西    东
└─南─┘
```

♠K72
♥K43
♦J5
♣AQJ54

| 叫牌过程 | |
|---|---|
| 北 | 南 |
| 1♠① | 2♣② |
| 4♦③ | 4♠④ |
| 4NT⑤ | 5♣⑥ |
| 5♦⑦ | 5♠⑧ |
| 6♣⑨ | |

①开叫1♠,表示13~21点,♠为5张以上。

②应叫2♣,表示11点以上,♣为5张以上。

③跳叫4♦,爆裂叫,表示同伴二盖一应叫花色有4张支持,14点以上牌力。

④加叫同伴开叫花色,表示持有带大牌的3张支持。

⑤以♣为将牌的关键张问叫。

⑥答叫有1个关键张。

⑦将牌Q问叫。

⑧答叫有将牌Q,还有♠K。

⑨北家分析,还差1个关键张,打♣比打♠好。

## 第二章　1阶高花开叫后的叫牌

### 例5　　南北有局

♠K4
♥AJ1095
♦A43
♣Q54

```
  ┌北┐
 西   东
  └南┘
```

♠AQJ32
♥KQ32
♦2
♣A32

叫牌过程

| 北 | 南 |
|---|---|
| 1♥ | 2♠① |
| 2NT② | 3♥③ |
| 3♠④ | 4NT⑤ |
| 5♥⑥ | 7♥⑦ |

① 跳叫2♠，表示16点以上，♠为5张以上。
② 表示同伴应叫的花色没有支持，13~15点牌力。
③ 同伴开叫花色有好支持，支持♥为将牌。
④ 过渡性应叫，表示♠有A或有K。
⑤ 以♥为将牌的关键张问叫。
⑥ 答叫有2个关键张，没有将牌Q。
⑦ 南家分析，5个关键张都在手，将牌Q也在手，将牌有五墩，♠有四到五墩，♣和♦有两墩，我♦为单张，可以将吃，十三墩牌没有问题。

## 二、中限牌力的再叫

### （一）对开叫花色有支持的再叫

应叫人的第一应叫，表明对开叫花色有支持：一是同伴第一应叫为直接加叫开叫花色，直接加叫开叫花色又分为单加叫、双加叫和三加叫；二是应叫2NT，表示对开叫花色有4张以上支持；三是双跳叫

41

## 精准自然叫牌

新花色，也就是爆裂叫，表示对开叫花色有4张以上支持，所跳叫花色为单缺。

（1）同伴单加叫开叫花色，表明他持有8~10点牌力，对开叫花色有带大牌的3张以上支持。你持有16~18点牌力，当持有16~17点牌力时，可以采用邀叫方式，再加叫到3阶水平，若同伴持有9~10点牌力，他可以加叫到4阶水平，做成局定约；当你持有18点牌力时，则可以直接加叫到局，做成局定约。例如：

**a.** ♠A942　　♥KQJ83　　♦A7　　♣K2

a）你开叫1♥，同伴第一应叫为2♥，表示持有8~10点牌力，你有18点牌力，可以加叫到4♥。

（2）同伴双加叫开叫花色，表明他持有11~12点牌力，对开叫花色有4张以上支持。联手牌力至少27点，你应该直接加叫到局。但联手牌力不会超过30点，除非你持短套时没有计算短套牌力，否则不能试探满贯。例如：

**b.** ♠A4　　♥AQ842　　♦KQJ106　　♣3

b）你开叫1♥，同伴第一应叫为3♥，表示持有11~12点牌力，对开叫花色有4张支持。你持大牌点16点，加牌型点5点，共有牌力21点。联手牌力至少32点，可以试探满贯。你可以先扣叫♠，表示♠有第一控制。

（3）同伴三加叫开叫花色，表明同伴大牌点在10点以下，对开叫花色有4张以上支持，并且牌型好，因此直接封局。现在对同伴直接封局的牌型和牌力作一个预测，将牌5张加1点又有一个单张加2点，若大牌点为9点，共计12点牌力。你手上最多18点牌力，联手牌力30点，与双加叫一样，除非你有短套时没有计算短套牌力，否则不能轻易试探满贯。例如：

**c.** ♠4　　♥AQJ84　　♦KQ1043　　♣A6

c）你开叫1♥，同伴第一应叫为4♥，表示大牌点在10点以下，对开叫花色有4张以上支持，牌型好，因此直接封局。你持大牌点16

## 第二章 1阶高花开叫后的叫牌

点，牌型点5点，共有牌力21点，同伴牌力大约为12点，联手牌力达到33点，因此可以试探满贯。你可以扣叫5♣，或者直接叫4NT问关键张。若同伴有一个A，就可以叫满贯。

（4）同伴应叫2NT，表明他对开叫花色有4张支持，大牌点在13点以上，旁门花色没有单缺，希望你报单缺。因此同伴应叫2NT时，你应把你持16~18点牌力和有无单缺情况告诉同伴。

答叫如下：

跳叫新花色=所叫花色为单缺（16~18点）；

跳叫开叫花色=无单缺（16~18点）。

例如：

**d.** ♠A103　　♥KQJ64　　♦K3　　♣K43

**e.** ♠AK1096　♥KQ9　　　♦7　　　♣A1054

**d)** 你开叫1♥，同伴第一应叫2NT，表示13点以上，对开叫花色有4张支持。你持牌力17点，必须答叫是否有单缺。你没有单缺，跳一级答叫开叫花色，答叫4♥。

**e)** 你开叫1♠，同伴第一应叫2NT，表示13点以上，对开叫花色有4张支持。你持大牌点16点，牌型点3点，共计牌力19点，你有♦单缺，跳一级报单缺，答叫4♦。

（5）同伴第一应叫为双跳叫新花色，也就是爆裂叫，表明他对开叫花色有4张以上支持，大牌点在11点以上，所爆裂的花色为单缺，进局逼叫。你持16~18点牌力，应扣叫新花色，表示新花色有A，并持有16~18点牌力。若持13~15点牌力，则直接加叫到局。例如：

**f.** ♠AQ1063　♥A63　　　♦A92　　♣K2

**f)** 你开叫1♠，同伴第一应叫为4♦，爆裂叫，大牌点在11点以上，对开叫花色有4张以上支持。你持有大牌点17点，牌型点2点，共有19点牌力。同伴大牌点至少11点，加上一个单张短套牌型点2点，联手至少有32点牌力，完全可以试探满贯。在将牌确定的情况下，再叫新花色就是扣叫。你应该叫4♥，表示♥有A。

43

**精准自然叫牌**

### （二）对开叫花色没有支持的再叫

应叫人的第一应叫，表明对你开叫的花色没有支持。同伴应叫1NT、一盖一应叫、二盖一应叫、应叫3NT，或者跳叫新花色，都表示对开叫花色没有支持。你持16~18点牌力，怎样再叫呢？

（1）同伴第一应叫为1NT，表明同伴持有6~12点牌力，这种应叫称为"逼叫性1NT应叫"。具体再叫如下：

跳叫开叫花色=16~18点，6张以上套；

不跳叫2NT=16~18点，平均牌型，比较差的中限牌力，缺少中间张，按低限牌力处理（假如同伴只有6~7点牌力应叫1NT，你的中限牌力又很弱，跳叫3NT肯定做不成定约）；

跳叫3NT=16~18点，平均牌型，比较好的中限牌力，中间张较多，按正常中限牌力处理（一般来讲，达到大牌点18点，就应按中限牌力处理）；

逆叫新花色=16~18点，4张以上套。

g. ♠AJ10852　♥AQ　　　♦93　　　♣AQ10
h. ♠K32　　　♥AJ542　　♦KJ3　　♣A3
i. ♠KQ3　　　♥AJ1098　♦K9　　 ♣A108
j. ♠KQ1098　♥AQJ103　♦A4　　 ♣5

g）你开叫1♠，同伴应叫1NT，你持大牌点17点，加牌型点共19点。再叫3♠，表示16~18点，♠为6张套。

h）你开叫1♥，同伴应叫1NT，你持大牌点16点，加牌型点共17点。没有中间张，降为低限牌力处理，再叫2NT。若同伴应叫1NT只有6~7点，跳叫3NT肯定做不成定约，再叫2NT邀叫3NT为妥。

i）你开叫1♥，同伴应叫1NT，你持大牌点17点，加牌型点共18点，中间张较多，跳叫3NT。

j）你开叫1♥，同伴应叫1NT，你持大牌点16点，加牌型点共18点，♥和♠为5-5双套，逆叫2♠。

（2）同伴第一应叫为一盖一应叫，表明同伴所叫♠为4张以上，

44

## 第二章  1阶高花开叫后的叫牌

大牌点为6~15点，逼叫，寻求4-4配合。具体再叫如下：

跳加叫=16~18点，♠为4张以上支持；

跳叫2NT=16~18点，未叫过的花色有止张；

跳叫开叫花色=16~18点，所叫花色6张以上；

跳叫新花色=16~18点，所叫花色4张以上；

爆裂叫=跳二级叫新花色，同伴应叫花色有4张以上支持，所叫花色为单缺，17~18点。

k. ♠QJ108    ♥AK1087    ♦QJ4      ♣A
l. ♠K107     ♥AK1082    ♦A106     ♣K9
m. ♠95       ♥AKQ1063   ♦K6       ♣KJ10
n. ♠Q8       ♥AKQ107    ♦KQ1092   ♣3

k）你开叫1♥，同伴应叫1♠，你持有大牌点17点，加牌型点共18点，同伴一盖一应叫，你有4张♠支持，跳加叫3♠，表示16~18点，同伴应叫花色有4张支持。

l）你开叫1♥，同伴应叫1♠，你持有大牌点17点，加牌型点共18点，同伴一盖一应叫，你没有4张♠支持，其他三门花色都有止张，跳叫2NT。

m）你开叫1♥，同伴应叫1♠，你持有大牌点16点，加牌型点共18点，开叫花色为6张套，跳叫3♥，表示16~18点，♥为6张套。

n）你开叫1♥，同伴应叫1♠，你持有大牌点16点，加牌型点共18点，♥和♦为5-5双套，按要求应先叫♦后叫♥，逆叫表示16~18点，但考虑♥实力很强又是高花，先叫出来更好，因此先叫较高花色，后叫较低花色。这时为了表示16~18点牌力，再叫较低花色时就要跳叫，跳叫3♦。

（3）同伴第一应叫为二盖一应叫，表明同伴持有大牌点11点以上，所叫花色为5张以上，逼叫。具体再叫如下：

跳叫开叫花色=16~18点，6张以上套；

跳叫无将=16~18点，未叫过的花色有止张；

45

## 精准自然叫牌

逆叫新花色=16~18点，4张以上套；

跳加叫同伴应叫花色=16~18点，有带大牌的3张以上支持；

爆裂叫=同伴所叫花色有4张以上支持，所叫花色为单缺。在同伴二盖一应叫后爆裂叫，只需跳一级应叫新花色。同伴二盖一应叫后，你持16~18点牌力，加上单张短套牌型点，你至少有18点牌力。联手叫成局是肯定的，但能否叫满贯，就要判断联手牌力能否达到33点左右，若能达到33点左右就可以叫满贯。例如：

o. ♠3　　　　♥AQJ1054　　♦Q4　　　♣AK104
p. ♠AK1082　　♥KJ10　　　 ♦J4　　　♣AJ10
q. ♠AK1094　　♥AK1083　　♦Q9　　　♣4
r. ♠K10　　　 ♥AQ1095　　 ♦Q8　　　♣AQ104
s. ♠AKQ83　　 ♥KJ97　　　 ♦3　　　 ♣A108

o）你开叫1♥，同伴应叫2♦，你持大牌点16点，加牌型点共18点，开叫花色为6张套，应跳叫3♥，表示16~18点。

p）你开叫1♠，同伴应叫2♦，你持大牌点17点，加牌型点共18点，平均牌型，未叫过的花色有止张，应跳叫3NT，表示16~18点。

q）你开叫1♥，同伴应叫2♣，你持大牌点16点，加牌型点共18点，♥和♠为5-5双套，应逆叫新花色，再叫2♠，表示16~18点。

r）你开叫1♥，同伴应叫2♣，你持大牌点17点，加牌型点共18点，同伴二盖一应叫花色有好的4张支持，应跳加叫4♣，表示16~18点。

s）你开叫1♠，同伴应叫2♥，你持大牌点17点，加牌型点共18点，同伴二盖一应叫花色有好的4张支持，且♦为单张，应跳叫4♦，表示爆裂叫，所叫花色为单缺。

（4）同伴第一应叫为3NT，表明同伴持有13~15牌力，平均牌型，未叫过的花色有止张。你持16~18点牌力，联手牌力至少有29点，你可以根据自己的牌力情况作出决定，若持18点牌力，就可以试探满贯。例如：

t. ♠A109　　　♥AK1063　　♦Q109　　♣A3

## 第二章　1阶高花开叫后的叫牌

t）你开叫1♥，同伴应叫3NT，你持大牌点17点，加牌型点共18点。同伴应叫3NT，表示他持有大牌点13~15点，你持牌力18点，联手牌力至少31点，可以叫4NT问A。

（5）同伴第一应叫为跳叫新花色，表明同伴持有16点以上牌力，你有16~18点牌力，联手牌力至少32点，可以试探满贯。例如：

u. ♠K104　　♥AJ1054　　♦AK4　　♣J4

u）你开叫1♥，同伴跳叫2♠，表示持有16点以上牌力，你持大牌点16点，加牌型点共17点，联手牌力至少33点，可以试探满贯。你可以先加叫同伴的应叫花色，再4NT关键张问叫。

（三）牌例

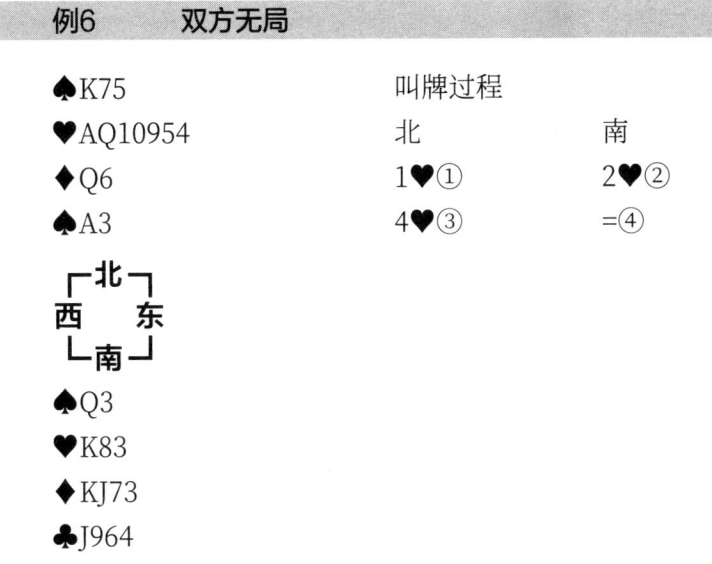

**例6　　双方无局**

♠K75　　　　　　　叫牌过程
♥AQ10954
♦Q6　　　　　　　北　　　　南
♠A3　　　　　　　1♥①　　　2♥②
　　　　　　　　　4♥③　　　=④

```
 ┌北┐
西   东
 └南┘
```

♠Q3
♥K83
♦KJ73
♣J964

① 开叫1♥，表示13~21点，♥为5张以上。

② 应叫2♥，表示8~10点，♥有带大牌的3张以上支持。

③ 再叫4♥，表示16~18点，同伴应叫牌力为8~10点，联手至少24点牌力，叫到局没问题。

47

## 精准自然叫牌

④ 南家考虑，同伴直接封局，应该是16~18点牌力，再叫就超过牌力范围了，还是不叫为好。

| 例7 | 双方有局 |
|---|---|

♠AKJ1093

♥653

♦Q72

♣6

```
 ┌ 北 ┐
 西    东
 └ 南 ┘
```

♠76

♥AKQ107

♦KJ9

♣A109

| 叫牌过程 | |
|---|---|
| 南 | 北 |
| 1♥① | 1♠② |
| 2NT③ | 3♠④ |
| 4♠⑤ | |

① 开叫1♥，表示13~21点，♥为5张以上。

② 应叫1♠，表示6~15点，♠为4张以上。

③ 再叫2NT，表示16~18点，对同伴一盖一应叫花色没有4张支持。

④ 再应叫3♠，♠为6张以上，牌点在10点以下。

⑤ 南家牌力虽然有18点，但联手牌力还不够叫到满贯，因此加叫4♠即可。

## 第二章　1阶高花开叫后的叫牌

**例8　　　南北有局**

♠AK1082
♥A4
♦43
♣KQ102

```
 ┌北┐
西  东
 └南┘
```

♠Q73
♥93
♦A1072
♣J976

叫牌过程

| 北 | 南 |
|---|---|
| 1♠① | 1NT② |
| 3♣③ | 3♠④ |
| 4♠⑤ |  |

① 开叫1♠，表示13~21点，♠为5张以上。
② 应叫1NT，表示6~12点，逼叫性1NT应叫。
③ 再叫3♣，表示16~18点，♣为4张以上。
④ 再应叫3♠，表示6~7点，♠有带大牌的3张支持。
⑤ 只有17点牌力，加短套牌型点共19点，联手牌力最多26点，只有成局定约，再叫4♠。

**例9　　　东西有局**

♠KJ98
♥AK987
♦KQ4
♣5

```
 ┌北┐
西  东
 └南┘
```

♠AQ5
♥Q1042
♦A109
♣Q43

叫牌过程

| 北 | 南 |
|---|---|
| 1♥① | 2NT② |
| 4♣③ | 4NT④ |
| 5♥⑤ | 6♥⑥ |

① 开叫1♥，表示13~21点，♥为5张以上。
② 应叫2NT，雅可比2NT，表示13点以上，同伴开叫花色有4张

49

支持，要求同伴报单缺。

③跳叫4♣，表示16~18点，♣为单缺。

④以♥为将牌的关键张问叫。

⑤答叫2个关键张，没有将牌Q。

⑥南家知道，联手还缺1个关键张，只能打6♥。

**例10　　双方无局**

♠AKJ104
♥Q32
♦A3
♣QJ9

```
┌北┐
西　东
└南┘
```

♠2
♥AK104
♦94
♣AK10632

| 叫牌过程 | |
|---|---|
| 北 | 南 |
| 1♠ | 2♣① |
| 4♣② | 4♥③ |
| 4♠④ | 4NT⑤ |
| 5♠⑥ | 6♥⑦ |
| 7♣⑧ | |

①二盖一应叫，11点以上，所叫花色5张以上。

②跳加叫4♣，表示16~18点，♣带大牌的3张支持。

③扣叫♥，表示♥有A。

④扣叫♠，表示♠有A。

⑤以♣为将牌的关键张问叫。

⑥答叫有2个关键张和将牌Q。

⑦♥花色的花色问叫，问是否有第三轮控制，有第三轮控制就叫大满贯，无第三轮控制就叫小满贯6NT。

⑧叫7♣，有♥第三轮控制。

## 第二章　1阶高花开叫后的叫牌

### 三、高限牌力的再叫

#### （一）对开叫花色有支持的再叫

同伴第一应叫对开叫花色有支持，主要有单加叫、双加叫、三加叫、雅可比2NT和爆裂叫。

（1）同伴第一应叫为单加叫，表示同伴对开叫花色有带大牌的3张支持或者是无大牌的4张支持，8~10点。你持19~21点牌力，叫到局是肯定的，但叫到满贯却很难。

　　a. ♠KQ3　　　♥AKJ87　　　♦AJ　　　♣Q93

　　a）你开叫1♥，同伴应叫2♥，你持牌21点，直接再叫4♥，表示19~21点。

（2）同伴第一应叫为双加叫，表示同伴对开叫花色有4张以上支持，11~12点。你持牌力19~21点，叫到满贯概率为50%。联手牌力在31点左右，只要中间张多，还是可以试探满贯。例如：

　　b. ♠AKQ3　　　♥AQJ107　　　♦3　　　♣K84

　　b）你开叫1♥，同伴应叫3♥，表示持11~12点牌力，4张以上支持。你持20点牌力，加上短套牌型点2点共22点，联手已达到33点以上牌力，可以试探满贯。再叫4NT，这是以♥为将牌的关键张问叫。

（3）同伴第一应叫为三加叫，表示同伴对开叫花色至少有4张支持并有较好牌型，大牌点不超过10点，估计同伴加牌型点也不超过12点，叫满贯并打成的概率为50%左右。例如：

　　c. ♠AKJ74　　　♥AK10　　　♦KJ10　　　♣109

　　c）你开叫1♠，同伴应叫4♠，表明同伴至少有4张♠支持，大牌点在10点以下。你持大牌点19点，加牌型点2点共21点，估计同伴加牌型点共12点，联手牌力达到33点左右。并且中间张较多，可以直接叫4NT，以♠为将牌做关键张问叫。

（4）同伴第一应叫为2NT，表示同伴对开叫花色有较好的4张支持，旁门花色没有单缺，牌点在13点以上。你持大牌19~21点，联手

51

## 精准自然叫牌

牌力在32点以上，完全应该进行满贯叫牌。例如：

d. ♠KJ9　　　♥AQ987　　　♦AQ10　　　♣KJ

e. ♠AQ1087　　♥AKJ6　　　♦A3　　　♣K10

d）开叫1♥，同伴应叫2NT，表明同伴对开叫花色有4张支持，13点以上。你持21点牌力，联手已达到叫满贯的要求，直接再叫4NT（以♥为将牌的关键张问叫）。

e）开叫1♠，同伴应叫2NT，表明同伴对开叫花色有4张支持，13点以上。你持22点牌力，联手已达到叫满贯的要求，你可以直接再叫4NT（以♠为将牌的关键张问叫）。

（5）同伴第一应叫为爆裂叫，表明同伴对开叫花色保证有4张支持，跳叫花色为单缺，大牌点在11点以上。你持19~21点牌力，联手牌力在30点以上，加上短套牌型点，联手牌力已达到叫满贯的要求，可以试探满贯。例如：

f. ♠AQJ63　　♥AQ6　　　♦A92　　　♣K2

g. ♠AQJ102　　♥AK3　　　♦A10　　　♣Q84

f）开叫1♠，同伴应叫4♦，表明同伴对开叫花色保证4张支持，所叫花色为单缺，大牌点在11点以上。你持牌力21点，联手至少32点牌力，完全可以进行满贯。你可以直接叫4NT，这是以♠为将牌的关键张问叫。

g）开叫1♠，同伴应叫4♣，表明同伴对开叫花色保证4张支持，所叫花色为单缺，大牌点在11点以上。你持牌力21点，联手至少32点牌力，可以直接叫4NT（以♠为将牌的关键张问叫）。

### （二）对开叫花色没有支持的再叫

对开叫花色没有支持的再叫，主要针对第一应叫为1NT、一盖一应叫、二盖一应叫、应叫3NT，或者跳叫新花色。

（1）同伴第一应叫为1NT，表明同伴持有6~12点牌力，你持19~21点牌力，如叫得很高就很危险。若同伴只有6~7点牌力，叫到局正合适。因此，当同伴第一应叫为1NT时，你没有什么牌好叫，

## 第二章　1阶高花开叫后的叫牌

四门有止，就直接再叫3NT；若有好牌型，就可叫新花色，逼叫一轮。例如：

h. ♠AK1092　　♥KQ75　　　♦A8　　　　♣A10
i. ♠AQ982　　 ♥K3　　　　♦A9　　　　♣AK63

h）开叫1♠，同伴第一应叫为1NT，表明其牌力为6~12点。你持有21点牌力，四门有止张，你可以直接再叫3NT，表示持有19~21点牌力。

i）开叫1♠，同伴第一应叫为1NT，表明其牌力为6~12点。你持有21点牌力，可以再叫3♣逼叫一轮，看同伴是10点以下牌力还是11~12点牌力。也可以直接叫3NT，表示19~21牌力。

（2）同伴第一应叫为一盖一应叫，其牌力为6~15点。同伴到底有多少牌点，不是很清楚，只能把自己的牌点告诉同伴，让同伴做决定。同伴一盖一应叫后，你跳二级再叫，表示19~21点。具体再叫如下：

3NT=19~21点，没有♠支持；
4♠=19~21点，持有4张♠支持；
跳叫新花色=16点以上，逼叫一轮。例如：

j. ♠Q9　　　　♥AQJ64　　♦AJ10　　　♣KQ9
k. ♠AQJ3　　 ♥KQJ84　　♦A7　　　　♣K3

j）开叫1♥，同伴第一应叫为1♠，你持20点牌力，同伴对应叫花色没有支持，其他三门有止张，直接再叫3NT，表示19~21点。

k）开叫1♥，同伴第一应叫为1♠，你持21点牌力，同伴对应叫花色有4张支持，跳加叫4♠，表示19~21点牌力。

（3）同伴第一应叫为二盖一应叫，表明同伴所持大牌点在11点以上，所叫花色为5张以上。你持19~21点牌力，联手牌力至少30点，可以试探满贯。例如：

l. ♠A104　　　♥AKQ87　　♦K7　　　　♣KJ3
m. ♠KJ　　　 ♥AQ1053　　♦K8　　　　♣AQ108

53

## 精准自然叫牌

l) 开叫1♥，同伴应叫2♣，表明同伴所持大牌点在11点以上，所叫花色为5张以上。你持21点牌力，联手牌力至少32点，同伴所叫♣你有带大牌的3张支持，可以直接再叫4♣。

m) 开叫1♥，同伴应叫2♦，表明同伴所持大牌点在11点以上，所叫花色为5张以上。你持20点牌力，同伴应叫花色没有3张以上好支持，你可以跳叫4♣，表示16点以上牌力，♣为4张以上。也可以直接4NT问叫，做以♦为将牌的关键张问叫，最后定约6NT。

（4）同伴第一应叫为3NT，表明同伴持有13~15点牌力，对开叫花色没有支持。你持19~21点牌力，联手牌力至少32点，可以试探满贯。例如：

**n.** ♠AKQ96　　♥K103　　♦A108　　♣K9

n) 开叫1♠，同伴第一应叫为3NT，表明同伴对你开叫花色没有支持，13~15点。你持20点牌力，联手牌力至少33点，可以直接叫4NT，这里将牌没有确定，4NT问A是黑木问叫。

（5）同伴第一应叫为跳叫新花色，表明同伴牌力为16点以上，所叫花色为5张以上。你持19~21点牌力，可以直接进行满贯叫牌。例如：

**o.** ♠AQJ　　♥KQJ43　　♦K103　　♣A9

o) 开叫1♥，同伴应叫3♦，表明同伴持16点以上牌力，所叫♦为5张以上。你持19~21点牌力，联手牌力至少37点，完全可以打满贯。你♦有带大牌的3张支持，直接进行以♦为将牌的关键张问叫。

## 第二章　1阶高花开叫后的叫牌

（三）牌例

### 例11　　双方有局

♠J743
♥K964
♦AQJ3
♣5

```
┌北┐
西　东
└南┘
```

♠AKQ5
♥AQJ107
♦9
♣K83

叫牌过程

| 南 | 北 |
|---|---|
| 1♥① | 3♥② |
| 3♠③ | 4♦④ |
| 4NT⑤ | 5♥⑥ |
| 6♥⑦ | |

① 开叫1♥，表示13~21点，♥为5张以上。
② 应叫3♥，表示11~12点，♥有4张支持。
③ 扣叫♠，表示♠有A。
④ 扣叫♦，表示♦有A。
⑤ 以♥为将牌的关键张问叫。
⑥ 答叫有2个关键张，没有将牌Q。
⑦ 南家分析，还差1个关键张，只能打小满贯。

**精准自然叫牌**

### 例12　南北有局

♠K2
♥AKQ72
♦KQ4
♣QJ4

叫牌过程

| 北 | 南 |
|---|---|
| 1♥① | 1♠② |
| 3NT③ | =④ |

```
  ┌北┐
 西  东
  └南┘
```

♠AJ108
♥94
♦1093
♣K863

① 开叫1♥，表示13~21点，♥为5张以上。
② 应叫1♠，表示6~15点，♠为4张以上。
③ 再叫3NT，表示19~21点，四门有止。
④ 南家只有8点牌力，同伴已经叫到局，不叫为好。

### 例13　南北有局

♠A104
♥AKQ87
♦K7
♣KJ3

叫牌过程

| 北 | 南 |
|---|---|
| 1♥① | 2♣② |
| 4♣③ | 4♦④ |
| 4NT⑤ | 5♠⑥ |
| 6♣⑦ |  |

```
  ┌北┐
 西  东
  └南┘
```

♠Q8
♥1054
♦A105
♣AQ1097

① 开叫1♥，表示13~21点，♥为5张以上。
② 应叫2♣，表示11点以上，同伴开叫花色没有支持，所叫花色

56

## 第二章  1阶高花开叫后的叫牌

为5张以上。

③加叫4♣，表示16点以上，同伴应叫花色有带大牌的3张支持。

④扣叫♦，表示♦有A。

⑤以♣为将牌的关键张问叫。

⑥答叫2个关键张+将牌Q。

⑦北家考虑，同伴若有♠K可以打大满贯，但叫6♠会错过打♣小满贯的机会，因此还是打6♣小满贯较稳妥。

### 例14　　双方无局

♠AKQJ6
♥K103
♦A108
♣K9

```
┌─北─┐
西    东
└─南─┘
```

♠72
♥A952
♦KQ2
♣A872

叫牌过程

| 北 | 南 |
|---|---|
| 1♠① | 3NT② |
| 4NT③ | 5♠④ |
| 6NT⑤ | |

①开叫1♠，表示13~21点，♠为5张以上。

②应叫3NT，表示13~15点，同伴开叫花色没有支持，未叫过的花色有止张。

③北家计算，自己手上持有20点大牌，加长套牌型点共有21点牌力，同伴应叫3NT，至少有13点牌力，联手牌力至少有33点，打小满贯没有问题，直接叫4NT黑木问A。

④答叫2个跳档的A。

⑤4个A都在手，直接叫6NT。

# 精准自然叫牌

## 第三节　应叫人的再应叫

开叫人通过开叫及再叫，把自己的牌点及牌型基本叫出来了。应叫人的再应叫，就是决定定约的问题。一是牌点不多，采取不叫；二是同伴属于低限牌力，若自己有9~10点牌力且中间张较多，可以选择进局邀叫；三是联手牌力达到26点，直接叫到局；四是牌力较强，联手牌力在33点左右，可以试探满贯。

### 一、开叫人表示低限牌力的再应叫

（1）开叫人通过再叫，表示只有13~15点低限牌力，应叫人在持8点以下牌力时（将牌配合加短套牌型点），应选择不叫。

**例15　南北有局**

♠AKJ94　　　　　　叫牌过程
♥A3　　　　　　　　北　　　　　南
♦Q98　　　　　　　1♠①　　　1NT②
♣1096　　　　　　 2NT③　　　=④

┌北┐
西　东
└南┘

♠105
♥J965
♦K105
♣Q1054

① 开叫1♠，表示13~21点，♠为5张以上。
② 应叫1NT，表示6~12点，对同伴开叫花色没有支持。
③ 再叫2NT，表示13~15点，邀叫3NT。
④ 牌点太少，联手达不到26点左右，进局无望，不叫为好。

58

## 第二章　1阶高花开叫后的叫牌

### 例16　　南北有局

♠AJ973
♥J3
♦AQ
♣Q1042

```
┌北┐
西  东
└南┘
```

♠2
♥KQ10742
♦653
♣854

叫牌过程

| 北 | 南 |
|---|---|
| 1♠① | 1NT② |
| 2♣③ | 2♥④ |
| =⑤ | |

① 开叫1♠，表示13~21点，♠为5张以上。
② 应叫1NT，表示6~12点，对同伴开叫花色没有支持。虽有6张♥套，但不够二盖一牌力，先应叫1NT，下轮再叫2♥。
③ 顺叫2♣，表示13~15点，♣为4张以上。
④ 再应叫2♥，表示6~7点，♥为5张以上。
⑤ 南家知道，同伴只有6~7点牌力，♥可能是6张，因此不叫。

59

**精准自然叫牌**

（2）开叫人通过再叫，表示只有13~15点牌力，应叫人持9~10点牌力且中间张较多（将牌配合加短套牌型点）时，选择进局邀叫，或者同伴邀叫时加叫进局。

**例17　双方无局**

♠A73
♥KQ1054
♦J76
♣A9

```
  ┌─北─┐
  西   东
  └─南─┘
```

♠K82
♥A987
♦K1083
♣82

叫牌过程

| 北 | 南 |
|---|---|
| 1♥① | 2♥② |
| 3♥③ | 4♥④ |
| =⑤ | |

① 开叫1♥，表示13~21点，♥为5张以上。
② 应叫2♥，表示对同伴开叫花色有带大牌的3张支持或4张支持，8~10点。
③ 加叫3♥，表示13~15点牌力，邀叫4♥。
④ 持大牌点10点，加短套牌型共11点，加叫4♥没有问题。
⑤ 联手牌力不足以叫满贯，不叫。

## 第二章　1阶高花开叫后的叫牌

（3）开叫人通过再叫，表示只有13~15点牌力，应叫人持11~15点牌力（将牌配合加短套牌型点）时，选择直接叫到局。

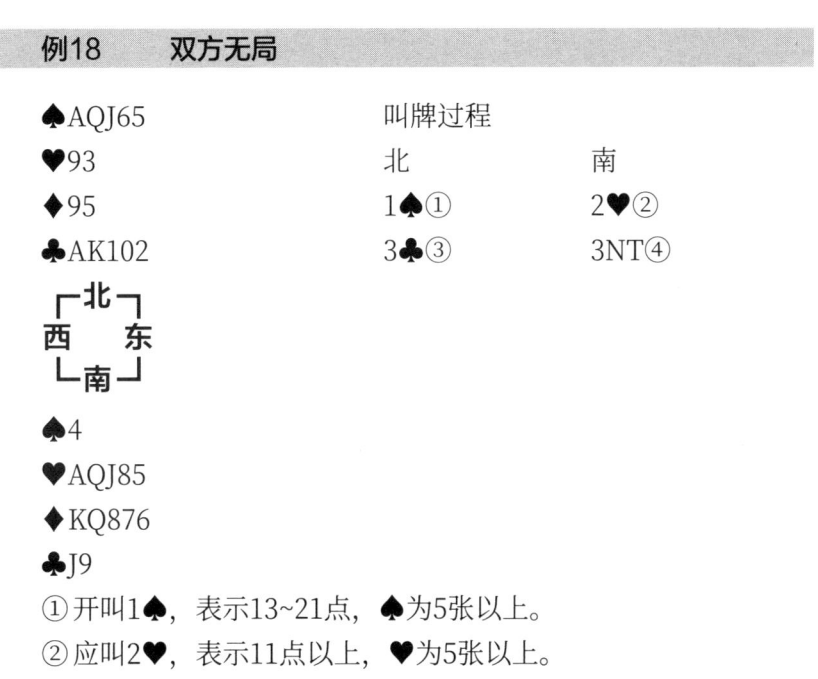

**例18　　双方无局**

♠AQJ65
♥93
♦95
♣AK102

```
 ┌北┐
西  东
 └南┘
```

♠4
♥AQJ85
♦KQ876
♣J9

| 叫牌过程 | |
|---|---|
| 北 | 南 |
| 1♠① | 2♥② |
| 3♣③ | 3NT④ |

①开叫1♠，表示13~21点，♠为5张以上。

②应叫2♥，表示11点以上，♥为5张以上。

③再顺叫3♣，表示13~15点，♣为4张以上。

④南家♥和♦两套，而同伴持♠和♣两套，联手牌力在28点至30点，牌型不配，只能叫3NT。

精准自然叫牌

### 例19　双方有局

♠AJ1054
♥KQ83
♦7
♣A82

```
  ┌北┐
西    东
  └南┘
```

| 叫牌过程 | |
|---|---|
| 北 | 南 |
| 1♠① | 2♥② |
| 4♦③ | 4NT④ |
| 5♦⑤ | 5♠⑥ |
| 5NT⑦ | 7♥⑧ |

♠KQ83
♥AJ1072
♦A6
♣96

①开叫1♠，表示13~21点，♠为5张以上。

②应叫2♥，表示11点以上，♥为5张以上。

③再跳叫4♦，为爆裂叫，保证♥有4张支持，♦为单缺。

④以♥为将牌的关键张问叫。

⑤答叫有0个或3个关键张。

⑥接着问将牌Q。

⑦答叫有将牌Q，但没有旁花K。

⑧南家知道，同伴有♠A、♣A和♥KQ，将牌有五墩牌，♠应该也有五墩牌，还有♦A和♣A，同伴♦单张可以将吃。大满贯应该没有问题。

62

## 第二章  1阶高花开叫后的叫牌

（4）开叫人通过再叫，表示只有13~15点牌力，应叫人持16点以上牌力时选择逼叫，或者试探满贯。

### 例20　双方无局

♠A
♥KQJ43
♦K1043
♣954

```
   北
西    东
   南
```

♠KQJ1072
♥A2
♦A2
♣A32

| 叫牌过程 | |
| --- | --- |
| 北 | 南 |
| 1♥① | 2♠② |
| 3♦③ | 3♠④ |
| 3NT⑤ | 4NT⑥ |
| 5♣⑦ | 5NT⑧ |
| 7NT⑨ | |

① 开叫1♥，表示13~21点，♥为5张以上。

② 跳叫2♠，表示16点以上，♠为5张以上。

③ 顺叫3♦，表示13~15点，♦为4张以上。

④ 再应叫3♠，保证♠是较好的6张套。

⑤ 接力叫3NT。

⑥ 以♠为将牌的关键张问叫。

⑦ 答叫有1个关键张。

⑧ 旁花K问叫。

⑨ 北家知道，联手可拿六墩♠、四到五墩♥、两墩♦和一墩♣，十三墩没有问题，因此直接叫7NT。

## 精准自然叫牌

### 例21　　东西无局

♠KQ985
♥J3
♦AQ2
♣K32

```
  ┌北┐
西    东
  └南┘
```

♠AJ42
♥A54
♦K43
♣AQ4

叫牌过程

| 北 | 南 |
|---|---|
| 1♠① | 2NT② |
| 3♠③ | 4♣④ |
| 4♦⑤ | 4♥⑥ |
| 5♣⑦ | 5♦⑧ |
| 5♠⑨ | 6♠⑩ |

① 开叫1♠，表示13~21点，♠为5张以上。

② 应叫2NT，表示13点以上，对同伴开叫花色有4张支持，希望同伴报单缺。

③ 旁门花色没有单缺，13~15点牌力。

④ 扣叫♣，表示有♣A，试探满贯。

⑤ 扣叫♦，表示有♦A。

⑥ 扣叫♥，表示有♥A。

⑦ 扣叫♣，表示有♣K。

⑧ 扣叫♦，表示有♦K。

⑨ 否定♥有第二轮控制，叫将牌。

⑩ 决定打6♠定约。

## 第二章　1阶高花开叫后的叫牌

（5）第一应叫为1NT，以后再应叫时，若持11~12点牌力应跳叫，区别于10点牌力以下的应叫1NT。

### 例22　南北有局

♠AQ983　　　　　　叫牌过程
♥K6　　　　　　　　北　　　　　　南
♦109　　　　　　　 1♠①　　　　　1NT②
♣AQ62　　　　　　 2♣③　　　　　3♠④
　　　　　　　　　　4♠⑤

```
  ┌北┐
 西  东
  └南┘
```

♠KJ5
♥AQ3
♦854
♣J1043

①开叫1♠，表示13~21点，♠为5张以上。
②应叫1NT，表示6~12点，逼叫。
③再顺叫2♣，表示13~15点，♣为4张以上。
④跳叫3♠，表示持有11~12点牌力，对同伴开叫花色有带大牌的3张支持。
⑤北家认为，自己持16点牌力，进局没问题。

## 精准自然叫牌

（6）第一应叫为一盖一应叫，以后再应叫持11~15点牌力时应跳叫，区别10点牌力以下的一盖一应叫。

### 例23　　双方有局

♠Q9
♥AQJ94
♦109
♣A1098

```
  北
西   东
  南
```

♠A1085
♥95
♦KQJ4
♣K72

| 叫牌过程 | |
|---|---|
| 北 | 南 |
| 1♥① | 1♠② |
| 2♣③ | 3♦④ |
| 3NT⑤ | |

① 开叫1♥，表示13~21点，♥为5张以上。
② 应叫1♠，表示6~15点，♠为4张以上。
③ 顺叫2♣，表示13~15点，♣为4张以上。
④ 跳叫3♦，表示持有11~15点牌力，逼叫。
⑤ 南家中间张很多，同伴持11~15点牌力，叫到局应该没有问题。

66

## 第二章　1阶高花开叫后的叫牌

### 二、开叫人表示中限牌力的再应叫

（1）开叫人通过再叫，表示持有16~18点牌力。你持6~7点牌力时，在同伴再叫后，无论是第一应叫1NT还是一盖一应叫，都可以采用邀叫。若同伴持高限牌力就可以进局。

**例24　　双方无局**

♠K2
♥AQJ72
♦KQ84
♣Q2

```
  ┌北┐
西    东
  └南┘
```

♠AJ83
♥1093
♦J2
♣J863

| 叫牌过程 | |
|---|---|
| 北 | 南 |
| 1♥① | 1♠② |
| 3♦③ | 3♥④ |
| 4♥⑤ | |

① 开叫1♥，表示13~21点，♥为5张以上。
② 应叫1♠，表示6~15点，♠为4张以上。
③ 跳叫3♦，表示16~18点，♦为4张以上。
④ 南家只有7点牌力，再应叫3♥邀叫4♥。
⑤ 北家持18点牌力，可以加叫4♥。

67

## 精准自然叫牌

（2）开叫人通过再叫，表示持16~18点牌力。你持8~10点牌力时，第一应叫有单加叫、逼叫性1NT和一盖一应叫三种，无论哪一种情况，都可以直接加叫到局。

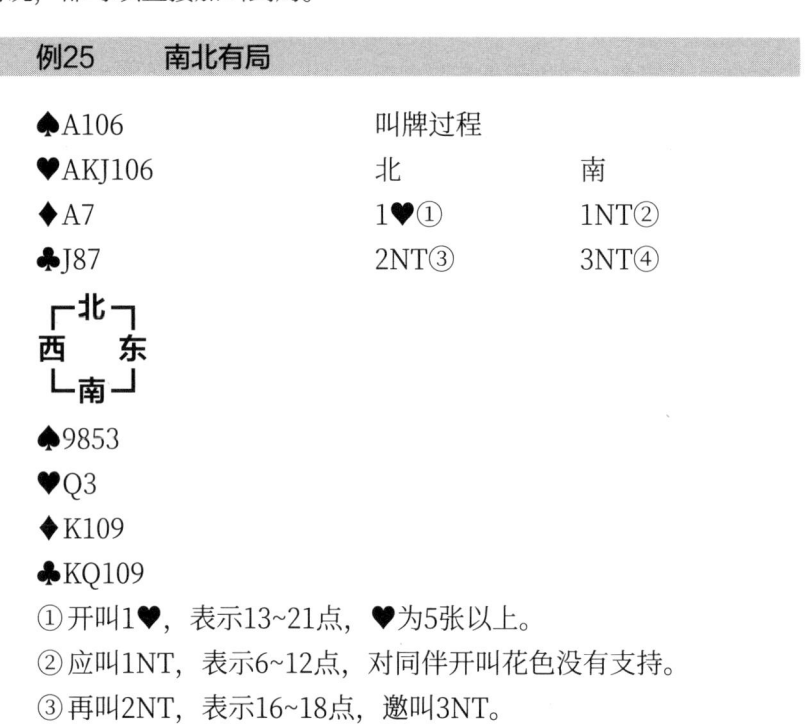

**例25　　南北有局**

♠A106
♥AKJ106
♦A7
♣J87

```
  ┌─北─┐
  西　东
  └─南─┘
```

♠9853
♥Q3
♦K109
♣KQ109

| 叫牌过程 | |
|---|---|
| 北 | 南 |
| 1♥① | 1NT② |
| 2NT③ | 3NT④ |

①开叫1♥，表示13~21点，♥为5张以上。
②应叫1NT，表示6~12点，对同伴开叫花色没有支持。
③再叫2NT，表示16~18点，邀叫3NT。
④南家大牌点10点，联手牌力至少26点，叫3NT没有问题。

## 第二章　1阶高花开叫后的叫牌

（3）开叫人通过再叫，表示持16~18点牌力。你持11~12点牌力时，第一应叫有双加叫、逼叫性1NT和一盖一应叫三种情况，无论是哪种情况，联手牌力不超过30点，一般只叫到局为止；要叫满贯就要看牌型是否配合，叫到满贯的概率是50%。

### 例26　　东西有局

♠KJ1086
♥A5
♦AKJ8
♣104

```
  ┌─北─┐
  西   东
  └─南─┘
```

♠AQ42
♥10643
♦Q5
♣A83

叫牌过程

| 北 | 南 |
|---|---|
| 1♠① | 3♠② |
| 4♦③ | 4♠④ |
| 4NT⑤ | 5♠⑥ |
| 6♠⑦ | |

① 开叫1♠，表示13~21点，♠为5张以上。

② 应叫3♠，表示11~12点，♠有4张支持。

③ 扣叫4♦，表示♦有A，有试探满贯牌力。

④ 再应叫4♠，是否叫上满贯由同伴决定。

⑤ 以♠为将牌的关键张问叫。

⑥ 答叫2个关键张+将牌Q。

⑦ 北家分析，南家有2个关键张和将牌Q，他最多12点，剩下最多只有一个Q，就算有♥Q或是♦Q都存在失墩情况，只能叫到小满贯。

## 精准自然叫牌

（4）第一应叫为一盖一应叫和逼叫性1NT，持11点以上牌力时，在再应叫时应跳一级应叫，不跳叫就表示10点以下牌力。

### 例27　　双方有局

♠Q4
♥AK1073
♦AK102
♣J4

```
 ┌北┐
西  东
 └南┘
```

♠AKJ876
♥Q4
♦97
♣K102

| 叫牌过程 | |
|---|---|
| 北 | 南 |
| 1♥① | 1♠② |
| 3♦③ | 4♠④ |
| 4NT⑤ | 5♥⑥ |
| 6♠⑦ | |

① 开叫1♥，表示13~21点，♥为5张以上。

② 应叫1♠，表示6~15点，♠为4张以上。

③ 跳叫3♦，表示16~18，♦为4张以上。

④ 跳叫4♠，表示11点以上，♠为6张以上。

⑤ 以♠为将牌的关键张问叫。

⑥ 答叫2个关键张，没有将牌Q。

⑦ 最后定约6♠。

## 第二章　1阶高花开叫后的叫牌

### 例28　　双方无局

♠A87
♥KJ743
♦J6
♣AK2

```
  北
西  东
  南
```

♠Q105
♥Q95
♦AK1054
♣95

| 叫牌过程 | |
|---|---|
| 北 | 南 |
| 1♥① | 1NT② |
| 2NT③ | 4♥④ |
| =⑤ | |

①开叫1♥，表示13~21点，♥为5张以上。
②应叫1NT，表示6~12点，对同伴开叫的花色没有支持。
③再叫2NT，表示差的16~18点，邀叫3NT。
④再应叫4♥，表示11~12点，♥有带大牌的3张支持。
⑤同伴最多12点，不足以叫上满贯。

## 精准自然叫牌

（5）开叫人通过再叫，表示持16~18点牌力。你持13~15点牌力时，第一应叫有雅可比2NT、一盖一应叫、二盖一应叫、跳叫3NT和爆裂叫这五种情况，一般联手牌力在29点以上，叫到局是肯定的，要叫满贯就要看是否是高限牌力，并结合有没有短套牌型点等因素综合考虑。

### 例29　　　南北有局

♠KQJ92
♥Q64
♦7
♣AKQ8

```
  北
西  东
  南
```

♠A654
♥AK1082
♦A94
♣6

叫牌过程

| 北 | 南 |
|---|---|
| 1♠① | 2NT② |
| 4♦③ | 4NT④ |
| 5♠⑤ | 6♥⑥ |
| 7♠⑦ | |

① 开叫1♠，表示13~21点，♠为5张以上。

② 应叫2NT，表示13点以上，同伴所叫花色有4张支持，希望同伴报单缺。

③ 跳叫4♦，表示16~18点，♦为单缺。

④ 以♠为将牌的关键张问叫。

⑤ 答叫2个关键张+将牌Q。

⑥ 南家分析，5个关键张和将牌Q都在手，若同伴有♥花色的第三轮控制，就有打大满贯的可能，因此，叫6♥对♥花色问叫；若同伴持有♥花色的第三控制就叫大满贯，否则就叫小满贯。

⑦ 有♥第三轮控制，叫7♠。

## 第二章　1阶高花开叫后的叫牌

### 例30　　东西有局

♠AQ983
♥76
♦AQ7
♣A53

```
  ┌北┐
西    东
  └南┘
```

♠K652
♥AQ85
♦KJ52
♣9

叫牌过程

| 北 | 南 |
|---|---|
| 1♠① | 4♣② |
| 4♦③ | 4♥④ |
| 5♣⑤ | 5♦⑥ |
| 6♠⑦ | |

①开叫1♠，表示13~21点，♠为5张以上。

②应叫4♣，为爆裂叫，表示11点以上，同伴开叫花色有4张支持，所叫花色为单缺。

③扣叫♦，表示有♦A。

④扣叫♥，表示有♥A。

⑤扣叫♣，表示有♣A。

⑥扣叫♦，表示有♦K。

⑦定约6♠应该没有问题。

73

**精准自然叫牌**

### 例31　双方有局

♠A105
♥AK1086
♦93
♣AQ10

```
  ┌北┐
西    东
  └南┘
```

♠KJ93
♥2
♦KQJ108
♣K62

叫牌过程

| 北 | 南 |
|---|---|
| 1♥① | 2♦② |
| 3NT③ | =④ |

①开叫1♥，表示13~21点，♥为5张以上。

②应叫2♦，表示11点以上，♦为5张以上。

③直接再叫3NT，表示16~18点。

④南家大牌13点，加牌型点共14点，整副牌没有一个A，并且牌型不配，联手最多31点，叫上去很危险，不叫为好。

## 第二章　1阶高花开叫后的叫牌

（6）开叫人通过再叫，表示持有16~18点牌力。你持16点以上牌力时，联手牌力在32点以上，叫满贯是肯定的。到底是叫小满贯还是叫大满贯，应根据牌情来决定。

### 例32　　双方无局

♠2
♥AJ1054
♦Q2
♣AKQ43

```
 ┌─北─┐
 西  东
 └─南─┘
```

♠AKJ104
♥KQ32
♦AJ3
♣5

叫牌过程

| 北 | 南 |
|---|---|
| 1♥① | 2♠② |
| 4♣③ | 4♥④ |
| 4NT⑤ | 5♦⑥ |
| 5♠⑦ | 6♣⑧ |
| 7♥⑨ | |

① 开叫1♥，表示13~21点，♥为5张以上。
② 跳应叫2♠，表示16点以上，♠为5张以上。当然也可以叫2NT，表示对开叫花色有4张支持，但为了表示持16点以上牌力，还是应叫2♠好。
③ 跳叫4♣，表示16~18点牌力，♣为4张以上。
④ 再应叫4♥，表示对同伴开叫花色有支持。
⑤ 以♥为将牌的关键张问叫。
⑥ 答叫有0个或3个关键张。
⑦ 将牌Q问叫。
⑧ 有将牌Q，还有♣K，也许也有其他的K（应叫6♠超过小满贯6♥）。
⑨ 北家分析，将牌有五墩，同伴♠和♥大概有9张，低花就只有4

75

张，同伴可以将吃两墩低花，加上低花四个顶张大牌和黑桃顶张大牌，十三墩牌应该没有问题。叫7♥。

## 三、开叫人表示高限牌力的再应叫

（1）开叫人通过再叫，表示持有19~21点牌力。你持6~8点牌力，当同伴再叫直接叫3NT或叫4♥、4♠时，你一般不叫。

**例33　　南北有局**

♠KQ3
♥AKJ87
♦AJ
♣Q93

| 叫牌过程 | |
|---|---|
| 北 | 南 |
| 1♥① | 2♥② |
| 4♥③ | =④ |

```
  ┌─北─┐
  西  东
  └─南─┘
```

♠J109
♥Q109
♦109
♣KJ1086

①开叫1♥，表示13~21点，♥为5张以上。
②应叫2♥，表示8~10点，♥有带大牌的3张支持。
③再叫4♥，表示19~21点。
④南家手上只有7点大牌，加牌型点也只有8点，不够叫满贯的牌力。不叫。

## 第二章　1阶高花开叫后的叫牌

（2）开叫人通过再叫，表示持有19~21点牌力。你持9~10点牌力时，联手至少28点，若牌型配合好，短套又加牌型点，可以试探满贯；若牌型配合不好，还是叫到局为止。

### 例34　　东西有局

♠94
♥AKQ1094
♦KQ8
♣AQ

```
 ┌北┐
西    东
 └南┘
```

♠AK1083
♥J85
♦J1076
♣10

叫牌过程

| 北 | 南 |
|---|---|
| 1♥① | 1♠② |
| 4♥③ | 4NT④ |
| 5♦⑤ | 6♥⑥ |

① 开叫1♥，表示13~21点，♥为5张以上。
② 应叫1♠，表示6~15点，♠为4张以上。
③ 再叫4♥，表示19~21点，♥为6张以上。
④ 以4♥为将牌的关键张问叫。
⑤ 答叫有3个关键张。
⑥ 南家分析，还差1个关键张，只能打6♥。

77

## 精准自然叫牌

（3）开叫人通过再叫，表示持有19~21点牌力。你持11点以上牌力，联手至少30点牌力，可以试满贯。

**例35　　双方无局**

♠KJ9
♥AQ987
♦AQ10
♣KJ

```
  ┌北┐
 西  东
  └南┘
```

♠AQ843
♥KJ102
♦6
♣Q102

叫牌过程

| 北 | 南 |
|---|---|
| 1♥① | 4♦② |
| 4NT③ | 5♥④ |
| 6♥⑤ | |

① 开叫1♥，表示13~21点，♥为5张以上。
② 应叫4♦，为爆裂叫，表示大牌点11点以上，对同伴开叫花色保证4张支持，所叫花色为单缺。
③ 以♥为将牌的关键张问叫。
④ 答叫有2个关键张，没有将牌Q。
⑤ 北家分析，南家持有2个关键张，还差1个关键张，只能叫小满贯。

## 第二章　1阶高花开叫后的叫牌

### 例36　南北有局

♠QJ10976
♥AK6
♦AJ9
♣A

```
  北
西  东
  南
```

♠AK54
♥102
♦KQ86
♣1095

叫牌过程

| 北 | 南 |
|---|---|
| 1♠① | 3♠② |
| 4NT③ | 5♥④ |
| 5NT⑤ | 6♦⑥ |
| 7♠⑦ | |

① 开叫1♠，表示13~21点，♠为5张以上。
② 应叫3♠，表示11~12点，♠有4张支持。
③ 以♠为将牌的关键张问叫。北家分析，自己持21点牌力，同伴有11~12点，叫小满贯不成问题。
④ 答叫有2个关键张，没有将牌Q。
⑤ 旁花K问叫。
⑥ 答叫有♦K，可能还有其他K。
⑦ 北家考虑，南家手上有♠AK和♦K，值得叫大满贯一试。叫7♠。

## 精准自然叫牌

（4）开叫人通过再叫，表示有19~21点牌力。当你第一应叫为1NT和一盖一应叫，牌力范围较大，上至15点，下至6点，在再应叫时，若持11点以上牌力，就应当叫新花逼叫，或者直接试探满贯。

### 例37　　东西有局

♠ AQ1087
♥ AK3
♦ A9
♣ K102

```
   ┌北┐
 西     东
   └南┘
```

♠ KJ3
♥ J107
♦ K1053
♣ A98

叫牌过程

| 北 | 南 |
|---|---|
| 1♠① | 1NT② |
| 3NT③ | 4♠④ |
| 4NT⑤ | 5♥⑥ |
| 6♠⑦ | |

① 开叫1♠，表示13~21点，♠为5张以上。
② 应叫1NT，表示6~12点，逼叫性1NT，可能对开叫花色有支持。
③ 再叫3NT，表示19~21点，四门有止。
④ 再应叫4♠，表示11~12点，对同伴开叫花色有带大牌的3张支持。
⑤ 以♠为将牌的关键张问叫。
⑥ 答叫有2个关键张，没有将牌Q。
⑦ 北家分析，自己手上持牌力21点，同伴最多12点，叫小满贯较合适，叫大满贯则牌力不足。

# 第三章
# 1阶低花开叫后的叫牌

　　1阶低花开叫有两种情况，一种是持非平均牌型，13~21点，无5张高花，但有5张以上低花套，开叫5张低花套；另一种情况是均型牌，无5张高花套，低花可能有5张，13~15点或18~19点。均型牌15~17点开叫1NT，20~21点开叫2NT，不开叫低花套。

　　均型牌开叫1♣和1♦，开叫花色一般为带大牌的3张以上套，若实在没有带大牌的3张以上低花套，开叫梅花3张套。一般情况下，两门低花均为3张，优先考虑开叫1♣，开叫1♦应该有4张套，开叫1♣只保证3张。若两门高花均为4张，♣只有2张，可以开叫只有3张的♦。

# 精准自然叫牌

## 第一节　应叫人的第一应叫

开叫人开叫1阶低花以后，应叫人的第一应叫，大致有三种应叫情况：一是加叫同伴开叫花色；二是应叫无将；三是应叫新花色。

### 一、加叫同伴开叫花色

根据《桥牌世界标准》的规定，低花单加叫为强加叫，低花双加叫为弱加叫。原来自然叫牌体系中，规定低花单加叫为弱加叫（6~10点），低花双加叫为强加叫。《桥牌世界标准》把原来的单加叫与双加叫颠倒过来，就是为了对有较好低花支持的强牌，从叫牌中相互得到较多的信息，使最终决策尽可能接近实际情况；而有较好低花支持的弱牌，尽量干扰对方叫到最佳定约。所以，把双加叫作为阻击性加叫处理。

（1）第一应叫为单加叫=11点以上，♦为4张以上支持，♣为5张以上支持，否定有4张高花。例如：

　　a. ♠AQ9　　　♥87　　　　♦K86　　　♣AJ1065
　　b. ♠A8　　　 ♥A97　　　 ♦KQJ1085　♣J3

a）同伴开叫1♣，你有大牌点14点，♣有5张支持，单加叫2♣，表示11点以上，♣有5张以上支持，否定有4张高花。

b）同伴开叫1♦，你持大牌点15点，♦有6张支持，单加叫2♦，表示11点以上，♦有4张以上支持，否定有4张高花。

（2）第一应叫为双加叫=6~10点，5张以上支持，属阻击性加叫。

双加叫6~10点幅度较大，开叫人难以把握，不知同伴应叫的6~10点是6~8点还是9~10点大牌。为了更清楚地掌握同伴应叫的大牌点是6~8还是9~10点，增加3♥问牌力。即开叫1♣/1♦，应叫3♣/3♦，接着开叫人再叫3♥询问应叫人的大牌点。应叫人答叫：3♠=大牌点为6~8点，4♣/4♦=大牌点为9~10点。例如：

　　c. ♠KJ10　　 ♥3　　　　♦Q9854　 ♣K1098

## 第三章　1阶低花开叫后的叫牌

　　d.　♠A83　　　♥92　　　　♦K96　　　♣K10742
　　e.　♠63　　　 ♥873　　　 ♦Q62　　　♣KQ974

　　c）同伴开叫1♦，你持大牌点9点，♦有5张支持，加叫到3♦，表示6~10点，♦有5张支持。若同伴再叫3♥询问你的大牌点，再答叫4♦，表示大牌点为9~10点。

　　d）同伴开叫1♣，你持大牌点10点，♣有5张支持，加叫到3♣，表示6~10点，♣有5张支持。若同伴叫3♥询问你的大牌点时，你就答叫4♣，表示持有大牌点为9~10点。

　　e）同伴开叫1♣，你持大牌点7点，♣有5张支持，加叫到3♣，表示6~10点，♣有5张支持。若同伴再叫3♥询问你的大牌点时，你应叫3♠，表示持有大牌点为6~8点。

## 二、应叫无将

　　（1）第一应叫为1NT=6~10点。没有4张高花套，不符合低花加叫的要求。例如：

　　a.　♠J65　　　♥Q87　　　♦A106　　　♣Q643
　　b.　♠Q84　　　♥Q62　　　♦K83　　　 ♣QJ65

　　a）同伴开叫1♦，你持大牌点9点，没有4张高花作一盖一应叫，双加叫又无5张以上支持，应叫1NT。

　　b）同伴开叫1♦，你持大牌10点，没有4张高花作一盖一应叫，双加叫对同伴开叫花色没有5张以上支持，二盖一不够牌点，只能应叫1NT。

　　（2）第一应叫为跳叫2NT=13~15点，平均牌型，未叫过的花色有止张。

　　c.　♠K109　　♥QJ6　　　♦AJ854　　♣K5
　　d.　♠K108　　♥AJ6　　　♦KJ3　　　♣Q1094

　　c）同伴开叫1♣，你持大牌点14点，平均牌型，未叫过的花色均有止张，跳叫2NT，表示13~15点，未叫过的花色有止张。也可以应叫1♦，逼同伴再叫牌。

83

## 精准自然叫牌

d）同伴开叫1♦，你持大牌点14点，平均牌型，未叫过的花色有止张，跳叫2NT，表示13~15点，未叫过的花色有止张。

（3）第一应叫为跳叫3NT=16~17点，平均牌型，未叫过的花色有止张。

e. ♠Q104　　♥AJ6　　♦K104　　♣AQ74
f. ♠QJ5　　　♥A6　　　♦K974　　♣AK93

e）同伴开叫1♦，你持大牌点16点，平均牌型，未叫过的花色有止张，跳叫3NT，表示16~17点，未叫过的花色有止张。

f）同伴开叫1♣，你持大牌点17点，平均牌型，未叫过的花色有止张，跳叫3NT，表示16~17点，未叫过的花色有止张。

### 三、应叫新花色

1阶低花开叫后，应叫新花色有一盖一应叫、二盖一应叫、跳叫新花和双跳叫新花四种应叫情形。

（1）第一应叫为一盖一应叫。1阶低花开叫后，一盖一应叫较多，牌手一般都会选择寻求高花4-4配合，做高花成局定约，有高花4张以上都会叫出来。一盖一应叫要求持大牌点6~15点，4张以上套，下轮再叫时，持11~15点牌力就跳一级应叫。例如：

a. ♠AKJ1093　♥653　　♦J73　　♣6
b. ♠AQJ3　　♥1085　　♦92　　　♣A943
c. ♠K1064　　♥83　　　♦J3　　　♣A9863

a）同伴开叫1♣，你持大牌点9点，♠有6张半坚固套，一盖一应叫1♠，表示♠为4张以上，6~15点牌力。

b）同伴开叫1♦，你持大牌点11点，有4张较好的♠套，一盖一应叫1♠，表示♠有4张以上，6~15点牌力。

c）同伴开叫1♦，你持大牌点8点，♠有4张套，一盖一应叫1♠，表示♠有4张以上，6~15点牌力。

（2）第一应叫为二盖一应叫，持大牌点在11点以上，5张以上

## 第三章 1阶低花开叫后的叫牌

套。二盖一应叫不允许4张套，否则，同伴若有3张支持就不好叫。

  d. ♠A8    ♥Q94    ♦Q83    ♣AJ1053

  e. ♠73    ♥AQ4    ♦KJ10   ♣KJ1073

  d) 同伴开叫1♦，你持大牌点13点，没有4张高花套，但有5张♣套，二盖一应叫2♣，表示11点以上，♣为5张以上。

  e) 同伴开叫1♦，你持大牌点14点，没有4张高花套，但有5张♣套，二盖一应叫2♣，表示11点以上，♣为5张以上。

  （3）第一应叫为跳叫新花色，大牌点16点以上，所叫花色为5张以上套。例如：

  f. ♠AQJ1072  ♥AK8    ♦QJ9    ♣8

  f) 同伴开叫1♦，你持大牌点17点，♠为6张套，跳叫2♠，表示16点以上，♠为5张以上。

  （4）第一应叫为双跳叫新花色，也称爆裂叫，对同伴所叫花色有5张支持，所叫花色为单缺，大牌点11点以上，进局逼叫。例如：

  g. ♠3    ♥A104    ♦KQ84   ♣KJ532

  h. ♠KQ3   ♥2     ♦AJ984  ♣AJ103

  g) 同伴开叫1♣，你爆裂叫3♠，表示11点以上，同伴所叫花色有5张支持，所叫花色为单缺。

  h) 同伴开叫1♦，你爆裂叫3♥，表示11点以上，同伴所叫花色有5张支持，所叫花色为单缺。

## 第二节 开叫人的再叫

  开叫人的再叫，就是要把自己手中的牌叫出来，告诉同伴你手中的牌是非均型还是均型，牌力是低限、中限还是高限。13~15点为低限牌力，16~18点为中限牌力，19~21点为高限牌力。持低限牌力，同伴第一应叫之后，不跳叫再叫；持中限牌力，同伴第一应叫之后，跳

## 精准自然叫牌

一级再叫：持高限牌力，同伴第一应叫之后，视情况而定，一般情况下跳二级再叫。你的再叫，需要把手中的牌叫清楚了，让同伴好做决定。

### 一、低限牌力的再叫

#### （一）对开叫花色有支持的再叫

应叫人的第一应叫，表明对开叫花色有支持。同伴加叫开叫花色，同伴双跳叫新花色也就是爆裂叫，都表示对开叫花色有支持。

（1）同伴第一应叫为单加叫开叫花色，表示大牌点在11点以上，♣有5张以上支持，♦有4张以上支持，没有4张高花套。你的再叫可以不跳叫无将、顺叫新花色、5阶低花进局，表示13~15点，让同伴做决定。例如：

a. ♠Q95　　♥A8　　♦KQ53　　♣Q1085
b. ♠A62　　♥842　　♦KQ2　　♣AQJ3

a）开叫1♦，同伴第一应叫为2♦，表示11点以上，4张以上♦支持。你四门有止张，再叫2NT，表示13~15点低限牌力，让同伴做决定。

b）开叫1♣，同伴第一应叫为2♣，表示11点以上，5张以上♣支持。你加叫3♣，表示不愿意打无将，13~15点低限牌力。

（2）同伴第一应叫为双加叫开叫花色，表示6~10点牌力，5张以上支持，带阻击性弱加叫。你持13~15点低限牌，没有什么特殊牌型，一般不叫。例如：

c. ♠K95　　♥83　　♦AQ83　　♣A864
d. ♠Q4　　♥AJ84　　♦KQ42　　♣J64

c）开叫1♦，同伴第一应叫为3♦，表示6~10点牌力，5张以上♦支持。你持大牌点13点，不够进局牌点，不叫为好。

d）开叫1♦，同伴第一应叫为3♦，表示6~10点牌力，5张以上♦支持。你持大牌点13点，不够进局的牌点，不叫为好。

（3）同伴第一应叫为爆裂叫，表示大牌点在11点以上，对开叫

## 第三章　1阶低花开叫后的叫牌

花色有5张支持，所叫花色为单缺。你再叫可以不跳叫无将、顺叫新花色和5阶低花进局，表示13~15点牌力，让同伴做决定。例如：

e. ♠AQ4　　　♥Q62　　　♦KJ103　　　♣QJ6
f. ♠K83　　　♥QJ84　　　♦AQ97　　　♣J5

e）开叫1♦，同伴第一应叫为3♥，为爆裂叫，表示11点以上，♦有5张以上支持，♥为单缺。你持大牌点15点，再叫4♦，表示13~15点低限牌力。

f）开叫1♦，同伴第一应叫为3♥，表示11点以上，有5张♦支持，♥为单缺。你持大牌点13点，同伴♥单缺，而你有带QJ的4张♥，可以再叫3NT，也可以再叫4♦。

### （二）对开叫花色没有支持的再叫

应叫人第一应叫，表明对所开叫的花色没有支持。同伴的第一应叫为1NT、2NT、3NT、一盖一应叫、二盖一应叫或者跳叫新花色，这些叫品都表示对开叫花色没有支持。

（1）同伴第一应叫为1NT，表示同伴持6~10点牌力，联手不够叫成局。你若有15点，可以叫2NT，邀3NT。例如：

g. ♠KQ103　　　♥Q4　　　♦A1093　　　♣K103
h. ♠A1076　　　♥A9　　　♦107　　　♣AQJ106

g）开叫1♦，同伴第一应叫为1NT，表示持6~10点牌力。自己手上持牌14点，联手不超过24点，不叫为好。

h）开叫1♣，同伴第一应叫为1NT，表示同伴6~10点牌力。加牌型点，你持16点牌力，若同伴持10点牌力就可以打3NT。因此你再叫2NT，邀叫3NT。

（2）同伴第一应叫为跳叫2NT，表明同伴持13~15点牌力，并且未叫过的花色有止张。你可以加到3NT成局定约。例如：

i. ♠AQJ3　　　♥K4　　　♦A1043　　　♣1097

i）开叫1♦，同伴第一应叫2NT，表明同伴持13~15点牌力。联手至少26点，你可以加叫到3NT。

**精准自然叫牌**

（3）同伴第一应叫为3NT，表明同伴持16~17点牌力，未叫过的花色均有止张。联手至少30点牌力，可以试探满贯。例如：

j. ♠AQ9　　　♥984　　　♦6　　　♣KQJ1075

j）开叫1♣，同伴第一应叫为3NT，表明同伴持16~17点牌力，未叫过的花色有止张。你持牌力14点，联手超过30点牌力，可以叫4NT问A，也可以直接打5♣，表示13~15点，不愿意打3NT。

（4）同伴第一应叫为一盖一应叫，表明同伴持6~15点牌力，同伴所叫花色为4张以上。一盖一应叫牌点幅度较大，具体再叫如下：

加叫同伴应叫花色=13~15点，4张以上支持；

不跳叫无将=13~15点，未叫过的花色有止张；

顺叫新花色=13~15点，所叫花色4张以上；

不跳叫开叫花色=13~15点，开叫花色5张以上。

k. ♠K104　　　♥A3　　　♦KQ832　　　♣Q104

l. ♠A7　　　♥KQ8　　　♦KJ84　　　♣Q1084

k）开叫1♦，同伴第一应叫为1♥，表示同伴持6~15点牌力。自己持牌力15点，再叫2♦，表示13~15点牌力，♦为5张以上。

l）开叫1♣，同伴第一应叫为1♠，表明同伴持6~15点牌力。自己持15点牌力，再叫1NT，表示13~15点牌力，未叫过的花色有止张。

（5）同伴第一应叫为二盖一应叫，表明同伴持11点以上牌力，所叫花色为5张以上，逼叫。具体再叫如下：

加叫同伴应叫花色=13~15点，带大牌的3张支持；

不跳叫无将=13~15点，未叫过的花色有止张；

不跳叫开叫花色=13~15点，开叫花色5张以上；

顺叫新花色=13~15点，所叫花色4张以上；

爆裂叫，同伴在二盖一应叫后，你持有14~15点牌力，对同伴应叫花色有4张支持就可以爆裂叫。二盖一应叫后的爆裂叫只需要跳一级再叫，不必跳两级。如开叫1♦后，同伴二盖一应叫2♣，再叫2♥/2♠为自然叫，再叫3♥/3♠就是爆裂叫。

## 第三章　1阶低花开叫后的叫牌

m.♠K1064　　♥83　　　　♦AQJ4　　♣KJ7
n.♠Q53　　　♥KJ54　　　♦AKJ73　　♣3
o.♠3　　　　♥A1084　　　♦AQ53　　♣KQ104

m）开叫1♦，同伴第一应叫为2♣，表明同伴牌力在11点以上，♣为5张以上。自己持大牌点14点，♣有带K的3张支持，再叫3♣，表示13~15点，♣有带大牌的3张支持。

n）开叫1♦，同伴第一应叫为2♣，表明同伴牌力在11点以上，♣为5张以上。自己持牌力15点，同伴所叫花色为单张，开叫花色有5张，再叫2♦，表示13~15点，♦为5张以上。

o）开叫1♦，同伴第一应叫为2♣，表明同伴牌力在11点以上，♣为5张以上。自己持大牌点15点，♠为单张，对同伴所叫花色有4张支持，跳叫3♠为爆裂叫，表示同伴应叫花色有4张支持，所叫花色为单张。

（6）同伴第一应叫为跳叫新花色，表明同伴持16点以上牌力，所叫花色为5张以上。具体再叫如下：

加叫同伴应叫花色=13~15点，有带大牌的3张支持；
不跳叫无将=13~15点，未叫过的花色有止张；
顺叫新花色=13~15点，所叫花色为4张以上；
不跳叫开叫花色=13~15点，开叫花色为5张以上。

p.♠Q109　　♥K32　　　♦KJ105　　♣AQ2
q.♠KJ3　　　♥K10　　　♦Q876　　　♣AJ63

p）开叫1♦，同伴第一应叫为2♠，表明同伴持有16点以上牌力。自己持15点牌力，完成可以试探满贯。你可以先加叫3♠，表示13~15点，对同伴所叫花色有带大牌的3张支持，然后进行满贯问叫。

q）开叫1♣，同伴第一应叫为跳叫2♦，表明同伴持有16点以上牌力。你持14点牌力，对同伴应叫花色有带大牌的4张支持，加叫3♦，表示13~15点，对同伴应叫花色有带大牌的3张以上支持。

精准自然叫牌

## （三）牌例

| 例1 | 双方无局 |

♠65
♥107
♦AKJ73
♣AQ103

叫牌过程
北　　　　　　　南
1♦①　　　　　　2♦②
3♣③　　　　　　3NT④

```
   ┌北┐
   西 东
   └南┘
```

① 开叫1♦，表示13~21点，♦为3张以上。
② 应叫2♦，表示11点以上，4张以上支持。
③ 再叫3♣，表示13~15点，♣为4张以上。
④ 南家分析，联手至少25点牌力，同伴有低花两套，自己高花有止张，定约3NT应该没有问题。

♠AK8
♥AJ5
♦10642
♣764

| 例2 | 南北有局 |

♠K4
♥J106
♦A103
♣KQJ83

叫牌过程
北　　　　　　　南
1♣①　　　　　　1♠②
1NT③　　　　　　2♠④
3♠⑤　　　　　　4♠⑥

```
   ┌北┐
   西 东
   └南┘
```

♠QJ10863
♥93
♦K2
♣A62

① 开叫1♣，表示13~21点，♣为3张以上。

## 第三章　1阶低花开叫后的叫牌

② 应叫1♠，表示6~15点，♠为4张以上。
③ 再叫1NT，表示13~15点，同伴所应叫花色没有4张支持。
④ 再应叫2♠，表示大牌点10点以下，♠为6张以上套。
⑤ 加叫3♠，表示有带大牌的双张。
⑥ 南家持大牌点10点，加牌型点14点，叫4♠没有问题。

### 例3　　东西有局

♠109
♥764
♦AQ3
♣AQJ75

叫牌过程

| 北 | 南 |
|---|---|
| 1♣① | 2NT② |
| 3NT③ | |

```
 ┌北┐
西   东
 └南┘
```

♠KQ6
♥AJ8
♦K842
♣1042

① 开叫1♣，表示13~21点，♣为3张以上。
② 应叫2NT，表示13~15点，未叫过的花色有止张。
③ 北家分析，联手至少27点，打3NT应该没有问题。

## 精准自然叫牌

**例4　　东西有局**

♠3
♥KJ84
♦AK42
♣KJ103

```
  ┌北┐
 西  东
  └南┘
```

♠K842
♥AQ1097
♦9
♣AQ4

| 叫牌过程 | |
|---|---|
| 北 | 南 |
| 1♦① | 1♥② |
| 2♥③ | 4♣④ |
| 4♦⑤ | 4NT⑥ |
| 5♥⑦ | 6♥⑧ |

① 开叫1♦，表示13~21点，♦为3张以上。
② 应叫1♥，表示6~15点，♥为4张以上。
③ 加叫2♥，表示13~15点，♥有4张支持。
④ 扣叫4♣，表示有♣A，有满贯兴趣。
⑤ 扣叫4♦，表示有♦A。
⑥ 以♥为将牌的关键张问叫。
⑦ 答叫有2个关键张，没有将牌Q。
⑧ 还差1个关键张，最终定约6♥。

## 第三章　1阶低花开叫后的叫牌

**例5　　南北有局**

♠KQ83
♥1052
♦AQ86
♣K6

```
 ┌北┐
西    东
 └南┘
```

♠64
♥AJ6
♦K104
♣AQ754

叫牌过程

| 北 | 南 |
|---|---|
| 1♦① | 2♣② |
| 2NT③ | 3♥④ |
| 3NT⑤ | |

① 开叫1♦，表示13~21点，♦为3张以上。

② 应叫2♣，表示11点以上，♣为5张以上。

③ 再叫2NT，表示13~15点，同伴应叫花色没有支持。

④ 再应叫3♥，表示♥有止。

⑤ 北家分析，联手至少25点牌力，四门都有止张，叫3NT应该没有问题。

**精准自然叫牌**

### 例6　东西有局

♠AJ103
♥Q32
♦AJ1043
♣5

```
 ┌北┐
西  东
 └南┘
```

♠2
♥AKJ104
♦K2
♣AK432

| 叫牌过程 | |
|---|---|
| 北 | 南 |
| 1♦① | 2♥② |
| 3♥③ | 4NT④ |
| 5♠⑤ | 6♥⑥ |

①开叫1♦，表示13~21点，♦为3张以上。
②应叫2♥，表示16点以上，所叫花色为5张以上。
③加叫3♥，表示13~15点，同伴所叫花色有带大牌的3张支持。
④以♥为将牌的关键张问叫。
⑤答叫有2个关键张+将牌Q。
⑥打6♥应该没有问题。

## 二、中限牌力的再叫

### （一）对开叫花色有支持的再叫

开叫人持16~18点牌力和18~19点平均牌型的牌力，再叫时必须跳一级再叫。应叫人的第一应叫为加叫开叫花色和双跳叫新花色（即爆裂叫），表明对开叫花色有支持。

（1）同伴第一应叫为单加叫，表明同伴有11点以上牌力，对开叫花色♣有5张支持，♦有4张支持，没有4张高花套。你持16~18点牌力，再叫时必须跳一级。你也可以逆叫新花色或扣叫新花色。联手至

## 第三章　1阶低花开叫后的叫牌

少27点牌力，已肯定能进局，是否叫满贯则让同伴去决定。例如：

a. ♠J3　　　　♥Q5　　　　♦AK43　　　♣KQJ94
b. ♠AQ32　　　♥7　　　　 ♦K84　　　　♣AQJ84

a）开叫1♣，同伴应叫2♣，表示11点以上，♣为5张以上。你持低花为5-4型，逆叫2♦，表示16~18点牌力，所叫花色为4张以上。

b）开叫1♣，同伴应叫2♣，表示11点以上，♣为5张以上。你持♣和♠为5-4型，逆叫2♠，表示16~18点牌力，所叫花色为4张以上。

（2）同伴第一应叫为双加叫，表明持6~10点牌力，对开叫花色有5张以上支持。你持16~18点牌力，联手至少22点，加上短套牌型点，应该是进局边缘牌。为了准确地了解应叫人的牌力情况，开叫人可以再叫3♥询问应叫人的牌力。若应叫人持大牌点6~8点，答叫3♠；持大牌点9~10点，答叫4♣/4♦。例如：

c. ♠A　　　　　♥QJ75　　　♦AJ107　　　♣KQ109
d. ♠94　　　　 ♥AQ　　　　♦AQ874　　　♣KJ106

c）开叫1♣，同伴应叫3♣，表示6~10点，♣为5张以上支持。你持大牌点17点，♠为单张，加短套牌型有19点牌力，你可以再叫3♥，询问同伴的牌力。若应叫人持6~8点，答叫3♠；持9~10点，答叫4♣。

d）开叫1♦，同伴应叫3♦，表示6~10点，♦为5张以上支持。你持大牌点16点，加牌型点有19点牌力，你可再叫3♥，询问同伴的牌力。若同伴答叫3♠，表示持大牌点6~8点；若答叫4♦，表示持大牌点9~10点。

（3）同伴第一应叫为爆裂叫，表明持大牌点在11点以上，对开叫花色有5张以上支持，所叫花色为单缺。你持16~18点牌力，联手至少27点，叫到局没有问题，要叫上满贯就要看牌型是否好。若牌型好，中间张多，可以试探满贯。例如：

e. ♠AQ3　　　　♥8　　　　 ♦AK1094　　 ♣A1082
f. ♠Q　　　　　♥A1054　　 ♦AQ104　　　♣KJ85

e）开叫1♦，同伴应叫4♣，表示爆裂叫，11点以上，♦为5张以

95

### 精准自然叫牌

上支持，♣单缺。你持大牌点17点，♥为单缺，加牌型有20点牌力，联手至少31点牌力，可以试探满贯。你可以直接叫4NT，这是以♦为将牌的关键张问叫。

f）开叫1♣，同伴应叫3♦，表示爆裂叫，大牌点在11点以上，♣为5张以上支持，♦为单缺。你持大牌点16点，加牌型点有18点牌力。若同伴只有11点牌力，只能叫5♣，因此，叫新花色逼叫一轮。你可再叫3♥逼叫一轮，也可以作为扣叫处理，也可理解为逆叫，看同伴怎样再应叫。

### （二）对开叫花色没有支持的再叫

同伴的第一应叫为1NT、2NT、3NT、一盖一应叫、二盖一应叫或者跳叫新花色，这些叫品都表示对开叫花色没有支持。

（1）同伴第一应叫为1NT，表明同伴持6~10点牌力。你持16-19点牌力（不平均牌型为16~18点，平均牌型为18~19点），你的再叫如下：

跳叫开叫花色=16~18点，开叫花色为5张以上；
逆叫新花色=16~18点，所叫花色4张以上；
2NT=16~18点，不平均牌型；
3NT=18~19点，平均牌型。

g. ♠7　　♥AK92　　♦AQ1087　　♣K32
h. ♠Q4　　♥AQJ10　　♦KQJ984　　♣4
i. ♠AJ9　　♥KQJ10　　♦AJ108　　♣K9

g）开叫1♦，同伴应叫1NT，你持17点，♦为5张套，再跳叫3♦，表示开叫花色为5张以上，16~18点牌力。

h）开叫1♦，同伴应叫1NT，你持15点，加牌型点2点，合计17点，符合逆叫的条件，再叫2♥，表示16~18点，♦和♥至少为5-4型。

i）开叫1♦，同伴应叫1NT，你持大牌点19点，平均牌型，再跳叫3NT，表示18~19点，平均牌型。

## 第三章  1阶低花开叫后的叫牌

（2）同伴第一应叫为2NT，表明同伴13~15点牌力，你持16-19点牌力，联手至少29点，可以试探满贯。

j. ♠QJ7　　♥A87　　♦AKQ632　　♣7
k. ♠KJ10　　♥K103　　♦AQ4　　♣AQ108

j) 开叫1♦，同伴应叫2NT，你持18点牌力，♦为半坚固的6张套。再跳叫4♦，表示16~18点，♦为5张以上套。联手至少31点，若同伴有3张♦支持，就可做以♦为将牌的关键张问叫。

k) 开叫1♣，同伴应叫2NT，你持19点牌力，平均牌型，联手至少32点牌力，你可以直接叫4♣格伯问叫。

（3）同伴第一应叫为跳叫3NT，表明同伴持有16~17点牌力，你持16-19点牌力，联手至少32点牌力，可以直接试探满贯。

l. ♠AQ9　　♥9　　♦AJ653　　♣KQ73

l) 开叫1♦，同伴应叫3NT，表明同伴持16~17点牌力，你持17点牌力，联手至少33点，可以直接叫4NT黑木问叫。

（4）同伴第一应叫为一盖一应叫，表明同伴持6~15点牌力，同伴所叫花色为4张以上。一盖一应叫的牌点幅度较大，具体再叫如下：

跳加叫同伴应叫花色=16~18点，4张以上支持；
跳叫开叫花色=16~18点，保证开叫花色5张以上；
跳叫无将=16~18点，未叫过的花色有止张；
逆叫新花色=16~18点，所叫花色4张以上；
跳叫3NT=18~19点，平均牌型；
双跳叫新花色=爆裂叫，同伴所叫花色有4张以上支持，所叫花色为单缺。同伴一盖一应叫牌点低限只有6点，因此，你爆裂叫的牌力，一般保证大牌点为17点以上。

m. ♠104　　♥AQJ5　　♦6　　♣AKJ1032
n. ♠AQ7　　♥K4　　♦AQ932　　♣Q103
o. ♠94　　♥KQ9　　♦KQ4　　♣AK842
p. ♠KQ84　　♥3　　♦AQ974　　♣AQ8

## 精准自然叫牌

m) 开叫1♣，同伴应叫1♠，你持17点牌力，♣和♥为6-4型，再逆叫2♥，表示16~18点，♥为4张以上。

n) 开叫1♦，同伴应叫1♥，你持18点牌力，再跳叫3♦，表示16~18点，♦为5张以上。

o) 开叫1♣，同伴应叫1♠，你持18点牌力，除同伴应叫花色外，三门都有止张，跳叫2NT，表示16~18点，未叫过的花色有止张。

p) 开叫1♦，同伴应叫1♠，同伴一盖一应叫花色有4张支持，♥为单缺，大牌点17点。符合一盖一应叫后爆裂叫的要求，你跳二级再叫4♥，表示同伴应叫花色有4张支持，所跳叫花色为单缺。

（5）同伴第一应叫为二盖一应叫，表明同伴持有11点以上牌力，所叫花色为5张以上。你的具体再叫如下：

跳叫开叫花色=16~18点，保证开叫花色5张以上；
跳加叫同伴应叫花色=16~18点，带大牌3张以上支持；
跳叫无将=16~18点，未叫过的花色有止张；
逆叫新花色=16~18点，所叫花色为4张以上；
跳一级叫新花色=爆裂叫，同伴二盖一应叫后，只需跳一级爆裂叫，不必跳二级。

q. ♠62　　　♥K105　　　♦AKQ1073　　　♣A10
r. ♠A6　　　♥J7　　　　♦KQJ72　　　　♣AQ73
s. ♠AQ104　♥104　　　　♦AKJ102　　　　♣K3
t. ♠A93　　♥3　　　　　♦AQJ84　　　　　♣KQ94

q) 开叫1♦，同伴应叫2♣，你持18点牌力，♦为6张半坚固套，再叫3♦，表示16~18点，♦为5张以上。

r) 开叫1♦，同伴应叫2♣，你持18点牌力，同伴应叫花色有4张支持，再叫4♣，表示16~18点，同伴开叫花色有带大牌的3张以上支持。

s) 开叫1♦，同伴应叫2♣，你持18点牌力，再逆叫2♠，表示16~18点，所叫花色为4张以上。

## 第三章　1阶低花开叫后的叫牌

t）开叫1♦，同伴应叫2♣，你持17点牌力，同伴应叫花色有4张支持，♥为单缺，爆裂叫3♥，表示同伴应叫花色有4张以上支持，所叫花色为单缺。

（6）同伴第一应叫为跳叫新花色，表明同伴持16点以上牌力，所叫花色为5张以上。你持中限牌力，联手至少32点牌力，可以试探满贯。

u. ♠10　　　　♥A65　　　　♦AK54　　　　♣KQJ105
v. ♠AQ　　　　♥KJ107　　　♦AQ10743　　♣3

u）开叫1♣，同伴跳叫2♠，你持18点牌力，同伴应叫花色为单张，你跳叫4♣，表示16~18点，保证♣为5张以上。

v）开叫1♦，同伴跳叫2♠，你持18点牌力，♦和♥为6-4型，你逆叫3♥，表示16~18点，所叫花色为4张以上。

### （三）开叫人持均型牌的再叫

开叫人持中限牌力且为均型牌，16~17点均型牌可以开叫1NT，只有18~19点均型牌才先开叫1阶低花，然后再叫时根据同伴的应叫做决定。一般来讲，只有同伴应叫1NT、一盖一应叫和二盖一应叫时，你跳叫3NT才表示持18~19点均型牌，其他应叫按16~18点处理。具体再叫如下：

（1）同伴第一应叫为1NT，你持18~19点均型牌，再叫时跳叫3NT，表示持18~19点均型牌，三门有止张。例如：

w. ♠AQ7　　　♥K93　　　　♦A104　　　　♣KQJ7
x. ♠A4　　　　♥QJ8　　　　♦KQJ84　　　♣AJ6

w）开叫1♣，同伴应叫1NT，你持19点，平均牌型，跳叫3NT，表示18~19点，平均牌型，四门有止张。

x）开叫1♦，同伴应叫1NT，你持19点，平均牌型，再叫时跳叫3NT，表示18~19点，平均牌型，四门有止张。

（2）同伴第一应叫为一盖一应叫，你持18~19点牌力，平均牌型，再叫时跳叫3NT，表示18~19点，平均牌型，三门有止张。例如：

## 精准自然叫牌

y. ♠A7　　　♥AKJ9　　　♦QJ4　　　♣K1043
z. ♠AQ4　　　♥K103　　　♦KJ54　　　♣AQ10
a. ♠Q96　　　♥AQJ6　　　♦AJ10　　　♣KQ9

y）开叫1♣，同伴应叫1♦，你持18点牌力，平均牌型，再叫时跳叫3NT，表示18~19点，平均牌型，四门有止张。

z）开叫1♦，同伴应叫1♥，你持19点牌力，平均牌型，再叫时跳叫3NT，表示18~19点，平均牌型，四门有止张。

a）开叫1♣，同伴应叫1♠，你持19点牌力，平均牌型，再叫时跳叫3NT，表示18~19点，平均牌型，四门有止张。

（3）同伴第一应叫为二盖一应叫，你持18~19点，平均牌型，再叫时跳叫3NT，或者叫新花色逼叫，或者试探满贯。

b. ♠AQ4　　　♥A105　　　♦KJ103　　　♣KQ4
c. ♠AK3　　　♥KQ4　　　♦QJ54　　　♣A109

b）开叫1♦，同伴应叫2♣，你持19点牌力，平均牌型，同伴应叫花色有带大牌的3张支持。联手至少30点牌力，你可以叫4♣，这被认为是以♣为将牌的关键张问叫。

c）开叫1♦，同伴应叫2♣，你持19点牌力，平均牌型，同伴应叫花色有带大牌的3张支持。联手至少30点牌力，你可以叫4♣，这被认为是以♣为将牌的关键张问叫。

## 第三章 1阶低花开叫后的叫牌

（四）牌例

### 例7　　双方有局

♠A52
♥KQ102
♦3
♣AQJ87

```
┌北┐
西　东
└南┘
```

♠Q104
♥A5
♦985
♣K10952

叫牌过程

| 北 | 南 |
|---|---|
| 1♣① | 3♣② |
| 3♥③ | 4♣④ |
| 5♣⑤ | |

①开叫1♣，表示13~21点，♣为3张以上。
②应叫3♣，表示6~10点，♣为5张以上。
③再叫3♥，询问同伴是6~8点还是9~10点。
④答叫4♣，表示9~10点。
⑤北家分析，联手至少28点牌力，可以打5♣。

### 例8　　双方有局

♠AQ9
♥9
♦AJ653
♣KQ73

```
┌北┐
西　东
└南┘
```

♠K107
♥AJ3
♦K97
♣AJ42

叫牌过程

| 北 | 南 |
|---|---|
| 1♦① | 3NT② |
| 4♦③ | 4NT④ |
| 5♥⑤ | 6♦⑥ |

①开叫1♦，表示13~21点，♦为3张以上。

101

②应叫3NT，表示16~17点，未叫过的花色有止张。
③再叫4♦，保证♦为5张以上，有满贯兴趣。
④以♦为将牌的关键张问叫。
⑤答叫有2个关键张，没有将牌Q。
⑥打6♦应该没有问题。

### 例9　　南北有局

♠3
♥KJ85
♦AK42
♣KQJ3

| 叫牌过程 | |
|---|---|
| 北 | 南 |
| 1♣① | 1♥② |
| 3♠③ | 4♣④ |
| 4NT⑤ | 5♠⑥ |
| 6♥⑦ | |

♠1087
♥AQ1094
♦976
♣A4

①开叫1♣，表示13~21点，♣为3张以上。
②一盖一应叫1♥，表示6~15点，♥为4张以上。
③跳叫3♠，为爆裂叫，在同伴一盖一应叫后爆裂叫，表示同伴一盖一应叫花色有4张支持，所跳叫的花色为单缺。
④扣叫♣，表示♣有A。
⑤以♥为将牌的关键张问叫。
⑥答叫有2个关键张+将牌Q。
⑦联手已具备打6♥的条件，最终定约6♥。

## 第三章　1阶低花开叫后的叫牌

### 例10　　东西有局

♠6
♥K105
♦AKQ1073
♣A103

```
 ┌北┐
西　东
 └南┘
```

♠984
♥AQ6
♦J9
♣KQJ74

叫牌过程

| 北 | 南 |
|---|---|
| 1♦① | 2♣② |
| 4♣③ | 4NT④ |
| 6♣⑤ | |

① 开叫1♦，表示13~21点，♦为3张以上。
② 应叫2♣，表示11点以上，♣为5张以上。
③ 北家分析，自己持牌力18点，联手至少29点，自己有带大牌的3张♣支持，再叫4♣，这是以♣为将牌的关键张问叫。
④ 答叫有2个关键张+将牌Q。
⑤ 联手有4个关键张和将牌Q，还差1个关键张，只能打小满贯。6♣为最终定约。

## 精准自然叫牌

### 例11　　双方有局

♠AQ4
♥K93
♦QJ1093
♣AQ

```
 ┌北┐
西  东
 └南┘
```

♠K106
♥A102
♦K8
♣KJ1082

| 叫牌过程 | |
|---|---|
| 北 | 南 |
| 1♦① | 2♣② |
| 3NT③ | 4NT④ |
| 5♠⑤ | 6NT⑥ |

① 开叫1♦，表示13~21点，♦为3张以上。
② 应叫2♣，表示11点以上，♣为5张以上。
③ 再叫3NT，表示18~19点均型牌。
④ 南家持牌15点，联手至少33点牌力，叫4NT黑木问A。
⑤ 答叫有两个跳挡的A。
⑥ 联手还差一个A，只能打小满贯，6NT为最终定约。

## 第三章  1阶低花开叫后的叫牌

例12　　双方有局

♠Q5
♥72
♦AKJ73
♣AQ103

```
┌北┐
西  东
└南┘
```

♠AKJ1093
♥AK6
♦Q8
♣74

| 叫牌过程 | |
|---|---|
| 北 | 南 |
| 1♦① | 2♠② |
| 3♦③ | 3♠④ |
| 4NT⑤ | 5♦⑥ |
| 6♦⑦ | 7♠⑧ |

①开叫1♦，表示13~21点，♦为3张以上。

②应叫2♠，表示16点以上，♠为5张以上。

③再叫3♦，表示♦为5张以上。北家分析自己持牌力17点，联手至少33点，叫牌不要过急。

④再应叫3♠，表示♠为6张以上。

⑤以♠为将牌的关键张问叫。

精准自然叫牌

⑥答叫有0个或3个关键张。
⑦再叫6♦，表示♦花色问叫，有第三轮控制就叫大满贯，没有第三轮控制就叫小满贯。
⑧答叫有第三轮控制，叫7♠。

## 三、高限牌力的再叫

### （一）对开叫花色有支持的再叫

应叫人的第一应叫，表明对开叫花色有支持。同伴加叫开叫花色，同伴双跳叫新花色即爆裂叫，都表示对开叫花色有支持。

（1）同伴第一应叫为单加叫开叫花色，你持19~21点牌力，联手至少30点牌力，应当试探满贯。例如：

**a.** ♠AQ3　　♥KQ2　　♦AKJ732　　♣2
**b.** ♠KQ　　♥AQ　　♦A543　　♣KQ1094

a）开叫1♦，同伴应叫2♦，表示11点以上，对开叫花色有4张以上支持。你持21点牌力，加短牌型点2点，合计有23点牌力，符合叫满贯要求。你可以直接叫4♣，这是以♦为将牌的关键张问叫。

b）开叫1♣，同伴应叫2♣，表示11点以上，♣为5张以上。你持21点牌力，加短牌型点2点，合计有23点牌力，联手达到叫满贯的要求。你可以直接叫4♣，这是以♣为将牌的关键张问叫。

（2）同伴第一应叫为双加叫开叫花色，表明同伴持有6~10点牌力。你持有19~21点牌力，想更清楚地了解同伴持牌情况，再叫时叫3♥，询问同伴是6~8点牌力还是9~10点牌力。若同伴持9~10点牌力，就可以试探满贯。例如：

**c.** ♠AQ4　　♥KJ3　　♦A9　　♣KQJ53
**d.** ♠A10　　♥KQ3　　♦AKJ108　　♣K104

c）开叫1♣，同伴应叫3♣，表示6~10点，对开叫花色有5张以上支持。你持21点牌力，加短套牌型点1点，共有22点牌力。再叫时可以叫3♥，询问同伴是持6~8点还是9~10点牌力。若同伴持9~10点牌

## 第三章　1阶低花开叫后的叫牌

力，就可以试探满贯。

**d**）开叫1♦，同伴应叫3♦，表示6~10点，对开叫花色有5张以上支持。你持21点牌力，加短套牌型点1点，共有22点牌力。再叫时可以叫3♥，询问同伴是持6~8点还是9~10点牌力。若同伴持9~10点牌力，就可以试探满贯。

（3）同伴第一应叫为爆裂叫，表明同伴持大牌点在11点以上，对开叫花色有5张支持，所叫花色为单缺。你持19~21点牌力，联手至少30点牌力，应当试探满贯。

**e.** ♠KJ4　　　♥AQ　　　♦KQ984　　♣A104
**f.** ♠—　　　 ♥AKJ3　　♦KQJ94　　♣AQ104

**e**）开叫1♦，同伴应叫4♣，爆裂叫，表示11点以上，同伴开叫花色有5张支持，所叫花色为单缺。你持大牌点19点，加牌型点2点，共21点牌力。联手达到试探满贯的条件，可以再叫4NT，这是以♦为将牌的关键张问叫。

**f**）开叫1♦，同伴应叫3♠，爆裂叫，表示11点以上，同伴开叫花色有5张支持，所叫花色为单缺。你持大牌点20点，加牌型点4点，共24点牌力。联手达到试探满贯的条件，可以再叫4♣，这是以♦为将牌的关键张问叫。

### （二）对开叫花色没有支持的再叫

应叫人的第一应叫对开叫花色没有支持，其叫品主要有应叫1NT、应叫2NT、应叫3NT、一盖一应叫、二盖一应叫和跳叫新花色。

（1）同伴第一应叫为1NT，表明同伴持6~10点牌力，你持19~21点牌力，可以直接再叫3NT。前面讲了，同伴应叫1NT后，持18~19点均型牌，也可直接再叫3NT。因此，同伴应叫1NT后，持18-21点牌力，都直接再叫3NT。

**g.** ♠A　　　　♥KQ2　　♦AQ104　　♣KJ1082
**h.** ♠AQ9　　 ♥K95　　 ♦AQ65　　 ♣AJ3

**g**）开叫1♣，同伴应叫1NT，表示6~10点牌力，对开叫花色没有

107

## 精准自然叫牌

支持。你持20点牌力，直接再叫3NT，表示18~21点，四门有止张。

h）开叫1♦，同伴应叫1NT，表示6~10点牌力，对开叫花色没有支持。你持20点牌力，直接再叫3NT，表示18~21点，四门有止张。

（2）同伴第一应叫为2NT，表示13~15点牌力。你持19~21点牌力，可以直接再4♣格伯问叫，直接问同伴有几个A。

i. ♠KJ106　　♥AQ3　　　♦KQJ105　　♣A
j. ♠A　　　　♥AQ　　　♦AJ962　　　♣KQJ97

i）开叫1♦，同伴第一应叫2NT，表示13~15点牌力，未叫过的花色有止张。你持21点牌力，联手至少34点牌力，你可以再叫3♦，好牌慢慢叫，寻求最佳定约。再叫3♦，表示♦为5张以上。

j）开叫1♣，同伴第一应叫2NT，表示13~15点牌力，未叫过的花色有止张。你持23点牌力，低花为5-5型，再叫3♦，表示♦为4张以上。还是好牌慢慢叫，寻求最佳定约。

（3）同伴第一应叫为3NT，表示16~17点牌力，未叫的花色均有止张。你持19~21点牌力，可以再叫新花色逼叫，叫上满贯是肯定的，联手至少35点牌力，可以试探打大满贯。

k. ♠AK10　　♥AQ98　　　♦10　　　　♣AKJ103

k）开叫1♣，同伴应叫3NT，表示持16~17点牌力，平均牌型，未叫过的花色有止张。你持22点牌力，联手至少38点，可以试探大满贯。

（4）同伴第一应叫为一盖一应叫，表示持6~15点牌力，所叫花色为4张以上，寻求高花4-4配合。你持19~21点，同伴应叫1♥/1♠时，你若有4张♥或4张♠，可以直接再叫4♥/4♠。例如：

l. ♠A2　　　♥AQJ4　　　♦KQ　　　♣KJ108
m. ♠KJ108　　♥3　　　　♦AQJ8　　　♣AKQ3

l）开叫1♣，同伴应叫1♥，同伴一盖一应叫，至少有6点牌力。你持20点牌力且有4张♥支持，直接加叫到4♥，表示19~21点牌力。

m）开叫1♣，同伴应叫1♠，同伴一盖一应叫，至少有6点牌

## 第三章 1阶低花开叫后的叫牌

力。你持20点牌力且有4张♠支持，直接加叫到4♠，表示19~21点牌力。

（5）同伴第一应叫为二盖一应叫，表示同伴持大牌在11点以上，所叫花色为5张以上。你持19~21点牌力，联手至少30点牌力，已达到打满贯的实力，你可以试探满贯。

n. ♠Q4　　　♥K10　　　♦AKQ54　　　♣AQJ4
o. ♠AQ5　　　♥KJ　　　♦KQJ53　　　♣AJ9

n）开叫1♦，同伴应叫2♣，表示11点以上，♣为5张以上。你持大牌点21点，同伴二盖一应叫花色有4张支持，联手已达打满贯的条件，可以直接叫4♣，这是以♣为将牌的关键张问叫。

o）开叫1♦，同伴应叫2♣，表示11点以上，♣为5张以上。你持大牌点21点，同伴二盖一应叫花色有3张支持，联手已达打满贯的条件，可以直接叫4♣，这是以♣为将牌的关键张问叫。

（6）同伴第一应叫为跳叫新花色，表示16点以上牌力。你持19~21点牌力，同伴又有16点以上牌力，这种情形虽然较少，但出现这种情形也不难应对。联手牌力在35点以上，可以直接进行关键张问叫。例如：

p. ♠AK85　　　♥A109　　　♦AQ84　　　♣K5

p）开叫1♦，同伴跳叫2♥，表示16点以上，♥为5张以上。你持20点牌力，同伴应叫花色有带大牌的3张支持，你可以直接叫4NT，这是以♥为将牌的关键张问叫。

109

**精准自然叫牌**

## （三）牌例

### 例13　　双方有局

♠KJ75
♥AQ107
♦KQ72
♣A

```
   ┌北┐
  西  东
   └南┘
```

♠A84
♥6
♦A9563
♣J853

| 叫牌过程 | |
|---|---|
| 北 | 南 |
| 1♦① | 3♦② |
| 3♥③ | 4♦④ |
| 4NT⑤ | 5♥⑥ |
| 6♦⑦ | |

①开叫1♦，表示13~21点，♦为3张以上。

②应叫3♦，表示6~10点，♦为5张以上。

③询问同伴是6~8点还是9~10点牌力。

④答叫9~10点牌力。

⑤以♦为将牌的关键张问叫。

⑥答叫有2个关键张，没有将牌Q。

⑦确定6♦为最终定约。

## 第三章　1阶低花开叫后的叫牌

**例14　　南北有局**

♠AQJ4
♥7
♦AKQ1054
♣A7

```
 ┌北┐
西    东
 └南┘
```

♠72
♥AQ8
♦J872
♣K1095

| 叫牌过程 | |
|---|---|
| 北 | 南 |
| 1♦① | 1NT② |
| 3♦③ | 4♦④ |
| 4NT⑤ | 5♣⑥ |
| 6♦⑦ | |

①开叫1♦，表示13~21点，♦为3张以上。

②应叫1NT，表示6~10点，无4张高花，同伴开叫花色没有支持。

③再叫3♦，表示16点以上，♦为5张以上。

④加叫4♦，表示♦有3张以上支持。

⑤北家分析，自己持22点牌力，将牌配合加短套牌型点3点，共有牌力25点，只要同伴有8个大牌点就可以打小满贯，因此做以♦为将牌的关键张问叫。

⑥答叫有1个关键张。

⑦5个关键张都在手，6♦还是可以试一试。

## 精准自然叫牌

### 例15　东西有局

♠3
♥KJ84
♦AKQ4
♣KQJ3

```
┌北┐
西  东
└南┘
```

♠10842
♥AQ109
♦973
♣A4

叫牌过程

| 北 | 南 |
|---|---|
| 1♦① | 1♥② |
| 3♠③ | 4♣④ |
| 4NT⑤ | 5♠⑥ |
| 6♥⑦ |  |

① 开叫1♦，表示13~21点，♦为3张以上。

② 应叫1♥，表示6~15点，♥为4张以上。

③ 跳2级再叫3♠=爆裂叫，保证17点以上，同伴一盖一应叫花色有4张支持，所叫花色为单缺。

④ 扣叫♣，表示有♣A。

⑤ 以♥为将牌的关键张问叫。

⑥ 答叫有2个关键张+将牌Q。

⑦ 北家分析，还差1个关键张，只能打小满贯，叫6♥。

## 第三章　1阶低花开叫后的叫牌

### 例16　　双方有局

♠105
♥A7
♦AKQJ3
♣AQ97

```
  ┌北┐
西    东
  └南┘
```

♠AK4
♥QJ8
♦8642
♣K103

叫牌过程

| 北 | 南 |
|---|---|
| 1♦① | 2NT② |
| 3♦③ | 4♦④ |
| 4NT⑤ | 5♣⑥ |
| 5NT⑦ | 6♣⑧ |
| 6♦⑨ | |

①开叫1♦，表示13~21点，♦为3张以上。
②应叫2NT，表示13~15点，未叫过的花色有止张。
③再叫3♦，表示♦为5张以上，好牌慢慢叫，看同伴的应叫。
④再应叫4♦，表示♦有支持。
⑤以♦为将牌的关键张问叫。
⑥答叫有1个关键张。
⑦旁花K问叫。
⑧答叫有♣K，可能还有其他的K。
⑨北家认为，高花可能有失张，叫6♦。

113

## 例17　　南北有局

♠105
♥A
♦AKQ732
♣AQ72

```
 ┌北┐
西    东
 └南┘
```

♠AK8
♥95
♦J104
♣KJ865

叫牌过程

| 北 | 南 |
|---|---|
| 1♦① | 2♣② |
| 4♣③ | 4♠④ |
| 4NT⑤ | 5♠⑥ |
| 7♣⑦ | |

① 开叫1♦，表示13~21点，♦为3张以上。
② 应叫2♣，表示11点以上，♣为5张以上。
③ 以♣为将牌的关键张问叫。
④ 答叫有2个关键张，没有将牌Q。
⑤ 旁花K问叫。
⑥ 有♠K。
⑦ 大满贯应该没有问题。

## 第三章　1阶低花开叫后的叫牌

### 第三节　应叫人的再应叫

开叫人通过开叫和再叫，基本上把自己的牌点、牌型都叫出来了。应叫人的再叫就是决定定约的依据。

#### 一、开叫人表示低限牌力的再应叫

（1）开叫人通过再叫，表示只有13~15点低限牌力，应叫人持8点以下牌力（将牌配合加短套牌型点）时选择不叫。

**例18　双方无局**

♠K73　　　　　　　　叫牌过程
♥A97　　　　　　　　北　　　　　南
♦K87　　　　　　　　1♣①　　　1♦②
♣A1072　　　　　　　1NT③　　 =④

```
  ┌北┐
 西  东
  └南┘
```

♠4
♥10872
♦AQ1075
♣J98

① 开叫1♣，表示13~21点，♣为3张以上。
② 应叫1♦，表示6~15点，♦为4张以上。
③ 再叫1NT，表示13~15点。
④ 南家分析，自己手上只有大牌点7点，加长套牌型点1点，共有牌力8点。同伴最多15点牌力，联手最多23点牌力，不叫为好。

## 精准自然叫牌

（2）开叫人通过再叫，表示持13~15点低限牌力。应叫人持9~11点牌力（将牌配合加短套牌型点），选择无将定约和高花定约进局邀叫。

### 例19　　双方有局

♠A9
♥Q1086
♦KQ754
♣K10

```
  ┌北┐
 西  东
  └南┘
```

♠105
♥A9762
♦J62
♣A97

| 叫牌过程 | |
|---|---|
| 北 | 南 |
| 1♦① | 1♥② |
| 2♥③ | 3♥④ |
| 4♥⑤ | |

① 开叫1♦，表示13~21点，♦为3张以上。

② 应叫1♥，表示6~15点，♥为4张以上。

③ 再叫2♥，表示13~15点，♥有4张支持。

④ 南家分析，自己持大牌点9点，加牌型点2点，共11点牌力，同伴高限可以进局，因此叫3♥邀叫。

⑤ 北家分析，同伴具有邀叫4♥进局的牌力，自己持14点，将牌配合加牌型点3点，共有17点牌力，可以接受邀请，叫4♥。

## 第三章　1阶低花开叫后的叫牌

### 例20　　东西有局

♠9753
♥A1075
♦KQ2
♣AQ

叫牌过程

| 北 | 南 |
|---|---|
| 1♦① | 3♦② |
| 3♠③ | 3NT④ |
| =⑤ | |

♠A104
♥96
♦AJ9754
♣85

①开叫1♦，表示13~21点，♦为3张以上。
②应叫3♦，表示6~10点，♦为5张以上。
③再叫3♠，询问同伴♠是否有止张，有止张就叫3NT。
④答叫3NT，表示♠有止张。
⑤北家分析，自己持牌15点，四门有止，打3NT应当没有问题。

117

## 精准自然叫牌

（3）开叫人通过再叫，表示13~15点牌力。应叫人持12~13点牌力（将牌配合加短套牌型点），可以打3NT定约和高花成局定约，直接叫到局。因一盖一应叫牌点幅度较大，若一盖一应叫者持11~15点牌力，在再应叫时要跳一级应叫。

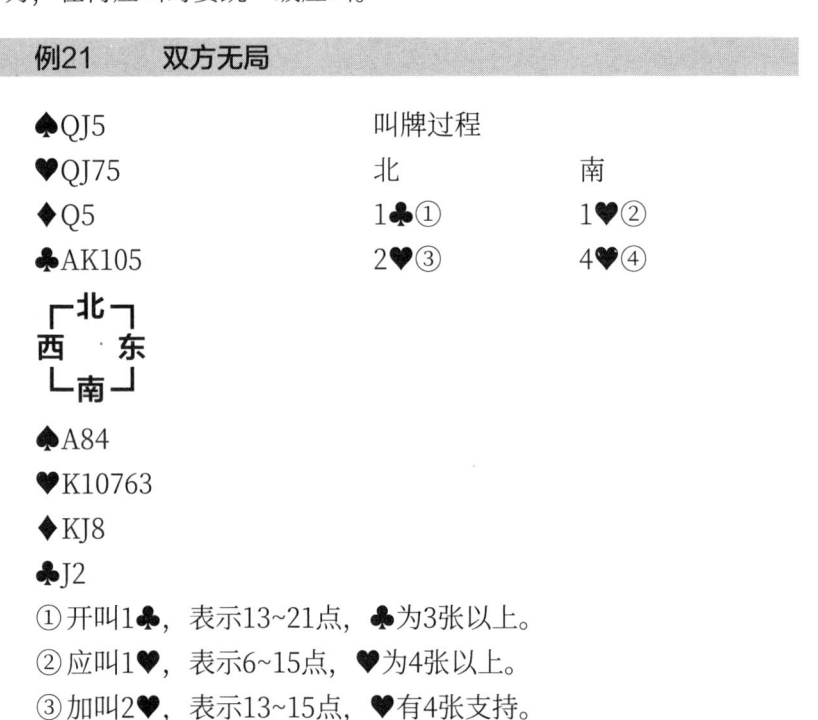

### 例21　双方无局

♠QJ5
♥QJ75
♦Q5
♣AK105

```
  ┌北┐
西    东
  └南┘
```

♠A84
♥K10763
♦KJ8
♣J2

| 叫牌过程 | |
|---|---|
| 北 | 南 |
| 1♣① | 1♥② |
| 2♥③ | 4♥④ |

①开叫1♣，表示13~21点，♣为3张以上。

②应叫1♥，表示6~15点，♥为4张以上。

③加叫2♥，表示13~15点，♥有4张支持。

④南家持大牌点12点，加牌型点共有14点牌力，联手已达到叫到局的实力，叫4♥。

## 第三章 1阶低花开叫后的叫牌

**例22 双方有局**

♠Q1082
♥QJ52
♦AQ8
♣K6

| 叫牌过程 | |
|---|---|
| 北 | 南 |
| 1♦① | 2♣② |
| 2NT③ | 3NT④ |

```
  ┌北┐
 西  东
  └南┘
```

♠A75
♥106
♦K97
♣AQ1093

①开叫1♦，表示13~21点，♦为3张以上。
②应叫2♣，表示11点以上，♣为5张以上。
③应叫2NT，表示13~15点，未叫过的花色均有止张。
④同伴持13~15点牌力，自己持牌14点，叫3NT没有问题。

## 精准自然叫牌

（4）开叫人通过再叫，表示持13~15点牌力。应叫人持14~15点牌力（将牌配合加短套牌型点），可以直接选择3NT和4阶高花定约，或邀叫5阶低花定约，中间牌点多也可以直接选择5阶低花定约。

### 例23　　双方无局

♠AQ84
♥8
♦K86
♣AJ1065

叫牌过程

| 北 | 南 |
|---|---|
| 1♣① | 2NT② |
| 3♣③ | 3NT④ |

```
  ┌ 北 ┐
  西   东
  └ 南 ┘
```

♠K109
♥AQ6
♦A1074
♣Q94

①开叫1♣，表示13~21点，♣为3张以上。
②应叫2NT，表示13~15点，无4张高花，未叫过的花色均有止张。
③再叫3♣，表示13~15点，♣为5张以上。
④再应叫3NT，表示打3NT比打5♣好。

## 第三章　1阶低花开叫后的叫牌

**例24　　南北无局**

♠A65
♥KQ72
♦73
♣AQ83

```
┌北┐
西  东
└南┘
```

♠K108
♥95
♦AK8
♣K10954

| 叫牌过程 | |
|---|---|
| 北 | 南 |
| 1♣① | 2♣② |
| 2♥③ | 2NT④ |
| 3NT⑤ | |

①开叫1♣，表示13~21点，♣为3张以上。
②应叫2♣，表示11点以上，♣为5张以上。
③再叫2♥，表示13~15点，♥为4张以上。
④应叫2NT，表示未叫过的花色有止张。
⑤加叫3NT应该没有问题。

# 精准自然叫牌

（5）开叫人通过再叫，表示持13~15点牌力。应叫人持16点以上牌力，可以叫新花色逼叫，也可以直接试探满贯。

## 例25　　南北有局

♠Q98
♥K10
♦KJ832
♣AJ9

| 叫牌过程 | |
|---|---|
| 北 | 南 |
| 1♦① | 2♥② |
| 3♦③ | 4♣④ |
| 4♠⑤ | 6♦⑥ |

```
  ┌北┐
 西  东
  └南┘
```

♠AK5
♥AQJ84
♦Q93
♣K6

①开叫1♦，表示13~21点，♦为3张以上。

②应叫2♥，表示16点以上牌力，♥为5张以上。

③再叫3♦，表示13~15点，♦为5张以上。

④以♦为将牌的关键张问叫。

⑤答叫有2个关键张，没有将牌Q。

⑥还缺1个关键张，只能打小满贯，叫6♦。

## 第三章 1阶低花开叫后的叫牌

### 二、开叫人表示中限牌力的再应叫

开叫持16~19点中限牌力，如果是均型牌，15~17点可以开叫1NT，只有18~19点的均型牌才开叫1阶低花。因此，中限牌力是指非均型牌16~18点，均型牌18~19点。

（1）开叫人通过再叫，表示16~18点中限牌力。应叫人持6~8点牌力，可以做3NT定约和高花成局定约的进局邀请。

**例26　　东西有局**

♠A1082
♥Q5
♦A8
♣AQ873

叫牌过程

| 北 | 南 |
|---|---|
| 1♣① | 1♠② |
| 3♠③ | =④ |

```
  ┌北┐
 西  东
  └南┘
```

♠Q976
♥J6
♦K942
♣964

① 开叫1♣，表示13~21点，♣为3张以上。
② 应叫1♠，表示6~15点，♠为4张以上。
③ 跳叫3♠，表示16~18点，有4张♠支持。
④ 南家对同伴的邀请表示不接受，因为只有6点牌力，牌点实在太少。

**精准自然叫牌**

（2）开叫人通过再叫，表示持有16~18点中限牌力。应叫人持9~10点牌力，可以直接应叫3NT和4阶高花进局，对低花5阶定约可以进局邀叫。

**例27　　双方有局**

♠J9
♥Q2
♦AQ1062
♣AK107

| 叫牌过程 | |
|---|---|
| 北 | 南 |
| 1♦① | 1♥② |
| 3♣③ | 3NT④ |

```
┌ 北 ┐
西   东
└ 南 ┘
```

♠K1074
♥KJ96
♦K43
♣96

①开叫1♦，表示13~21点，♦为3张以上。

②应叫1♥，表示6~15点，♥为4张以上。

③跳叫3♣，表示16~18点，♣为4张以上。

④南家分析，同伴两低花为5-4型或者5-5型，自己高花为4-4型，打3NT比打5♦好，因此再应叫3NT。

## 第三章　1阶低花开叫后的叫牌

### 例28　　双方无局

♠AK108
♥5
♦A8
♣AQJ965

```
  ┌─北─┐
  西  东
  └─南─┘
```

♠Q9732
♥AQ972
♦96
♣8

| 叫牌过程 | |
|---|---|
| 北 | 南 |
| 1♣① | 1♥② |
| 1♠③ | 2♠④ |
| 3♣⑤ | 3♥⑥ |
| 4♦⑦ | 4NT⑧ |
| 5♣⑨ | 6♠⑩ |

① 开叫1♣，表示13~21点，♣为3张以上。
② 应叫1♥，表示6~15点，♥为4张以上。
③ 再叫1♠，♠为4张以上。
④ 加叫2♠，表示有4张以上♠支持。
⑤ 北家分析，自己持大牌18点，将牌配合加牌型点5点，共有牌力23点，于是扣叫♣，表示有♣A，有满贯兴趣。
⑥ 扣叫♥，表示有♥A。
⑦ 扣叫♦，表示有♦A。
⑧ 以♠为将牌的关键张问叫。
⑨ 答叫有1个或4个关键张。
⑩ 南家叫6♠为最终定约。

## 精准自然叫牌

（3）开叫人通过再叫，表示持有16~18点牌力。应叫人持11~12点牌力，将牌配合，可以试探满贯；将牌不配合，叫到局即可。因要一盖一应叫牌力幅度较大，若一盖一应叫者持11~15点牌力，在再应叫时要跳一级应叫。

### 例29　南北有局

♠AQ72
♥A932
♦AQ86
♣8

♠K4
♥KQ876
♦1094
♣A64

| 叫牌过程 | |
|---|---|
| 北 | 南 |
| 1♦① | 1♥② |
| 3♥③ | 4♣④ |
| 4♦⑤ | 4NT⑥ |
| 5♦⑦ | 6♥⑧ |

①开叫1♦，表示13~21点，♦为3张以上。

②应叫1♥，表示6~15点，♥为4张以上。

③跳叫3♥，表示16~18点，同伴应叫花色有4张支持。

④扣叫♣，表示有♣A。

⑤扣叫♦，表示有♦A。

⑥南家再没有第一轮控制，只好叫4NT，这是以♥为将牌的关键张问叫。

⑦答叫0个或3个关键张。

⑧南家分析，北家有3个关键张，自己手中有2个关键张和将牌Q，联手牌力在30点以上，叫6♥应该没有问题。

# 第三章　1阶低花开叫后的叫牌

## 例30　　南北有局

♠A76
♥AK87
♦10
♣KQ1085

```
  ┌─北─┐
 西    东
  └─南─┘
```

♠4
♥103
♦AQ9876
♣AJ76

| 叫牌过程 | |
|---|---|
| 北 | 南 |
| 1♣① | 1♦② |
| 1♥③ | 3♣④ |
| 3♥⑤ | 4♣⑥ |
| 4♥⑦ | 4♠⑧ |
| 5♥⑨ | 6♣⑩ |

①开叫1♣，表示13~21点，♣为3张以上。

②应叫1♦，表示6~15点，♦为4张以上。

③再叫1♥，♥为4张以上。

④跳叫3♣，表示♣有支持，牌点在11点以上。

⑤扣叫♥，表示♥有A，同时表达了满贯兴趣。

⑥以♣为将牌的关键张问叫。

⑦答叫有0个或3个关键张。

⑧继续问将牌Q。

⑨有将牌Q，还有♥K。

⑩确定6♣为最终定约。

## 精准自然叫牌

（4）开叫人通过再叫，表示持有16~18点中限牌力。应叫人持13点以上牌力，联手已接近打满贯的条件，可以试探满贯。

### 例31　　双方有局

♠AQ8
♥Q983
♦Q
♣AK1084

```
┌北┐
西　东
└南┘
```

♠K4
♥KJ1052
♦AK76
♣J3

| 叫牌过程 | |
|---|---|
| 北 | 南 |
| 1♣① | 2♥② |
| 3♥③ | 4♦④ |
| 4NT⑤ | 5♥⑥ |
| 6♥⑦ | |

① 开叫1♣，表示13~21点，♣为3张以上。

② 跳叫2♥，表示16点以上，♥为5张以上。

③ 北家持16~18点牌力，当同伴表示持16点以上牌力时，是叫3♥还是叫4♥呢？若叫3♥同伴肯定不会停叫，叫4♥同伴可能会误解，还是叫3♥。

④ 再应叫4♦，表示有4张♦。

⑤ 以♥为将牌的关键张问叫。

⑥ 答叫有2个关键张，没有将牌Q。

⑦ 还缺少1个关键张，可能是A，只能叫6♥。

## 第三章　1阶低花开叫后的叫牌

（5）开叫人通过再叫，表示持有均型牌18~19点。应叫人的牌力在11点以上，就可以试探满贯；牌点在10点以下，叫到局为止。

**例32　双方无局**

♠KQ6
♥K105
♦AK107
♣A103

```
┌─北─┐
西　　东
└─南─┘
```

♠J108
♥AQ6
♦J9
♣KQ987

| 叫牌过程 | |
|---|---|
| 北 | 南 |
| 1♦① | 2♣② |
| 3♣③ | 3NT④ |
| 4♣⑤ | 4NT⑥ |
| 6♣⑦ | |

① 开叫1♦，表示13~21点，♦为3张以上。
② 应叫2♣，表示11点以上，♣为5张以上。
③ 加叫3♣，表示♣有带大牌的3张支持。北家持大牌点19点，叫3♣，同伴肯定不会停下来，下一轮再叫4♣问关键张。
④ 再应叫3NT，表示打3NT比5♣好。
⑤ 以♣为将牌的关键张问叫。
⑥ 答叫有2个关键张+将牌Q。
⑦ 还差1个关键张，只能打小满贯，叫6♣。

**精准自然叫牌**

### 例33　　南北有局

♠AK6
♥QJ3
♦A85
♣AJ106

```
 ┌北┐
西   东
 └南┘
```

♠94
♥A64
♦QJ1095
♣874

叫牌过程

| 北 | 南 |
|---|---|
| 1♣① | 1♦② |
| 3NT③ | =④ |

① 开叫1♣，表示13~21点，♣为3张以上。
② 应叫1♦，表示6~15点，♦为4张以上。
③ 叫3NT，表示18~19点，平均牌型。
④ 南家大牌只有7点，实在太少，不叫为好。

### 三、开叫人表示高限牌力的再应叫

开叫人表示持高限牌力后，应叫人持6~10点牌力，一般以叫到局为止；应叫人持11点以上牌力，联手至少30点牌力，可以试探满贯。

（1）开叫人通过再叫，表示持19~21点牌力。你第一应叫为双加叫、一盖一应叫和应叫1NT时，都可能只有6~8点牌力。若你第一应叫1NT，同伴跳叫3NT，你可以不叫；若你第一应叫为1♥/1♠，同伴跳叫4♥/4♠，你牌力为8点以下，可以不叫；若你第一应叫为双加叫，同伴叫到局，你也可以不叫。

## 第三章 1阶低花开叫后的叫牌

**例34　　东西有局**

♠K94　　　　　　　　　叫牌过程
♥A　　　　　　　　　　北　　　　　　　南
♦AK1073　　　　　　　1♦①　　　　　　1♠②
♣KQ103　　　　　　　 4♣③　　　　　　4♠④

```
 ┌北┐
西　东
 └南┘
```

① 开叫1♦，表示13~21点，♦为3张以上。

② 应叫1♠，表示6~15点，♠为4张以上。

③ 跳二级再叫4♣，表示19~21点，♣为4张以上。

♠AQJ1086　　④ 南家分析，同伴持19~21点，自己只有9点牌力，不
♥865　　　　　足以叫到满贯，同伴的♦和♣都没有支持，同伴有
♦65　　　　　两张♠还是可以打♠定约的。再应叫4♠，表示10
♣62　　　　　点以下，♠为6张以上。

**例35　　双方有局**

♠K6　　　　　　　　　叫牌过程
♥A93　　　　　　　　 北　　　　　　　南
♦AKQ63　　　　　　　1♦①　　　　　　1NT②
♣K97　　　　　　　　3NT③　　　　　　=④

```
 ┌北┐
西　东
 └南┘
```

♠QJ10
♥K75
♦842
♣Q1054

① 开叫1♦，表示13~21点，♦为3张以上。
② 应叫1NT，表示6~10点，没有4张高花。

131

## 精准自然叫牌

③再叫3NT，表示19~21点，四门有止。
④只有8点牌力，不叫为好。

### 例36　　南北有局

♠K53
♥AK3
♦J7
♣AKJ32

```
┌北┐
西  东
└南┘
```

♠AJ10
♥8542
♦10
♣Q10954

| 叫牌过程 | |
|---|---|
| 北 | 南 |
| 1♣① | 3♣② |
| 3♥③ | 3♠④ |
| 4♣⑤ | 5♣⑥ |

①开叫1♣，表示13~21点，♣为3张以上。
②应叫3♣，表示6~10点，♣为5张以上。
③再叫3♥，询问同伴是6~8点还是9~10点。
④答叫3♠，表示6~8点牌力。
⑤叫4♣，进局邀叫；♦没有止张，不能叫3NT。
⑥南家分析，自己持大牌点7点，加牌型点共10点，可以加叫到局，叫5♣。

## 第三章　1阶低花开叫后的叫牌

（2）开叫人通过再叫，表示持19~21点牌力。你第一应叫为1NT、一盖一应叫、双加叫时，若持牌力为9~10点，将牌配合且牌型好，可以试探满贯。

### 例37　　双方无局

♠KJ75
♥AQ107
♦KQ73
♣A

```
┌─北─┐
西   东
└─南─┘
```

♠A84
♥6
♦A9652
♣J852

| 叫牌过程 | |
|---|---|
| 北 | 南 |
| 1♦① | 3♦② |
| 3♥③ | 4♦④ |
| 4NT⑤ | 5♥⑥ |
| 6♦⑦ | |

①开叫1♦，表示13~21点，♦为3张以上。

②应叫3♦，表示6~10点，♦为5张以上。

③再叫3♥，询问同伴是6~8点还是9~10点。

④答叫4♦，表示持9~10点。

⑤以♦为将牌的关键张问叫。

⑥答叫2个关键张，没有将牌Q。

⑦确定6♦为最终定约。

**精准自然叫牌**

例38　　南北有局　　南发牌

```
              ♠J109
              ♥J1064
              ♦6
              ♣AJ1083
♠632                          ♠AKQ8754
♥KQ93         北              ♥87
♦Q5        西  东              ♦J
♣7542         南              ♣Q96
              ♠—
              ♥A52
              ♦AK10987432
              ♣K
```

叫牌过程

| 西 | 北 | 东 | 南 |
|---|---|---|---|
|  |  |  | 1♦① |
| — | 1♥② | 4♠③ | 4NT④ |
| — | 5♣⑤ | — | 6♦⑥ |

这是2017年欧洲公开桥牌锦标赛上打过的一副牌。

① 南家持大牌点14点，9张♦套，加牌型点5点，合计牌力有19点，开叫1♦。

② 北家持大牌点7点，加牌型点1点，合计牌力为8点，有4张♥套，应叫1♥。

③ 东家持大牌点12点，7张♠套，加牌型点3点，合计牌力为15点，阻击叫4♠。

④ 南家争叫4NT，要求同伴叫牌。

⑤ 北家单张♦，再叫5♣。

134

## 第三章　1阶低花开叫后的叫牌

⑥南家分析，自己手上♠为缺门，手上有十墩牌，同伴应叫♥和♣，牌点应落在♥和♣上，因此叫6♦。

西家首攻♠，庄家将吃后清将牌。南家认定西家看守♥，清光西家的♠和♣，从庄家手中打出一张小红心投入西家，圆满完成了定约。

（3）开叫人通过再叫，表示持有19~21点牌力。应叫人的第一应叫为单加叫、应叫2NT、应叫3NT或11点以上一盖一应叫、二盖一应叫、跳叫新花色，均表示11点以上牌力时，可以试探满贯。

### 例39　东西有局

♠AQ9
♥A8
♦AK976
♣K109

|  | 北 | 东 |
|---|---|---|
| 西 |   |   |
|  | 南 |   |

♠K85
♥K3
♦QJ1084
♣A83

| 叫牌过程 | |
|---|---|
| 北 | 南 |
| 1♦① | 2♦② |
| 2♥③ | 3♣④ |
| 4♣⑤ | 4♦⑥ |
| 4♥⑦ | 4♠⑧ |
| 6♦⑨ | |

①开叫1♦，表示13~21点，♦为3张以上。
②应叫2♦，表示11点以上，♦为4张以上支持。
③扣叫2♥，表示♥有A。
④扣叫3♣，表示♣有A。
⑤以♦为将牌的关键张问叫。
⑥答叫有1个关键张。
⑦将牌Q问叫。

## 精准自然叫牌

⑧有将牌Q，还有♠K。
⑨确定最终定约为6♦。

### 例40　　双方有局

♠A82
♥AQ10
♦K7
♣AQ975

```
    北
西     东
    南
```

♠KQJ643
♥K94
♦A93
♣6

叫牌过程

| 北 | 南 |
|---|---|
| 1♣① | 1♠② |
| 2NT③ | 4♠④ |
| 4NT⑤ | 5♠⑥ |
| 5NT⑦ | 6♥⑧ |
| 7♠⑨ | |

①开叫1♣，表示13~21点，♣为3张以上。
②应叫1♠，表示6~15点，♠为4张以上。
③跳叫2NT，表示16点以上，过渡应叫。
④跳叫4♠，表示11~15点，♠为6张以上。
⑤以♠为将牌的关键张问叫。
⑥答叫有2个关键张+将牌Q。
⑦旁花K问叫。
⑧答叫有♥K。
⑨北家分析，同伴有6张将牌，将牌得六墩，还有三墩♥、两墩♦和一墩♣，还差一墩可以做出来大满贯，叫7♠。

## 第三章　1阶低花开叫后的叫牌

### 例41　　双方无局

♠K10
♥KQ98
♦AQJ84
♣A4

```
  ┌北┐
 西  东
  └南┘
```

♠A9
♥J75
♦K76
♣KQ1072

| 叫牌过程 | |
|---|---|
| 北 | 南 |
| 1♦① | 2♣② |
| 3♥③ | 4♦④ |
| 4NT⑤ | 5♥⑥ |
| 6♦⑦ | |

①开叫1♦，表示13~21点，♦为3张以上。

②应叫2♣，表示11点以上，♣为5张以上。

③再叫3♥，表示16点以上，♥为4张以上，♦为5张以上。

④加叫4♦，表示有带大牌的3张支持。

⑤以♦为将牌的关键张问叫。因为超越4♣确定将牌，只能用4NT问关键张。

⑥答叫有2个关键张，没有将牌Q。

⑦还缺少1个关键张，只能叫6♦。

137

## 精准自然叫牌

### 例42　　南北有局

♠AJ6
♥AKQ5
♦10
♣AQ1096

```
 ┌北┐
西  东
 └南┘
```

♠K87
♥J1032
♦AK75
♣K7

| 叫牌过程 | |
|---|---|
| 北 | 南 |
| 1♣① | 2NT② |
| 3♥③ | 4♥④ |
| 4NT⑤ | 5♣⑥ |
| 5NT⑦ | 6♣⑧ |
| 7♥⑨ | |

①开叫1♣，表示13~21点，♣为3张以上。
②应叫2NT，表示13~15点，平均牌型，未叫过的花色有止张。
③再逆叫3♥，表示16点以上，♥为4张以上。
④加叫4♥，表示♥有4张支持。
⑤以♥为将牌的关键张问叫。
⑥答叫有1个关键张。
⑦旁花K问叫。
⑧有♣K，可能还有其他的K。
⑨北家分析，同伴持13~15点大牌，已显示7点大牌，还有6点以上大牌未显示出来，应该有♦K或者♠K，叫大满贯应该没有问题。

## 第三章　1阶低花开叫后的叫牌

### 例43　　东西有局

♠A
♥AK74
♦KQJ95
♣QJ9

```
┌─北─┐
│西 东│
└─南─┘
```

♠K9
♥10
♦A1086
♣AK10864

叫牌过程

| 北 | 南 |
|---|---|
| 1♦① | 3♣② |
| 4♣③ | 4♥④ |
| 4NT⑤ | 5♠⑥ |
| 7♣⑦ | |

①开叫1♦，表示13~21点，♦为3张以上。

②应叫3♣，表示16点以上，♣为5张以上。

③以♣为将牌的关键张问叫。

④答叫有0个或3个关键张。

⑤旁花K问叫。

⑥答叫有♠K。

⑦北家分析，将牌至少五墩，♦至少五墩，还有两门高花各两墩，已超过十三墩了，叫7♣。

# 第四章
# 无将开叫后的叫牌

　　现在1NT开叫以后的应叫，与"戈伦时代"相比，有了较大的发展。出现了"雅可比转移叫"和"得克萨斯转移叫"，其目的是让开叫者主打高花定约，以防止不利的首攻；斯台曼问叫也有了新的发展，应叫者可通过不同的再叫，区分不同的牌力和牌型，也能区分开叫者的高花是4张还是5张。新的1NT开叫后能充分利用叫牌空间，使应叫结构更为合理，应叫的内容更为丰富。

## 第四章　无将开叫后的叫牌

### 第一节　1NT开叫后的第一应叫

1NT开叫后的应叫主要有以下几种。

#### 一、2阶应叫

**1. 应叫2♣**

这是高花斯台曼问叫，问开叫者是否有4张（或5张）高花，以寻求高花4-4配合。应叫者若要应叫2♣，必须有一门4张高花套和8点以上牌力。例如：

a. ♠J6　　　　♥A1092　　　♦Q1073　　♣Q82
b. ♠KJ95　　　♥J2　　　　　♦K1032　　♣Q93

a）大牌点为9点，♥为4张，符合斯台曼问叫的要求，应叫2♣。

b）大牌点为10点，♠为4张，符合斯台曼问叫的要求，应叫2♣。

**2. 应叫2♦/2♥**

这是雅可比转移叫，分别表示应叫者有5张以上♥或♠长套，要求开叫者转移到♥或♠花色上来，以保证开叫者来主打高花定约。转移叫不受牌点多少的限制。例如：

c. ♠K10842　　♥A9843　　　♦93　　　　♣6
d. ♠KQ9642　　♥K42　　　　♦93　　　　♣102

c）大牌点为7点，♥和♠均为5张，可以转移叫，不可作为斯台曼问叫，因为牌力不够。可先应叫2♦，让同伴转移叫♥花色，下一轮还可再叫2♠，让同伴选择。

d）大牌点为8点，♠为6张套，符合雅可比转移叫的条件。可先应叫2♥，让同伴转移叫♠花色，下轮再叫3♠，邀叫4♠。

**3. 应叫2♠**

这是低花斯台曼问叫，一般表示应叫者两门低花有9~10张。既适

141

### 精准自然叫牌

用于弱牌（5~7点），也适用于强牌（11点以上），希望在无将定约和低花定约之间做进一步选择。也是低花满贯试探的有效手段。例如：

  e. ♠93    ♥4    ♦QJ963    ♣Q10863
  f. ♠83    ♥3    ♦KQ984    ♣AQ762

  e）大牌点为5点，低花均为5张套，符合低花斯台曼问叫（弱牌）的要求。可先应叫2♠，开叫者再叫3♣/3♦，你可不叫；若开叫者再叫2NT，你可再叫3♣。

  f）大牌点为11点，低花均为5张套，符合低花斯台曼问叫（强牌）的要求。可先应叫2♠，下一轮再叫3♥，表示♥为单缺，两门低花为5-5套，进局逼叫，也可能是试探满贯。

  4. 应叫2NT

表示8~9点，平均牌型，否定有4张高花套。例如：

  g. ♠K95    ♥83    ♦AQ83    ♣10864
  h. ♠Q95    ♥J3    ♦K753    ♣K864

  g）大牌点为9点，平均牌型，无4张高花套，应叫2NT。
  h）大牌点为9点，平均牌型，无4张高花套，应叫2NT。

## 二、3阶应叫

  1. 应叫3♣/3♦

  这是表示低花长套的自然应叫。对这种应叫要求较低，表示跳叫低花长套至少为由AK、AQ或KQ两张大牌领头的6张套，大牌点为5~7点，其他花色没有什么牌点，属于进局邀叫。例如：

  a. ♠942    ♥82    ♦KQ8642    ♣72
  b. ♠983    ♥84    ♦73    ♣AK8642
  c. ♠65    ♥82    ♦983    ♣AQ8764
  d. ♠93    ♥74    ♦AQ108642    ♣J3

  a）大牌点为5点，♦为以KQ领头的6张套，其他花色没有牌点，

## 第四章　无将开叫后的叫牌

应叫3♦，若开叫人持♦A就有快速赢墩来完成3NT定约。同伴接受邀请就叫3NT。

b）大牌点为7点，♣为由AK领头的6张套，其他花色没有牌点，应叫3♣，若开叫人持♣Q就有快速赢墩来完成3NT定约。同伴接受邀请就叫3NT。

c）大牌点为6点，♣为由AQ领头的6张套，其他花色没有牌点，应叫3♣，若开叫人持♣K就有快速赢墩来完成3NT定约。同伴接受邀请就叫3NT。

d）大牌点为7点，♦为由AQ领头的7张套，其他花色仅1个大牌点，应叫3♦，若同伴持♦K就有快速赢墩来完成3NT定约。同伴接受邀请就叫3NT。

**2. 应叫3♥/3♠**

这是特定牌型的进局逼叫。低花为5-4型，高花为3-1型，所叫花色为单缺，大牌点在11点以上。开叫者再叫如下：

（1）1NT—3♥—3♠时，3♠为约定叫，问低花的分布。

答叫3NT=5张♣和4张♦；

答叫4♣=5张♦和4张♣。

（2）1NT—3♠后，4♣/4♦为自然应叫，保证4张以上。

（3）1NT—3♥/3♠后，3NT/4♥/4♠为准备打3NT/4♥/4♠定约，接下来一般不再叫。

## 精准自然叫牌

### 例1　　双方无局

♠KQ4
♥10864
♦AKQ6
♣K3

```
 ┌北┐
西  东
 └南┘
```

♠A83
♥3
♦J10742
♣AQ92

叫牌过程

| 北 | 南 |
|---|---|
| 1NT | 3♥① |
| 3♠② | 4♣③ |
| 4♦④ | 4NT⑤ |
| 5♠⑥ | 6♦⑦ |

① 在同伴开叫1NT后，南家持大牌点11点，应叫3♥，表示持大牌点11点以上，3-1-5-4牌型或者3-1-4-5牌型，♥为单张。
② 询问低花的分布情况。
③ 答叫表示5张♦和4张♣。
④ 确立♦为将牌。
⑤ 以♦为将牌的关键张问叫。
⑥ 答叫2个关键张+将牌Q。
⑦ 6♦为最终定约。

## 第四章　无将开叫后的叫牌

### 例2　　　南北有局

♠A73
♥KQ2
♦K8
♣KQ872

```
┌北┐
西  东
└南┘
```

♠4
♥A83
♦QJ1032
♣AJ104

叫牌过程

| 北 | 南 |
|---|---|
| 1NT | 3♠① |
| 4♣② | 4NT③ |
| 5♠④ | 6♣⑤ |

① 在同伴开叫1NT后，应叫3♠，表示持大牌点11点以上，1-3-5-4牌型或1-3-4-5牌型，♠为单张。
② 确立♣为将牌，保证♣为4张以上。
③ 以♣为将牌的关键张问叫。
④ 答叫持有2个关键张+将牌Q。
⑤ 还差1个关键张。6♣为最佳定约。

### 例3　　　东西有局

♠KQJ9
♥QJ85
♦A3
♣Q98

```
┌北┐
西  东
└南┘
```

♠4
♥A94
♦KQ952
♣AJ104

叫牌过程

| 北 | 南 |
|---|---|
| 1NT | 3♠① |
| 3NT② | 4♣③ |
| 4NT④ | =⑤ |

① 在同伴开叫1NT后，应叫3♠，表示持大牌点11点以上，1-3-5-4或1-3-4-5牌型，♠为单张。

145

## 精准自然叫牌

② 北家为低限牌力，只有15点，因牌型不配，准备打3NT，因此应叫3NT。

③ 南家14点大牌，想试探满贯，再应叫4♣，表示5张♦和4张♣。

④ 北家低限牌力且牌型不配，只能叫4NT。

⑤ 同伴强烈止叫，还是不叫为好。

### 3. 应叫3NT

没有高花4张以上套，也没有符合应叫2♠的牌型，大牌点为10~12点。例如：

| | | | |
|---|---|---|---|
| e. ♠K83 | ♥QJ3 | ♦K874 | ♣Q74 |
| f. ♠Q83 | ♥J3 | ♦A842 | ♣K1073 |
| g. ♠KJ3 | ♥1084 | ♦A83 | ♣A974 |
| h. ♠94 | ♥KQ3 | ♦842 | ♣AQ984 |

e）大牌点为11点，3-3-4-3牌型，同伴开叫1NT最多17点，联手牌力最多为28点，应叫3NT。

f）大牌点为10点，3-2-4-4牌型，同伴开叫1NT最多17点，联手牌力不超过27点，应叫3NT。

g）大牌点为12点，3-3-3-4牌型，同伴开叫1NT最多17点，联手牌力不超过29点，打3NT稳当，冲满贯风险很大，应叫3NT。

h）大牌点为11点，2-3-3-5牌型，同伴开叫1NT最多17点，联手牌力不超过28点，应叫3NT。

### 三、4阶应叫

#### 1. 应叫4♣

这是格伯问叫，询问同伴有几个A。应叫者牌力在16点以上。例如：

| | | | |
|---|---|---|---|
| a. ♠K1032 | ♥A2 | ♦AQ842 | ♣K3 |
| b. ♠A3 | ♥KJ2 | ♦AQ54 | ♣KQ102 |

a）大牌点为16点，加长套牌型点1点，共有牌力17点，同伴最少有15点，联手牌力在32点以上，叫小满贯问题不大，应叫4♣，询问

## 第四章　无将开叫后的叫牌

同伴有几个A。

b）大牌点为19点，同伴开叫1NT，表示其牌力至少有15点，联手牌力在34点以上，叫小满贯没有问题，应叫4♣，询问同伴有几个A。

### 2. 应叫4♦/4♥

这是得克萨斯转移叫，表示应叫者有较好的6张以上高花套，要求开叫者无条件转移到4♥/4♠上来。应叫者大牌点为6点以上。例如：

c. ♠K3　　　　　♥AQJ842　　　♦KQJ3　　　♣3
d. ♠AQ10874　　♥K53　　　　　♦93　　　　 ♣84

c）大牌点为16点，♥为较强的6张套，先应叫4♦，让同伴转移叫4♥，下一轮再叫4NT问关键张。

d）大牌点为9点，♠为较强的6张套，可应叫4♥，让同伴转移叫4♠。因牌点不多，下一轮可以不叫。

### 3. 应叫4NT

直接小满贯邀请叫。应叫者牌力为16点左右，平均牌型。例如：

e. ♠KJ3　　　　♥KQ8　　　　♦K107　　　♣A1042
f. ♠Q3　　　　 ♥K63　　　　♦AJ73　　　♣AQ63

e）大牌点为16点，4-3-3-3牌型，同伴开叫1NT，其牌力至少15点，若同伴持高限牌力就可以打小满贯，应叫4NT，邀叫6NT。

f）大牌点为16点，4-4-3-2牌型，低花均为4张，同伴开叫1NT，其牌力至少15点，若同伴持高限牌力就可以打小满贯，应叫4NT，邀叫6NT。

## 第二节　1NT开叫后的斯台曼问叫及发展

### 一、高花斯台曼问叫

问叫人必须持有一门高花4张套和8点以上牌力，才能启动高花斯台曼问叫。达不到上述两个条件的不能使用斯台曼问叫。

持两门高花均为4张以上的，只有两门高花为4-4型、5-4型和6-4

## 精准自然叫牌

型才适用于2♣斯台曼问叫。两门高花均为5张的5-5牌型的，不适用于2♣斯台曼问叫。

高花斯台曼问叫后，开叫人答叫如下：
2♦=两门高花均少于4张，无4张高花套；
2♥=持有4张♥，也可能还有4张♠；
2♠=持有4张♠，无4张♥。

若应叫人在斯台曼问叫后，开叫人答叫2♥或2♠，找到了高花4-4配合，但因为牌点较多，不愿意直接加叫到局，手上还有一门较好的5张低花套，可以先叫5张低花套，下一轮再加叫以支持同伴的高花。这是一种非直接支持带满贯邀请的叫法。接下来，若开叫人为高限牌力，可以试探满贯。

同伴开叫1NT，你持下列牌，该如何叫牌呢？

a. ♠A43　　♥KJ42　　♦93　　♣K984
b. ♠KJ95　　♥96　　　♦K842　♣Q83
c. ♠J74　　 ♥K103　　♦Q104　♣Q1032
d. ♠AJ98　　♥Q1042　 ♦J103　 ♣J2
e. ♠A3　　　♥KJ64　　♦AQ874　♣93
f. ♠K1032　 ♥A2　　　♦Q6　　♣AQ864

a）大牌点11点，♥有4张，符合斯台曼问叫的条件，应叫2♣。

b）大牌点9点，♠有4张，符合斯台曼问叫的条件，应叫2♣。

c）大牌点8点，没有高花4张套，不符合斯台曼问叫的条件，不能应叫2♣，可以应叫2NT。

d）大牌点9点，♠有4张，♥也有4张，符合斯台曼问叫的条件，可以应叫2♣。

e）大牌点14点，♥为4张，符合斯台曼问叫的条件，可以应叫2♣。若同伴答叫2♥，寻求到♥花色为4-4配合，因自己大牌点为14点，又有较好的5张♦套，可以作满贯试探，再应叫3♦，表示进局逼叫，不排除满贯邀请的可能，下一轮再叫时支持同伴的♥套。开叫者若为

148

## 第四章　无将开叫后的叫牌

高限可以扣叫A。

f）大牌点15点，♠有4张，符合斯台曼问叫的条件，应叫2♣。若同伴答叫2♠，寻求到♠花色为4-4配合，因为自己大牌点为15点，又有较好5张♣套，可以作满贯试探，再应叫3♣，表示进局逼叫，不排除满贯邀请的可能，下一轮再叫时支持同伴的♠。开叫者若为高限牌力，可以扣叫A或者4NT问关键张。

由你开叫1NT，同伴应叫2♣斯台曼问叫后，你在分别持下列牌的情况下如何答叫呢？

g. ♠AJ84　　♥K104　　♦A97　　♣KJ6
h. ♠AJ7　　 ♥K95　　 ♦AJ75　 ♣K98
i. ♠AJ3　　 ♥KQ104　 ♦KJ103　♣K2
j. ♠A1085　 ♥KJ5　　 ♦K2　　 ♣AQ52
k. ♠AK103　 ♥KJ42　　♦J3　　 ♣KQ4
l. ♠A3　　　♥KJ64　　♦AQ874　♣K9

g）大牌点16点，平均牌型，开叫1NT。同伴应叫2♣，斯台曼问高花套，你有4张♠，答叫2♠，表示持有4张♠，没有4张♥。

h）大牌点16点，平均牌型，开叫1NT。同伴应叫2♣，斯台曼问高花套，你两门高花均少于4张，无4张高花套，答叫2♦。

i）大牌点17点，平均牌型，开叫1NT。同伴应叫2♣，斯台曼问高花套，你♥为4张，答叫2♥，表示有4张♥，也可能还有4张♠。

j）大牌点17点，平均牌型，开叫1NT。同伴应叫2♣，斯台曼问高花套，你有4张♠，答叫2♠，表示有4张♠，没有4张♥。

k）大牌点17点，平均牌型，开叫1NT。同伴应叫2♣，斯台曼问高花套，你的♥和♠均为4张，答叫2♥，表示持有4张♥，也可能还有4张♠。

l）大牌点17点，平均牌型，开叫1NT。同伴应叫2♣，斯台曼问高花套，你持有4张♥，答叫2♥，表示持有4张♥，也可能还有4张♠。

## 精准自然叫牌

### 例4　　　双方有局

♠AQJ4
♥K43
♦KJ3
♣K86

```
┌北┐
西　东
└南┘
```

♠K1032
♥A2
♦AQ842
♣J3

叫牌过程

| 北 | 南 |
|---|---|
| 1NT | 2♣① |
| 2♠② | 3♦③ |
| 4♦④ | 4♠⑤ |
| 4NT⑥ | 5♦⑦ |
| 5♥⑧ | 5NT⑨ |
| 6♠⑩ | |

① 斯台曼问叫。
② 答叫表示♠为4张套。
③ 表示有♦长套，不排除有较好的♠支持。
④ 高限且有较好的♦支持。
⑤ 保证4张♠支持，温和的满贯邀请。
⑥ 两门花色的关键张问叫（详见第八章）。
⑦ 答叫0个或3个关键张。
⑧ 两门花色的关键Q问叫。
⑨ 加二级答叫，表示有较低级别花色的Q。
⑩ 考虑到♦树立后可垫♣或♥，所以叫6♠。

## 二、贝尔约定叫

对于有5张高花的5-3-3-2牌型，15~17点，究竟是开叫1阶高花还是开叫1NT，这是长期以来一直有争议的问题。《桥牌世界标准》对此也没有作出明确的规定。笔者认为，若5张高花较强，宜开

## 第四章　无将开叫后的叫牌

叫1阶高花；若5张高花较弱，宜开叫1NT。实际持5张高花的平均牌型，开叫1阶高花还是开叫1NT，牌手在实践中可做出正确的选择。

### 1. 贝尔约定叫的持5张高花的答叫

贝尔约定叫就是为了解决1NT开叫接着同伴2♣斯台曼问高花套以后，持5张高花的答叫问题。在持有5张高花套的人开叫1NT后，同伴应叫2♣斯台曼问高花套，开叫人如何区分是4张高花还是5张高花呢？具体答叫如下：

（1）3♥/3♠=16~17点，5张高花套。
（2）2NT=低限15点，持有5张高花套，但不明确花色。

同伴用3♣接力问叫：是哪一门5张高花套？
答叫3♥/3♠=持此门5张高花。

### 2. 斯台曼问叫加贝尔约定叫的答叫

斯台曼问叫引进贝尔约定叫后，斯台曼问叫后的答叫就可以改为以下几种：

（1）2♦=无4张高花套。
（2）2♥=持有4张♥，也可能还有4张♠。
（3）2♠=持有4张♠，没有4张♥。
（4）2NT=低限15点，持5张高花套，但不明确花色。

3♣=接力问是哪门5张高花套；
答叫3♥/3♠=持有该花色的5张套。

（5）3♥/3♠=持有该花色的5张套，16~17点。

若你持下列牌，如何开叫和再叫呢？

a. ♠QJ4　　♥AJ1062　　♦AQ6　　♣K3
b. ♠QJ5　　♥AJ1073　　♦A63　　♣K5
c. ♠KJ842　♥AQ4　　　♦K3　　　♣KJ4
d. ♠AQ842　♥Q4　　　　♦K84　　♣KJ3

a）大牌点17点，♥为5张套，平均牌型，选择开叫1NT。同伴应叫2♣，你跳叫3♥，表示16~17点，♥为5张套。

151

## 精准自然叫牌

b）大牌点15点，♥为5张套，平均牌型，选择开叫1NT。同伴应叫2♣，你再叫2NT，表示持有5张高花套，大牌点为15点。同伴再应叫3♣，询问是哪门高花为5张套。然后，你答叫3♥，表示♥为5张套。

c）大牌点17点，♠为5张套，平均牌型，选择开叫1NT。同伴应叫2♣，你跳叫3♠，表示16~17点，♠为5张套。

d）大牌点15点，♠为5张套，平均牌型，选择开叫1NT。同伴叫2♣，你再叫2NT，表示大牌点为15点并有高花5张套。同伴再应叫3♣，询问是哪门高花为5张套。然后，你答叫3♠，表示♠为5张套。

### 三、斯莫伦约定叫

在2♣问叫后，如果开叫人再叫2♦，表示没有4张高花套，此时应叫者跳叫3♥/3♠为斯莫伦约定叫。

使用斯莫伦约定叫必须具备两个条件：

（1）两门高花为5-4型或者6-4型。

（2）至少有进局逼叫的牌力，牌点为10点以上。

斯莫伦约定叫的特点是：不跳叫较长的5张或6张高花套，而跳叫较短的4张高花套，目的就是让开叫者主打高花定约。因为1NT开叫人一般来说在每门花色中均有大牌，由他的下家首攻往往能获得一些优势。应叫人跳叫4张高花后，开叫者就知道应叫者另一门高花至少为5张，他只要有3张支持即可打这门高花，如果只有2张支持就叫3NT。如果应叫人的长套高花为6张，在开叫者再叫3NT之后，应叫者还可以再叫4♦/4♥，让开叫者转移到4♥/4♠上来，以保证开叫者主打6-2配合的高花定约。这种转移叫称为"斯莫伦转移叫"。

此外，斯莫伦转移叫还有另一种形式，即2♣应叫和2♦再叫后，应叫人直接跳叫4♦/4♥，让开叫人转移到4♥/4♠上来。

对上述两种转移叫，可以这样区分，前一种转移叫带有一定的满贯倾向，开叫人持高限牌力可以作满贯试探；后一种转移叫没有满贯

## 第四章　无将开叫后的叫牌

倾向。

你持以下牌，当同伴开叫1NT后，你怎样应叫呢？

a. ♠AQ942　♥KJ107　♦J3　♣63
b. ♠AJ103　♥KJ1043　♦8　♣Q92
c. ♠KJ10842　♥AJ94　♦98　♣2
d. ♠AQ10875　♥AQ95　♦93　♣2
e. ♠KQJ83　♥AQ1087　♦6　♣97
f. ♠KQ872　♥K1072　♦83　♣92

a）同伴开叫1NT，你持大牌点11点，高花为5-4型，先应叫2♣。如果同伴再叫2♥/2♠，就可以加叫该门高花进局；如果同伴再叫2♦，表示没有4张高花套，你就可以使用斯莫伦约定叫，跳叫较短的高花，即跳叫3♥。这时同伴应该知道，你持有5张♠和4张♥，若他有3张♠就可以做♠高花定约。

b）同伴开叫1NT，你持大牌点11点，高花为5-4型，先应叫2♣。如果同伴再叫2♦，表示没有4张高花套，你就可以跳叫3♠，表示♠为4张，♥为5张。此时，若同伴持有3张♥就可以叫4♥；若只有2张♥，可再叫3NT。

c）同伴开叫1NT，你持大牌点9点，♠为6张，♥为4张，你可选择应叫2♣，或者选择应叫4♥转移叫。若选择应叫2♣，同伴再叫2♦表示没有4张高花套后，你可以使用斯莫伦转移叫再应叫4♥，让同伴转移到4♠上来。

d）同伴开叫1NT，你持大牌点12点，♠为6张，♥为4张，如果将牌配合，可以试探满贯。先应叫2♣，看同伴有没有高花配合。若同伴没有4张高花再叫2♦，你可以应叫3♥，告诉同伴有5~6张♠套。若同伴只有2张♠而再叫3NT，你有6张♠就使用斯莫伦转移叫4♥，表示♠和♥为6-4型。同伴若为高限就可以试探满贯。

e）同伴开叫1NT，你持大牌点12点，♠和♥为5-5型，此副牌不适宜2♣斯台曼问叫。2♣斯台曼问叫只适用高花4-4型、5-4型和6-4型

153

## 精准自然叫牌

的双高套，不适用于5-5型的双高套。此副牌应该使用雅可比转移叫。可以先叫2♥，待同伴转移到2♠以后再叫3♥（表示♥长套）。这种叫法表示高花是5-5型，为进局逼叫或试探满贯。

f）同伴开叫1NT，你持大牌点8点，高花为5-4型，先应叫2♣。若同伴再叫2♦，你只能再叫2♠，表示♠为5张套。不能跳叫3♥，因为牌点不够，不具备使用斯莫伦约定叫的条件。

### 例5　双方无局

```
              ♠ AJ7
              ♥ K95
              ♦ AJ76
              ♣ K98
♠ 642                        ♠ 1098
♥ Q74         北             ♥ J2
♦ 1085     西    东           ♦ K932
♣ QJ105       南             ♣ A632
              ♠ KQ53
              ♥ A10863
              ♦ Q4
              ♣ 74
```

开室叫牌过程　　　　　　　　闭室叫牌过程

| 西 | 北 | 东 | 南 | 西 | 北 | 东 | 南 |
|---|---|---|---|---|---|---|---|
| — | 1NT | — | 2♣ | — | 1NT | — | 2♣ |
| — | 2♦ | — | 3♥① | — | 2♦ | — | 3♠③ |
| — | 4♥② | 都不叫 | | — | 4♥④ | 都不叫 | |

① 开室南北方不使用斯莫伦约定叫，南家3♥为自然应叫，表示♥为5张套。

② 北家有3张带K的♥，加叫4♥没有错。

154

## 第四章　无将开叫后的叫牌

③闭室南北方使用斯莫伦约定叫，在同伴再叫2♦后，跳叫3♠，表示4张♠和5张♥。

④北家持带K的3张♥，选择4♥定约。

开室和闭室都打4♥定约。开室是由南家主打4♥定约，闭室是开叫1NT的北家打4♥定约。开室由西家首攻♣Q，结果定约者输掉两墩♣、一墩♦和一墩♥，4♥定约宕一墩；闭室由开叫1NT的北家主打4♥，东家首攻♠10，庄家上手吊两轮将牌后飞♦K，虽然♦K没有飞到，但可利用♦赢墩垫掉明手的一张♣，完成了4♥定约。结果这副牌闭室南北方赢了12IMP，可见由强牌方做庄能取得优势。

**例6　双方无局**

北:
♠A108642
♥KJ74
♦8
♣Q3

西:
♠93
♥105
♦A10973
♣K752

东:
♠KQ5
♥9863
♦J65
♣1098

南:
♠J7
♥AQ2
♦KQ42
♣AJ64

叫牌过程

| 西 | 北 | 东 | 南 |
|---|---|---|---|
|   |   |   | 1NT |
| — | 2♣① | — | 2♦② |
| — | 4♥③ | — | 4♠④ |

**精准自然叫牌**

①北家斯台曼问叫。
②南家答叫无高花4张套。
③北家直接使用斯莫伦转移叫，表示黑桃和红心为6-4型，没有满贯倾向。
④南家转移叫4♠，不允许有其他选择。

结果西家首攻♥10，定约者手中拿了这墩后立即打♦K，西家的♦A进手后再攻♥。接着定约者连吊两轮将牌（先打♠A，再打小黑桃，以防西家将吃♥），以后定约者利用手中的♦Q垫掉明手的一张梅花。这样，定约者只输两墩将牌和一墩方块，做成了4♠定约。如果不使用斯莫伦约定叫，北家将成为4♠的定约者。此时，东家首攻♣10就可以拿到一墩梅花、一墩方块和两墩黑桃，使4♠定约宕一墩。

### 四、斯台曼问叫后爆裂叫

1NT开叫后，同伴2♣问叫，开叫人答叫2♥或者2♠。问叫人具备下列条件方可使用爆裂叫：

对开叫人答叫的高花有质量较好的支持；

有一门花色单缺；

联手牌力接近或达到打满贯的要求。

这里采用的是"间接爆裂叫"，即问叫人不直接跳叫单缺花色，而是在3阶水平上再叫另一门高花（不是开叫人答叫的高花色），以后通过接力叫显示哪一门花色单缺。下面分两种情况来说明。

1. 1NT—2♣—2♥—3♠—3NT—4♣/4♦/4♠

（1）2♥为通过斯台曼问叫，寻求到将牌4-4配合的花色。

（2）3♠为约定的间接爆裂叫（♠为另一门高花），表示有一门单缺，与♠无关。

（3）3NT为接力叫，询问哪一门花色单缺。

（4）4♣/4♦/4♠为答叫单缺花色。

## 第四章　无将开叫后的叫牌

**2. 1NT—2♣—2♠—3♥—3♠—3NT或4♣/4♦/4♥**

（1）2♠为通过斯台曼问叫寻求到将牌4-4配合的花色。

（2）3♥为约定的间接爆裂叫（♥为另一门高花），表示有一门花色单缺，与♥无关。

（3）3♠为接力叫，询问哪一门花色单缺。

（4）答叫3NT，表示单缺花色为缺门，不是单张。开叫者可再叫4♣问缺门花色，答叫4♦/4♥/4♠分别表示♦/♥/♣为缺门。直接答叫4♣/4♦/4♥，表示所叫花色为单张。

下面看几个例子。

你持下列牌，同伴开叫1NT，该如何应叫呢？

a. ♠KQ96　　♥2　　　　♦AQ73　　♣K832
b. ♠K9842　　♥KQJ2　　♦4　　　　♣AQ5
c. ♠QJ85　　　♥Q　　　　♦AJ84　　♣J1032
d. ♠AJ108　　♥K875　　♦KJ1042　♣—

**a**）同伴开叫1NT，你持大牌点14点，高花为4-1型，先应叫2♣。同伴答叫2♠，寻求到♠为4-4配合。你有14个大牌点，♥为单缺，联手牌力至少有29点，加上短套牌型点，可用牌力有31点，符合使用爆裂叫的条件。你再叫3♥（间接爆裂叫），表示♠为将牌的爆裂叫。待同伴再叫3♠接力叫后，再叫4♥，表示♥为单张。

**b**）同伴开叫1NT，你持大牌点15点，高花为5-4型，先应叫2♣。同伴答叫2♠，寻求到♠为5-4配合。你持大牌15点，♦为单张，加牌型点，联手至少33点，已达到打满贯的要求，符合使用爆裂叫的条件。你再叫3♥，表示♠为将牌的爆裂叫。待同伴再叫3♠接力叫后，再叫4♦，表示♦为单张。

**c**）同伴开叫1NT，你持大牌点11点，高花为4-1型，先应叫2♣。同伴答叫2♠，寻求到♠为4-4配合。但因为牌点只有11点且♥Q为单张要扣点，满贯希望极小，直接加叫4♠（止叫）。

**d**）同伴开叫1NT，你持大牌点12点，高花为4-4型，先应叫

## 精准自然叫牌

2♣。同伴答叫2♠，寻求到♠为4-4配合。你持大牌点12点，且♣为缺门，加牌型点，你的可用牌力达到16点，联手至少有31点牌力，符合使用爆裂叫的条件。你再应叫3♥，表示以♠为将牌的间接爆裂叫。待同伴再叫3♠后，你可再应叫3NT，表示有缺门花色。同伴再叫4♣，询问缺门花色是哪一门，你答叫4♠，表示♣为缺门。

### 例7　　双方无局

♠KQ102
♥AJ3
♦J104
♣A103

```
 ┌ 北 ┐
 西   东
 └ 南 ┘
```

♠AJ65
♥K105
♦AKQ87
♣2

| 叫牌过程 | |
|---|---|
| 北 | 南 |
| 1NT | 2♣① |
| 2♠② | 3♥③ |
| 3♠④ | 4♣⑤ |
| 4♥⑥ | 4NT⑦ |
| 5♦⑧ | 5♥⑨ |
| 5NT⑩ | 7♠⑪ |

① 斯台曼问叫。
② 有4张♠套。
③ 以♠为将牌的间接爆裂叫，保证♠有4张支持，有一门单缺，满贯试探。
④ 接力叫，询问哪一门花色单缺。
⑤ ♣为单张。
⑥ 扣叫，虽然只有15点，但♣有很好的配合。
⑦ 以♠为将牌的关键张问叫。
⑧ 答叫0个或3个关键张。
⑨ 将牌Q问叫。

158

# 第四章　无将开叫后的叫牌

⑩ 有将牌Q，但没有旁花K。
⑪ 已具备打7♠的条件。

## 五、低花斯台曼问叫

《桥牌世界标准》规定，1NT开叫后的应叫2♠，是低花斯台曼问叫，询问开叫人是否有4张或者5张低花。这种问叫表示应叫人对低花有兴趣，希望对低花定约和无将定约做进一步比较，也是低花满贯邀请手段之一。

当同伴开叫1NT后，你可利用2♠应叫来询问同伴的低花长度。开叫人如有4张或5张低花，可在3阶水平上叫出低花；如两门低花均少于4张，则可再叫2NT。

对于2♠应叫的牌型要求如何，也就是说哪些牌适宜2♠应叫，笔者归纳为以下三种：

一是应叫者牌点很少，只有5~7点，但牌型很好，两门低花为5-5型或者6-5型，或者♦长套为6~7张，打1NT定约不如打3阶低花定约；

二是应叫者持有两门低花为5-5型的强牌，并且有一门高花单缺，大牌点在11点以上，应叫者对低花有满贯兴趣；

三是应叫者持有两门低花为5-4型或4-4型，高花没有单缺，大牌点在13点以上，应叫者对低花有满贯兴趣。

低花斯台曼问叫后，答叫如下：
2NT=无4张低花套；
3♣=有4张♣，也可能还有4张♦；
3♦=有4张♦，没有4张♣。
例如：

a. ♠93　　　♥4　　　　　♦Q10963　　♣QJ1086
b. ♠95　　　♥84　　　　♦QJ108642　♣Q5
c. ♠83　　　♥3　　　　　♦KQ984　　♣AQ762

## 精准自然叫牌

d. ♠4　　　♥A　　　♦AQ8642　　♣AQ963
e. ♠K2　　♥104　　♦AQ953　　♣KQ102
f. ♠K2　　♥K4　　♦AJ954　　♣KQ102

a）大牌点5点，两门低花为5-5型，应叫2♠。如果开叫者再叫3♣/3♦，你可不叫；如果开叫者再叫2NT，你可再应叫3♣，表示♣不短于♦，接着开叫者手中的牌若♦长于♣可转叫3♦，否则就停在3♣上，不允许有其他选择。

b）大牌点5点，♦长套为7张，可以应叫2♠。如果开叫者再叫2NT或3♣，你可再应叫3♦，此时，开叫者只能不叫，不允许有其他选择。如果这副牌的长套♦改为♣，就不能用2♠应叫，因为你没有把握停在3♣上（在2♠应叫后，同伴可能会叫3♦）。

c）大牌点11点，两门低花均为5张，应叫2♠。待同伴再叫后再应叫3♥，表示♥为单缺，两门低花一般为5-5型，进局逼叫，也可能是满贯试探。以后开叫者视牌情再叫，4♣/4♦=3~4张套；3NT=♥坚强，不怕对方击穿。

d）大牌点16点，低花为6-5型，应叫2♠。若同伴再叫3♣/3♦，可以进行以♣或♦为将牌的关键张问叫；若同伴应叫2NT，你再应叫3♥，表示♥为单张，两门低花为5-5型或6-5型，进局逼叫，以后可试探满贯。

e）大牌点14点，两门低花为5-4型，应叫2♠。待同伴再叫后，下一轮可再应叫3NT，表示温和的满贯邀请。若开叫者持高限牌力，就可接受满贯邀请。

f）大牌点16点，两门低花为5-4型，应叫2♠。待同伴再叫后，下一轮可再应叫4NT，表示强烈的满贯邀请。开叫者只要不是在绝对低限的情况下，应接受满贯邀请。

## 第四章 无将开叫后的叫牌

### 例8　　南北有局

♠A976　　　　　　　叫牌过程
♥KQ43　　　　　　　北　　　　　　　南
♦KJ3　　　　　　　　1NT　　　　　　2♠①
♣A2　　　　　　　　2NT②　　　　　 3♣③
　　　　　　　　　　3♦④

```
┌北┐
西  东
└南┘
```

♠2　　　　　① 低花斯台曼问叫，不想打1NT，希望开叫者选
♥62　　　　　　 择一门低花。
♦Q10985　　② 开叫者没有4张低花，再叫2NT。
♣J10873　　③ 表示两门低花至少为5-5的弱牌。
　　　　　　④ 开叫者♦较长，选择了3♦。

### 例9　　东西有局

♠A1054　　　　　　叫牌过程
♥K103　　　　　　　北　　　　　　　南
♦A2　　　　　　　　1NT①　　　　　 2♠②
♣AQ87　　　　　　　3♣③　　　　　　3♠④
　　　　　　　　　　4♦⑤　　　　　　4♥⑥
```
┌北┐
西  东
└南┘
```
　　　　　　　　　　4NT⑦　　　　　 5♥⑧
　　　　　　　　　　5NT⑨　　　　　 6♦⑩
♠2
♥AJ　　　　　　　　7♣⑪
♦K10765
♣KJ1054

① 大牌点17点，平均牌型，开叫1NT。
② 大牌点12点，低花为5-5型，应叫2♠，低花斯台曼问叫。

161

## 精准自然叫牌

③ 答叫3♣，保证♣有4张。
④ 再应叫3♠，表示♠为单张，两门低花一般为5-5型，进局逼叫。
⑤ 扣叫，表示有♦A。
⑥ 扣叫，表示有♥A。
⑦ 以♣为将牌的关键张问叫。
⑧ 答叫2个关键张+无将牌Q。
⑨ 5NT旁花K问叫。
⑩ 有♦K。
⑪ 5个关键张都在手，还有将牌Q、♥K和♦K，打7♣应该没有问题。

### 例10　双方有局

♠AK3
♥KJ43
♦J3
♣KQ104

| 叫牌过程 | |
|---|---|
| 北 | 南 |
| 1NT | 2♠① |
| 3♣② | 3 NT③ |
| 6♣④ | |

```
  ┌北┐
  西 东
  └南┘
```

♠92
♥A6
♦KQ842
♣AJ32

① 低花斯台曼问叫。
② 答叫3♣，表示保证4张♣。
③ 应叫3NT，表示温和的满贯邀请，两门低花一般为5-4型，开叫者高限就可以叫小满贯。
④ 开叫者大牌17点，接受邀请，直接跳叫6♣。

第四章　无将开叫后的叫牌

## 第三节 1NT开叫后的转移叫

### 一、雅可比转移叫

1NT开叫后，有一门高花5~6张，另一门高花少于4张，不论多少牌点，均可使用"雅可比转移叫"。即先应叫比这门长套高花低一级的花色，让开叫者转移到长套高花上来，这样就可以把高花定约的主打权让给开叫者。由于1NT开叫者一般在每门花色中均有大牌，由他来主打，往往在首攻中可获取一些优势。这就是使用雅可比转移叫的主要原因。

使用雅可比转移叫时，如果没有什么特殊约定，开叫者必须转移到下一门花色，即应叫者的长套花色。在开叫者转移到应叫者的长套高花后，应叫者再叫有以下几种情况：

（1）在1NT—2♦—2♥后，应叫者再叫2♠，只是逼叫一轮，应叫者表示♠和♥为4-5型，也可能是5-5型或4-6型，有进局邀叫的实力，但一般不具备进局逼叫的条件，牌点为8点左右。

接下来若开叫者有3张♥，可以再叫3♥（低限）或者4♥（高限）；
若开叫者有4张♠，可再叫3♠（低限）或4♠（高限）；
若开叫者无3张♥或者4张♠，可再叫2NT（低限）或3NT（高限）。
开叫者再叫2NT后（只有两张♥且低限），如应叫者♠和♥为4-5型，可以不叫；如应叫者♠和♥为5-5型，可以再叫3♠；如应叫者♠和♥为4-6型，可以再叫3♥。应叫者的再叫均不逼叫。开叫者如有很好的配合，可以加叫进局。例如：

a. ♠KJ103　　♥A9842　　♦93　　♣62
b. ♠K10843　　♥A9842　　♦J3　　♣6
c. ♠A1074　　♥K109843　　♦J3　　♣6
d. ♠J109864　　♥83　　♦J3　　♣Q72

163

## 精准自然叫牌

a）在1NT—2♦—2♥后，你持高花4-5型，大牌点为8点，可以再应叫2♠，逼叫一轮；若开叫者再叫2NT，你可以不叫。这副牌因牌点较少，没有达到使用斯莫伦约定叫的牌力。

b）在1NT—2♦—2♥后，你持高花5-5型，大牌点为8点，可以再应叫2♠，逼叫一轮；若开叫者再叫2NT，你可以再叫3♠，表示♠和♥为5-5型，不逼叫。

c）在1NT—2♦—2♥后，你持高花4-6型，大牌点为8点，可以再叫2♠，逼叫一轮；若开叫者再叫2NT，你可以再叫3♥，表示♠和♥为4-6型，不逼叫。

d）在开叫1NT后，你持♠为6张，大牌点仅为4点，你可以先应叫2♥，让开叫者转移到2♠后，你因牌点少，以不叫为好。

（2）在1NT—2♦/2♥—2♥/2♠后，应叫者再应叫2NT或者3NT，表示持5-3-3-2牌型。再应叫2NT，牌点为8~9点，进局邀叫；再应叫3NT，牌点为10点以上，但无满贯可能。例如：

e. ♠K9873　　♥Q54　　♦J109　　♣Q3
f. ♠K5　　♥KJ852　　♦K73　　♣J82

e）同伴开叫1NT，你持5-3-3-2牌型，其中♠为5张，大牌点为8点。你可以应叫2♥，让开叫者转移叫2♠后，再叫2NT，表示5-3-3-2牌型，8~9点牌力。

f）同伴开叫1NT，你持5-3-3-2牌型，其中♥为5张，大牌点为11点。你可以应叫2♦，让开叫者转移叫2♥后，再叫3NT，表示5-3-3-2牌型，大牌点在10点以上。

（3）在1NT—2♦/2♥—2♥/2♠后，应叫者再叫3♥或者3♠，表示应叫者6张♥或者6张♠，进局邀叫，大牌点为8点左右。例如：

g. ♠KQ9642　　♥K42　　♦92　　♣102
h. ♠KJ10642　　♥K3　　♦942　　♣72

g）同伴开叫1NT，你持大牌点8点，♠为6张，应叫2♥，表示♠为5张以上。待同伴转移到2♠后，你可再应叫3♠，表示♠为6张，进

## 第四章 无将开叫后的叫牌

局邀叫。

h）同伴开叫1NT，你持大牌点7点，♠为6张，应叫2♥，表示♠为5张以上。待同伴转移到2♠后，你可再应叫3♠，表示♠为6张，进局邀叫。

（4）在1NT—2♦/2♥—2♥/2♠后，应叫者再应叫新花色，表示再应叫的新花色不少于4张，牌点在13点以上，进局逼叫。不排除有满贯的可能。例如：

i. ♠8　　　　♥AQ852　　♦KQ642　　♣K3
j. ♠KQJ82　　♥AQ872　　♦82　　　♣7

i）同伴开叫1NT，你持5张♥、5张♦，大牌点为14点。可先应叫2♦，让开叫者转移到2♥，你再应叫3♦，表示♥为5张，♦至少4张，13点以上牌力。

j）同伴开叫1NT，你♠和♥为5-5型，大牌点为12点。可先应叫2♥，让同伴转移到2♠，你再应叫3♥，表示♠和♥均为长套，进局逼叫或者试探满贯。

（5）在1NT—2♦/2♥—2♥/2♠后，应叫者再跳叫新花色，这种再应叫为爆裂叫，除表示保证应叫者的长套高花色为较好的6张套外，还保证所跳叫新花色为单缺，大牌点在13点以上。属于满贯邀叫。例如：

k. ♠AQJ845　♥A82　　　♦K83　　　♣3
l. ♠AQ10983　♥2　　　　♦K3　　　♣A1093

k）同伴开叫1NT，你持大牌点14点，♠为较好的6张套，且♣为单张。你先应叫2♥，待同伴转移到2♠后，你再跳叫4♣，表示大牌点在13点以上，转移花色为较好的6张套，所跳叫花色为单缺，作满贯邀请。

l）同伴开叫1NT，你持大牌点13点，♠为较好的6张套，且♥为单张。你先应叫2♥，待同伴转移到2♠后，你再跳叫4♥作爆裂叫，表示大牌点13点以上，♠为较好的6张套，所跳叫花色为单缺，作满

**精准自然叫牌**

贯邀请。

（6）在1NT—2♦/2♥—2♥/2♠后，应叫者再跳叫长套高花，也就是让同伴转移叫的长套花色，表示应叫者的长套花色有较好的6张套，旁门花色没有单缺，大牌点在13点以上。这种应叫表示温和的满贯邀情。如果应叫者只想进局不想打满贯，他可以直接使用"得克萨斯转移叫"。例如：

m. ♠K8　　　♥KQJ842　　♦AJ10　　♣93
n. ♠AQJ862　♥83　　　　♦A9　　　♣KJ2

m）同伴开叫1NT，你持大牌点14点，♥为较好的6张套。你可以先应叫2♦，待同伴转移到2♥后，你再跳叫4♥，表示大牌点在13点以上，跳叫花色为较好的6张套，旁门花色没有单缺，作温和的满贯邀请。

n）同伴开叫1NT，你持大牌点15点，♠为较好的6张套，旁门花色没有单缺。你可先应叫2♥，待同伴转移到2♠后，再跳叫4♠，表示大牌点在13点以上，跳叫花色为较好的6张套，旁门花色没有单缺，作温和的满贯邀请。这里还请开叫者注意，应叫者如果只想进局，不想打满贯，他可以直接使用"得克萨斯转移叫"。

## 第四章　无将开叫后的叫牌

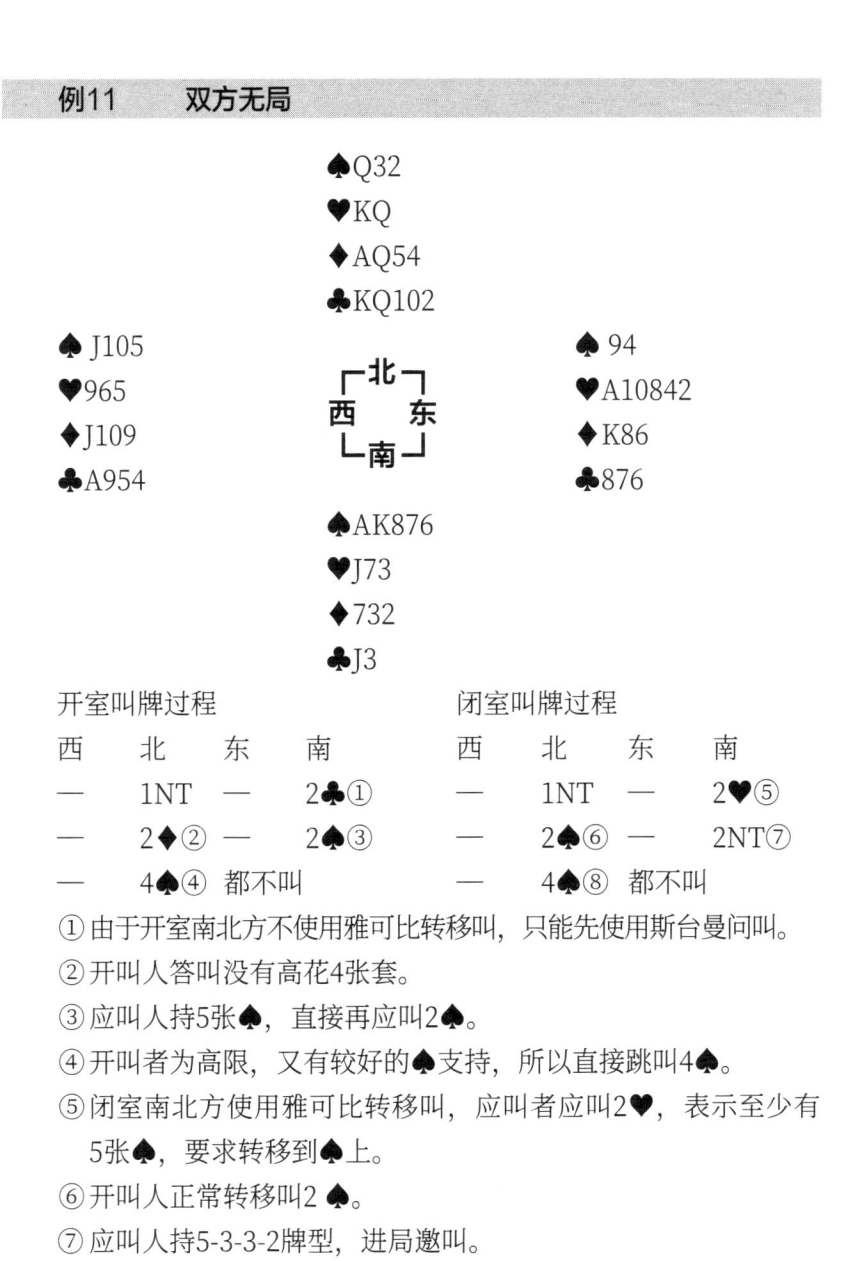

例11　　双方无局

```
                    ♠Q32
                    ♥KQ
                    ♦AQ54
                    ♣KQ102
♠J105                                    ♠94
♥965                 北                  ♥A10842
♦J109           西        东              ♦K86
♣A954                南                  ♣876
                    ♠AK876
                    ♥J73
                    ♦732
                    ♣J3
```

| 开室叫牌过程 | | | | 闭室叫牌过程 | | | |
|---|---|---|---|---|---|---|---|
| 西 | 北 | 东 | 南 | 西 | 北 | 东 | 南 |
| — | 1NT | — | 2♣① | — | 1NT | — | 2♥⑤ |
| — | 2♦② | — | 2♠③ | — | 2♠⑥ | — | 2NT⑦ |
| — | 4♠④ | 都不叫 | | — | 4♠⑧ | 都不叫 | |

①由于开室南北方不使用雅可比转移叫，只能先使用斯台曼问叫。
②开叫人答叫没有高花4张套。
③应叫人持5张♠，直接再应叫2♠。
④开叫者为高限，又有较好的♠支持，所以直接跳叫4♠。
⑤闭室南北方使用雅可比转移叫，应叫者应叫2♥，表示至少有
　5张♠，要求转移到♠上。
⑥开叫人正常转移叫2♠。
⑦应叫人持5-3-3-2牌型，进局邀叫。
⑧开叫者持高限牌力又有较好的♠支持，直接跳叫4♠。

167

## 精准自然叫牌

开室和闭室虽然都叫到4♠，但结果却不同。开室由西家首攻♦J，定约方输两墩♦、一墩♣和一墩♥，4♠宕一墩。闭室采用雅可比转移叫，由北家主打4♠定约。东家不能首攻♦，结果定约者在肃清将牌后，利用梅花垫掉明手的两张方块，使4♠定约超额一墩完成。

### 例12　　南北有局

♠AJ3
♥K102
♦AQJ3
♣1042

```
  ┌北┐
 西  东
  └南┘
```

♠KQ2
♥AQ9876
♦K42
♣6

| 叫牌过程 | |
|---|---|
| 北 | 南 |
| 1NT | 2♦① |
| 2♥② | 4♣③ |
| 4♦④ | 4♥⑤ |
| 4NT⑥ | 5♣⑦ |
| 6♥⑧ | |

① 应叫2♦，要求转移叫♥。

② 正常转移叫2♥。

③ 跳叫4♣，表示有较好的6张♥套，♣为单缺，爆裂叫，大牌点13点以上，试探满贯。

④ 虽然只有15点大牌，但梅花没有大牌，♥有带K的3张支持，接受同伴的满贯邀请，扣叫♦A。

⑤ 应叫者已表达了满贯的倾向，但没有多余牌力，所以应叫4♥。

⑥ 以♥为将牌的关键张问叫。

⑦ 答叫5♣，表示有1个关键张。

⑧ 还差1个关键张，确定6♥为最后定约。

## 第四章　无将开叫后的叫牌

这副牌如果没有♥和♣的极好配合，就不宜叫到6♥。如果开叫人是♠AQJ♥52♦QJ83♣AQJ4，虽然大牌点17点，但♥缺乏支持，♣又配合不理想，因此不宜叫到6♥。

**例13　　东西有局**

♠K43
♥KJ
♦AK652
♣K102

```
┌ 北 ┐
 西   东
└ 南 ┘
```

♠AQJ985
♥AQ2
♦43
♣83

叫牌过程

| 北 | 南 |
|---|---|
| 1NT | 2♥① |
| 2♠② | 4♠③ |
| 4NT④ | 5♠⑤ |
| 6♠⑥ | |

① 应叫2♥，要求转移叫♠。
② 正常转移叫2♠。
③ 南家跳叫4♠，表示有较好的6张♠，大牌点为13点，旁门花色没有单缺，作温和的满贯邀叫。
④ 北家持大牌点17点，♠有带K的3张支持，可以接受满贯邀请，以♠为将牌作关键张问叫。
⑤ 答叫2个关键张+将牌Q。
⑥ 确定6♠为最终定约。

## 例14　双方有局

♠A109
♥KJ108
♦AJ82
♣K9

```
   ┌北┐
  西  东
   └南┘
```

♠8
♥AQ872
♦KQ643
♣A3

叫牌过程

| 北 | 南 |
|---|---|
| 1NT | 2♦① |
| 2♥② | 3♦③ |
| 3♥④ | 4NT⑤ |
| 5♦⑥ | 5NT⑦ |
| 6♣⑧ | 7♥⑨ |

① 应叫2♦，要求转移叫♥。
② 正常转移叫2♥。
③ 再应叫3♦，表示13点以上，♦不少于4张，不排除有满贯的可能。
④ 表示有3张以上♥支持。
⑤ 以♥为将牌的关键张问叫。
⑥ 有0个或3个关键张。
⑦ 旁花K问叫。
⑧ 有♣K，可能还有其他的K。
⑨ 南家分析，♠不会丢墩，♥不丢墩，♣不丢墩，只要♦分布不偏也不会丢墩，大满贯应该没有问题，叫7♥。

# 第四章　无将开叫后的叫牌

## 二、高级雅可比

高级雅可比是雅可比转移叫的一种新发展。如果开叫者开叫1NT属于高限，而且还有应叫转移高花的4张支持，即使应叫者是5~7点的弱牌，仍有进局的可能。如果使用一般的雅可比转移叫，很可能会漏掉一个局，高级雅可比就是为了解决这个问题而诞生的。它的特点是：开叫者可通过拒绝转移叫或者跳叫转移叫来反映有很好的高花支持的强牌。

### 1. 拒绝转移叫

在2♦/2♥后，正常的转移叫是2♥/2♠。如果开叫者再叫其他花色或者2NT，均属于"拒绝转移叫"。

拒绝转移叫的条件是：保证有应叫者要求转移的4张高花，自己持高限牌力。再叫2NT，表示4-3-3-3牌型；再叫其他花色，表示所叫花色为双张。

**例15　双方无局**

♠KQ53
♥AQ2
♦A3
♣Q654

```
 ┌北┐
西   东
 └南┘
```

♠A98764
♥4
♦8642
♣73

| 叫牌过程 | |
|---|---|
| 北 | 南 |
| 1NT | 2♥① |
| 3♦② | 3♥③ |
| 3♠④ | 4♠⑤ |

① 应叫2♥，要求转移叫2♠。

171

**精准自然叫牌**

②北家拒绝转移叫，表示持高限牌力，转移叫花色有4张好支持，所叫花色为双张。
③南家第二转移叫，目的就是让开叫者主打♠定约。
④正常转移叫。
⑤应叫者大牌点只有4点，但加牌型点共有9点牌力，因此，大胆加到4♠。

**2. 跳叫转移叫**

在2♦/2♥应叫后，开叫者跳叫3♥/3♠，表示开叫者为中限牌力，保证应叫者要求转移叫的花色有4张。

| 例16 | 南北有局 |
|---|---|

♠A84
♥QJ42
♦KQ74
♣A8

叫牌过程

| 北 | 南 |
|---|---|
| 1NT | 2♦① |
| 3♥② | 4♥③ |

```
 ┌北┐
 西 东
 └南┘
```

♠93
♥K10853
♦A98
♣942

①应叫2♦，要求转移叫2♥。
②北家持大牌16点，同伴要求转移的花色有4张，跳叫转移叫3♥，表示同伴要求转移花色持4张套。
③南家持大牌点7点，加牌型点可用牌力有9点，加叫到4♥。

## 第四章　无将开叫后的叫牌

### 三、得克萨斯转移叫

1NT开叫后，直接应叫4♦/4♥为得克萨斯转移叫，要求开叫者无条件转移到4♥/4♠上来。

得克萨斯转移叫适用于以下两种情况：

（1）应叫者有一门较强的高花（至少6张）和进局的实力，但不可能有满贯。

（2）应叫者有一门很强的高花（不少于6张），而且通过关键张问叫来决定是否打满贯。先使用得克萨斯转移叫，下一轮再用4NT问关键张。例如：

a. ♠AQ10874　♥K53　　　♦93　　　♣84
b. ♠KQ10973　♥2　　　　♦108　　　♣A873
c. ♠K3　　　♥AQJ854　♦KQJ3　　♣3
d. ♠2　　　　♥KQJ1073　♦KQ2　　♣A109

a）大牌点9点，6张较好的♠，应叫4♥，让同伴转移叫4♠；不可能有满贯，下一轮可以不叫。

b）大牌点9点，6张较好的♠，应叫4♥，让同伴转移叫4♠；不可能有满贯，下一轮可以不叫。

c）大牌点16点，6张较好的♥，先应叫4♦，让同伴转移叫4♥；下一轮再叫4NT，进行关键张问叫。

d）大牌点15点，6张较好的♥，先应叫4♦，让同伴转移叫4♥；下一轮再叫4NT，进行关键张问叫。

## 第四节　2NT开叫后的叫牌

过去2NT开叫的条件是22~24个大牌点，平均牌型。现在随着1NT开叫条件有所放宽，2NT开叫的条件也相应降低。现在2NT开叫

## 精准自然叫牌

的条件是20~21个大牌点，牌型方面允许一门花色只有2张小牌，高花允许5张。

### 一、2NT开叫后的第一应叫

（1）应叫3♣。这是傀儡斯台曼问叫，应叫人持有4张以上高花套，寻求高花4-4配合，也可以寻求高花5-3配合，大牌点在5点以上。例如：

a. ♠A982　　♥92　　　♦Q842　　♣764
b. ♠942　　　♥KJ72　　♦Q3　　　♣10943

a）在同伴开叫2NT后，你持大牌点6点，♠为4张套，第一应叫3♣，寻问同伴的高花套。

b）在同伴开叫2NT后，你持大牌点6点，♥为4张套，第一应叫3♣，寻问同伴的高花套。

（2）应叫3♦/3♥。这是雅可比转移叫，与1NT开叫后的2♦/2♥应叫含义相同。3♦转3♥，3♥转3♠。例如：

c. ♠A109864　♥QJ7　　♦86　　　♣J3

c）在同伴开叫2NT后，你持大牌点7点，♠为6张套，第一应叫3♥，要求同伴转移叫3♠，然后再加叫4♠。

（3）应叫3♠。表示对低花有一定满贯兴趣。应叫人持有一门6张以上低花长套，或者两门低花为5-5型长套，大牌点在10点以上。

d. ♠Q83　　　♥A8　　　♦KJ9753　♣95
e. ♠A6　　　 ♥4　　　　♦Q10987　♣KJ976

d）在同伴开叫2NT后，你持大牌点10点，♦为6张套，符合应叫3♠的条件，第一应叫3♠。

e）在同伴开叫2NT后，你持大牌点10点，两门低花为5-5型，符合应叫3♠的条件，第一应叫3♠。

（4）应叫3NT。大牌点为5~7点，平均牌型，准备打3NT，止叫。例如：

## 第四章　无将开叫后的叫牌

f. ♠K85　　　♥A102　　　♦1094　　　♣9874

f）在同伴开叫2NT后，你持大牌点7点，牌型为4-3-3-3型，不能问高花套，也不能转移叫，联手牌力至少27点，打3NT应该没有问题。但不够叫满贯的牌力，应叫3NT。

（5）应叫4♣。为格伯问叫，11点以上。

（6）应叫4♦/4♥。这是得克萨斯转移叫，表示转移的高花至少6张套，3点以上，同伴无条件转移到4♥/4♠上来。

（7）应叫4NT。10点以上，平均牌型，直接小满贯邀请叫。

## 二、第一应叫后的发展

### 1. 傀儡斯台曼问叫以后的叫牌

（1）开叫人开叫2NT后，应叫人第一应叫为3♣，寻求高花4-4配合。在应叫人应叫3♣后，开叫人答叫如下：

3♦=有4张高花，不论是♥还是♠，或者两门高花均为4张；

3♥/3♠=有5张♥或者5张♠；

3NT=无4张高花长套。

（2）开叫人答叫3♦以后，应叫人再叫：

3♥=有4张♠；

3♠=有4张♥；

4♣=两门高花均为4张，并且有满贯兴趣；

4♦=两门高花均为4张，没有满贯兴趣。

（3）应叫人应叫4♣，表示有满贯兴趣后，接着开叫人再叫4NT，为两门高花的关键张问叫。

对于两门花色的关键张问叫，两门花色的A和K都是关键张，两门花色的Q为关键Q，这样关键张就有6个，关键Q就有2个。两门花色关键张问叫后，答叫如下：

加一级=1个或4个关键张；

加二级=0个或3个关键张；

## 精准自然叫牌

加三级=2个或5个关键张，无关键Q；
加四级=2个或5个关键张+较低级别的关键Q；
加五级=2个或5个关键张+较高级别的关键Q；
加六级=2个或5个关键张+两门花色的关键Q。

注：两门花色的关键张问叫，详见第八章第二节两套花色关键张问叫部分。

当答叫人答叫加一级和加二级时，关键Q并不明确，可以通过接力问关键Q。其答叫如下：

加一级=无关键Q；
加二级=有较低级别的关键Q；
加三级=有较高级别的关键Q；
加四级=有两门花色的关键Q。

例如：你持下列牌，开叫2NT，同伴应叫3♣，你该怎么再叫呢？

a. ♠KJ3　　　♥AQ1082　　♦AJ10　　♣AQ
b. ♠KJ5　　　♥A1093　　　♦AK10　　♣AQ3
c. ♠KJ5　　　♥AQ9　　　　♦AJ108　　♣AQ3
d. ♠AK73　　♥KQ7　　　　♦Q104　　♣AK3

a）你开叫2NT，同伴应叫3♣，你持5张♥，你可再叫3♥。

b）你开叫2NT，同伴应叫3♣，你持4张♥，你可再叫3♦，表示有一门或两门4张高花套。

c）你开叫2NT，同伴应叫3♣，你没有4张高花套，你可再叫3NT，表示没有4张高花套。

d）你开叫2NT，同伴应叫3♣，你持4张♠，你可再叫3♦，表示有一门或两门4张高花套。

## 第四章　无将开叫后的叫牌

例17　　南北有局

♠AQ84
♥KJ3
♦AK103
♣A10

```
 ┌─北─┐
 西   东
 └─南─┘
```

♠KJ106
♥AQ102
♦Q42
♣93

叫牌过程

| 北 | 南 |
|---|---|
| 2NT | 3♣① |
| 3♦② | 4♣③ |
| 4NT④ | 5♠⑤ |
| 6♠⑥ | |

① 在同伴开叫2NT后，应叫3♣，表示傀儡斯台曼问叫，大牌点5点以上。
② 表示持有4张高花套。
③ 两门高花均为4张，有满贯兴趣。
④ 两门高花为将牌的关键张问叫。
⑤ 答叫2个关键张和♥关键Q。
⑥ 北家分析，将牌和♥一般没有失张，关键是♦和♣有三个失张。同伴为双高花套，低花只有5张，同伴的♥可垫掉一个♣，叫6♠应该没有问题。

### 例18　南北有局

♠KJ2
♥AQ1082
♦AK8
♣A6

```
   北
西    东
   南
```

♠A9
♥KJ93
♦Q762
♣972

叫牌过程

| 北 | 南 |
|---|---|
| 2NT | 3♣① |
| 3♥② | 4NT③ |
| 5♦④ | 6♥⑤ |

①傀儡斯台曼问叫。
②表示持有5张♥。
③以♥为将牌的关键张问叫。
④答叫0个或3个关键张。
⑤南家分析，同伴持大牌点20~21点，肯定持有3个关键张，自己持有2个关键张，联手牌力至少31点，叫小满贯应该没有问题。

### 2. 3♠应叫后的叫牌

在开叫2NT后，应叫者持一手好的低花牌型，并有满贯兴趣，第一应叫为3♠。在应叫者应叫3♠后，开叫者必须再叫3NT。在开叫者再叫3NT后，应叫者再应叫如下：

（1）4♣/4♦=持有一门低花长套。4♣表示持♦长套，4♦为♣长套。开叫者如有较好的配合，可使用接力叫，即以长套花色为将牌的关键张问叫，或者扣叫新花色；如开叫者配合较差，可再叫5阶低花（应叫者的长套花色）。

## 第四章　无将开叫后的叫牌

（2）4♥/4♠=两门低花长套为5-5型，所叫花色为单缺。开叫者若有配合，可以使用两门花色的关键张问叫来试探满贯。

以上两种应叫，若开叫者有较好的配合，可以试探满贯。例如：

e.　♠AK73　　　♥KQ7　　　　♦Q104　　　♣AQJ
f.　♠AKJ　　　　♥KQJ10　　　♦104　　　 ♣KQJ10

e）你开叫2NT，同伴应叫3♣，你再叫3NT。若同伴再应叫4♣/4♦，表示同伴持有一门低花长套；若同伴再应叫4♥/4♠，表示同伴持有两门低花为5-5型，所叫花色为单缺。对于以上不论是哪一种情形，你都可以试探满贯。

f）你开叫2NT，同伴应叫3♣，你再叫3NT。若同伴再应叫4♣，表示持有一门♦长套，则你缺乏对♦的支持，可以叫5♦，表示对满贯不感兴趣。

### 例19　　双方有局

♠KJ4
♥KJ104
♦AJ4
♣AK10

```
┌北┐
西　东
└南┘
```

♠Q63
♥A8
♦KQ10975
♣93

叫牌过程

| 北 | 南 |
|---|---|
| 2NT① | 3♠② |
| 3NT③ | 4♣④ |
| 4NT⑤ | 5♠⑥ |
| 6♦⑦ | |

① 开叫2NT，表示20~21点，平均牌型，三门有止。
② 应叫3♠，表示对低花感兴趣，有满贯倾向。
③ 必须再叫3NT。

179

④ 应叫4♣，表示有一门♦长套不少于6张。
⑤ 以♦为将牌的关键张问叫。
⑥ 答叫持2个关键张和将牌Q。
⑦ 南家只有2个关键张，联手还差1个关键张，应叫6♦为最终定约。

### 例20　　双方无局

♠K104
♥AJ102
♦AK
♣AQ52

```
┌ 北 ┐
西   东
└ 南 ┘
```

♠A6
♥4
♦QJ1075
♣KJ1097

叫牌过程

| 北 | 南 |
|---|---|
| 2NT | 3♠① |
| 3NT② | 4♥③ |
| 4NT④ | 5NT⑤ |
| 7♣⑥ | |

① 开叫2NT后，应叫3♠，表示对低花感兴趣，并有满贯的倾向。
② 按要求再叫3NT。
③ 再应叫4♥，表示♥单张，两门低花5-5型。
④ 以两门低花为将牌的关键张问叫。
⑤ 答叫2个关键张和♦Q。
⑥ 南家分析，联手6个关键张在手，两门低花Q也都在手，叫7♣没有问题。

# 第四章　无将开叫后的叫牌

## 第五节　赌博性3NT开叫后的叫牌

赌博性3NT开叫后，怎样来应叫呢？我们还是按照《桥牌世界标准》规定的第三种情形来确定赌博性3NT开叫后的应叫，即只有一门低花长套为坚固的7张以上套外，其他三门的牌很弱，均没有止张。按照这种情形来应叫，你的应叫如下：

**1. 不叫**

准备打3NT。例如：

a. ♠A84　　♥A962　　♦84　　♣QJ54
b. ♠QJ4　　♥QJ72　　♦84　　♣KJ32

a）同伴开叫3NT，表示♦为7张以上，你其他三门均有止张，♠和♥有两个A，完全可以打成3NT。

b）同伴开叫3NT，表示♦为7张以上，虽打3NT多数情况下会宕，但不会宕得太多，若防守不当，也可能打成，不要逃叫4♣。

**2. 应叫4♣**

这是逃叫，表示牌很弱，不能打3NT。如开叫者是♣长套，他可以不叫；若开叫者是♦长套，他可以转叫4♦。例如：

c. ♠K83　　♥9843　　♦7643　　♣95
d. ♠863　　♥974　　♦85　　♣KQJ43

c）同伴开叫3NT，表示持有一门坚固的低花长套，你持大牌点3点，牌很弱，逃叫4♣。若同伴是♣长套，则不叫；若同伴是♦长套，则由他改叫4♦。

d）同伴开叫3NT，表示持有♦套7张以上，你虽持有6点牌力，但打3NT还是会宕，应逃叫4♣，让同伴转叫4♦。

**3. 应叫4♦**

这是一种问叫，表示应叫者在作满贯试探，询问开叫者在旁门花色中是否有单缺。同伴答叫如下：

**精准自然叫牌**

4♥/4♠=这门花色单缺；

4NT=无单缺；

5♣/5♦=另一门低花为单缺。

若开叫者有两个单缺，先答叫高花单缺，后答叫低花单缺；若有两个高花单缺，先答叫较低的一个。若应叫者需要第二个单张，可用4NT问第二单缺。开叫者若有第二单缺可跳叫小满贯，否则停在5阶水平上。

若应叫者需要的不是第二个单缺，而是想知道同伴已经表示的单缺是单张还是缺门，则可以用5NT来问叫。若开叫者是缺门，可直接叫大满贯。

例如，开叫者牌为：

(1) ♠6　　　　♥873　　　　♦94　　　　♣AKQJ864

(2) ♠863　　　♥853　　　　♦—　　　　♣AKQJ864

应叫者的牌为：

♠AKQ3　　　♥AKQ6　　　♦QJ3　　　♣84

（1）情况下，开叫3NT后，你应叫4♦问单缺，开叫者再叫4♠，表示♠单缺。对此你不感兴趣，再叫4NT，问开叫者是否♦为单缺。此时开叫者应叫5♣，表示♦不是单缺；若♦为单缺，则跳叫6♣。

（2）情况下，开叫3NT后，应叫人应叫4♦问单缺，开叫者再叫5♣，表示♦为单缺；此时应叫者再叫5NT问♦是缺门还是单张，开叫者跳叫7♣，表示♦为缺门。

**4. 应叫4♥/4♠**

表示这门高花很强，准备打4♥/4♠定约。例如：

e. ♠KQJ10964　　♥KQ　　　♦94　　　♣KQ

e）同伴开叫3NT，同伴持有7张以上♦套，你在其他三门花色中缺少三个A，完全可以打4♠。♠有半坚固的7张套，打4♠比打5♦要好。

**5. 应叫4NT**

问开叫者是高限还是低限。高限为8张低花套，或旁花有多余的

182

## 第四章　无将开叫后的叫牌

Q。若是高限可以打小满贯，若是低限可停在5阶水平上。例如：

  f. ♠A972　　　♥AK83　　　♦72　　　♣A73

 f）同伴开叫3NT，表示♦有7张以上坚固套，你持有旁花三个A和一个K，可拿四墩牌，若同伴有8张♦，则可打小满贯。应叫4NT，问同伴是高限还是低限或者旁花有无多余的Q。同伴可接受邀请就跳叫6♦，否则叫5♦。

### 6. 应叫5NT

大满贯邀叫，表示应叫者在旁门花色中没有失张，问题是开叫者的长套是否有失张（应叫者手中一般是缺门）。此时，需要开叫者持AKQ×××××或AKQJ×××才可直跳大满贯，否则就只能停在小满贯上。

**例21　　南北有局**

♠6
♥873
♦4
♣AKQJ10864

```
┌北┐
西  东
└南┘
```

♠AK103
♥AKQ6
♦QJ3
♣95

叫牌过程

| 北 | 南 |
|---|---|
| 3NT① | 4♦② |
| 4♠③ | 4NT④ |
| 6♣⑤ | |

①北家持大牌点10点，8张坚固的♣套，开叫3NT。
②南家持大牌点19点，应叫4♦，询问同伴是否有单缺花色。
③北家答叫4♠，表示♠为单缺。
④南家再叫4NT，询问同伴是否♦单缺，若♦为单张就叫6♣，

183

## 精准自然叫牌

若♦为缺门就叫7♣。

⑤北家跳叫6♣，表示♦为单张。

**例22　　东西有局**

♠84
♥102
♦AKQJ9842
♣7

```
  ┌北┐
 西  东
  └南┘
```

♠A972
♥AK83
♦72
♣A83

| 叫牌过程 | |
|---|---|
| 北 | 南 |
| 3NT① | 4NT② |
| 6♦③ | |

① 北家持大牌点10点，♦为8张坚固套，开叫3NT。

② 南家持大牌点15点，三门有A，有四个顶张赢墩，若同伴有8张套或者有多余的Q可叫小满贯，于是叫4NT问同伴是高限还是低限。

③ 有8张♦属高限，叫6♦。

# 第五章
## 2阶花色开叫后的叫牌

2阶花色开叫后的叫牌就是2♣强开叫后的叫牌、2♦约定性开叫后的叫牌和2♥/2♠弱2开叫后的叫牌。

2♣强开叫后的叫牌，采用最新的应叫办法。即：第一应叫2♦为0~10点。持0~4点的弱牌，在下次再应叫时进行第二次示弱；持5~10点时，在下次再应叫时作自然应叫。

2♦约定性开叫后的叫牌，因为2♦开叫采用高花4-4牌型、低花4-1牌型或者5-0牌型，开叫的大牌点为13~21点，因此，只要同伴开叫2♦，应叫人就可以立即判断同伴的牌型，应叫起来简单明了。

2♥/2♠弱2开叫与普通的弱2开叫一样，♥或♠为6张套，己方有局时开叫大牌点为8~11点，己方无局时开叫大牌点为6~10点。

## 第一节 2♣开叫后的叫牌

2♣开叫属于约定性的、逼叫性的强开叫。2♣开叫后的应叫,从过去到现在大致经历了三个阶段。

**1. 早期的自然应叫**

规定2♦应叫为约定的负应叫,牌点不超过7点;其他花色应叫均为自然正应叫,牌点在8点以上。

**2. 回答控制应叫**

规定A为2个控制,K为1个控制。2♦=0控制,2♥=1个控制,2♠=2个控制,2NT=3个控制,3♣=4个控制,3♦=5个或5个以上控制。

**3. 新的自然应叫**

由于早期的自然应叫和回答控制的应叫都存在一定的缺点,在桥牌专家的不断努力下,出现了由《桥牌世界标准》所推荐的新的自然应叫。其特点是:(1)2♦为过渡性应叫,其有两可性,既适用于弱牌,也适用于强牌或中等牌力。凡不适宜其他正应叫的牌均可先应叫2♦过渡。(2)花色正应叫除保证8点外,还对应叫花色的长度和质量提出相应的要求。(3)在2♦应叫后,应叫者通过第二次示弱来表示0~4点的弱牌。新的自然应叫在采取上述措施后,可以克服早期自然应叫中的缺点。因此,新的自然应叫已在高级牌手中得到较广泛的应用。

### 一、2♣开叫后的第一应叫

**1. 2♦应叫**

凡不适宜应叫其他花色的都可以先应叫2♦,10点以下。持0~4点,在下轮再应叫时作第二次示弱;持5~10点,在下一轮应叫时作自然应叫。例如:

| a. ♠942 | ♥1073 | ♦8532 | ♣942 |
| b. ♠Q54 | ♥10943 | ♦8653 | ♣73 |

## 第五章 2阶花色开叫后的叫牌

c. ♠K3  ♥K9875  ♦954  ♣QJ4
d. ♠A84  ♥KJ104  ♦32  ♣Q1094

a) 同伴开叫2♣，你手上持0点牌力，只能应叫2♦。

b) 同伴开叫2♣，你持2点牌力，只能应叫2♦。

c) 同伴开叫2♣，你持9点牌力，但5张♥中只有一个顶张，不符合应叫2♥的条件，也只能应叫2♦。

d) 同伴开叫2♣，你持10点牌力，平均牌型，但♦花色中没有大牌，不能应叫2NT，只能应叫2♦。

### 2. 2♥/2♠应叫

除保证大牌点8点外，还要保证所叫花色是有两个顶张领头的5张以上套。例如：

e. ♠93  ♥AQ1084  ♦K64  ♣982
f. ♠KQ10842  ♥K3  ♦QJ4  ♣103

e) 同伴开叫2♣，你持大牌点9点，♥为AQ领头的5张套，符合应叫2♥的条件，应叫2♥。

f) 同伴开叫2♣，你持大牌点11点，♠为KQ领头的6张套，符合应叫2♠的条件，应叫2♠。

### 3. 2NT应叫

表示每门花色均有大牌支持的平均牌型，8点以上。例如：

g. ♠QJ4  ♥K87  ♦Q982  ♣Q104
h. ♠Q974  ♥K1072  ♦Q3  ♣KJ9

g) 同伴开叫2♣，你持大牌点10点，平均牌型，每门花色都有大牌支持，符合应叫2NT的条件，应叫2NT。

h) 同伴开叫2♣，你持大牌点11点，平均牌型，每门花色都有大牌支持，符合应叫2NT的条件，应叫2NT。

### 4. 3♣/3♦应叫

除保证大牌点8点外，还要保证所叫花色是有两个顶张领头的6张以上套。例如：

187

**精准自然叫牌**

i. ♠94　　　　♥83　　　　♦KJ3　　　　♣KQ9872
j. ♠K4　　　　♥Q2　　　　♦AQJ842　　♣942
k. ♠K43　　　♥98　　　　♦105　　　　♣KQ10943

i）同伴开叫2♣，你持大牌点9点，♣为KQ领头的6张套，符合应叫3♣的条件，应叫3♣。

j）同伴开叫2♣，你持大牌点12点，♦为AQ领头的6张套，符合应叫3♦的条件，应叫3♦。

k）同伴开叫2♣，你持大牌点8点，♣为KQ领头的6张套，符合应叫3♣的条件，应叫3♣。

**5. 3♥/3♠应叫**

表示应叫花色为较弱的7张套，大牌点在8点以下。例如：

l. ♠Q1098543　♥94　　　♦Q3　　　　♣J4

l）同伴开叫2♣，你持大牌点5点，♠为7张套，符合应叫3♠的条件，应叫3♠。

## 二、2♣开叫后的开叫人再叫

### （一）2♦应叫后的开叫人再叫

**1. 再叫2♥/2♠**

开叫人持有两个顶张领头的5张以上套，九个左右赢墩。例如：

a. ♠AKQ643　♥—　　　　♦AKQ3　　♣AK3
b. ♠AKQ103　♥AQJ87　　♦AQ　　　♣2

a）你持大牌点25点，6张半坚固的♠套，开叫2♣。同伴应叫2♦，你可以再叫2♠，表示♠长套，九个左右赢墩。

b）你持大牌点22点，♥和♠为5-5型，且均为有两个顶张领头的5张套，九个左右赢墩，开叫2♣。同伴应叫2♦，你可以再叫2♠，表示♠长套，九个左右赢墩。

**2. 再叫3♣/3♦**

开叫人持有较坚固的6张以上套，十个左右赢墩。例如：

## 第五章 2阶花色开叫后的叫牌

c. ♠AK　　　　♥3　　　　　　♦AKQ2　　　　♣KQJ1054
d. ♠—　　　　♥KQJ3　　　　♦A3　　　　　♣AKQJ1054

c）你持大牌点22点，6张半坚固的♣套，开叫2♣。同伴应叫2♦，你可以再叫3♣，表示♣长套，十个左右赢墩。

d）你持大牌点20点，7张坚固的♣套，开叫2♣。同伴应叫2♦，你可以再叫3♣，表示♣长套，十个左右赢墩。

### 3. 再叫2NT

平均牌型22~24点，或者不符合再叫2♥/2♠/3♣/3♣/3NT的22点以上的任意牌的过渡性应叫。例如：

e. ♠AKJ3　　　♥KJ3　　　　♦AQ9　　　　♣KQ3
f. ♠AQ109　　 ♥AKJ3　　　 ♦AK98　　　 ♣K

e）你持大牌点23点，平均牌型，开叫2♣。同伴应叫2♦，你可以再叫2NT，表示持平均牌型，22~24点，或者22点以上任意牌。

f）你持大牌点24点，4-4-4-1牌型，开叫2♣。同伴应叫2♦，你没有什么花色再叫，可以先应叫2NT过渡一下，待同伴应叫以后，再决定是做有将定约还是做无将定约。

### 4. 跳叫3♥/3♠

表示持有坚固的长套花色，不需要同伴支持的坚固长套，同时希望知道同伴的大牌情况，向同伴发出问叫信号。例如：

g. ♠—　　　　 ♥AKQJ1072　♦AKJ4　　　 ♣KQ
h. ♠AKQJ1043　♥—　　　　 ♦KQJ　　　　♣AKQ

g）你持大牌点23点，♥为坚固的7张套，开叫2♣。同伴应叫2♦，你可以跳叫3♥，表示♥长套为将牌，不需要同伴的将牌支持；同时向同伴发出问叫信号。

h）你持大牌点25点，♠为坚固的7张套，开叫2♣。同伴应叫2♦，你可以跳叫3♠，表示♠长套为将牌，不需要同伴的将牌支持；同时向同伴发出问叫信号。

### 5. 再叫3NT

25~27点，平均牌型，允许持有5张套。例如：

　　i. ♠AK3　　　♥AQ8　　　♦KQJ3　　　♣AK3

i）你持大牌点26点，平均牌型，开叫2♣。同伴应叫2♦，你可以再叫3NT，表示持大牌点25~27点，平均牌型。

### （二）2♦以外应叫后的开叫人再叫

2♦以外应叫主要有：应叫2♥/2♠，应叫3♣/3♦，应叫2NT和应叫3♥/3♠。

#### 1. 2♥/2♠应叫后开叫人再叫

开叫2♣后，同伴应叫2♥/2♠，表示其牌点在8点以上，所叫花色为两个顶张领头的5张以上套。因此，开叫人只要有应叫花色较好的3张支持就可以加叫。例如：

　　j. ♠AQJ3　　　♥A102　　　♦AK4　　　♣AQ9
　　k. ♠K105　　　♥AKQ　　　♦QJ4　　　♣AKQ5

j）你持大牌点24点，平均牌型，开叫2♣。同伴应叫2♥，你有带A的3张♥支持，可以再叫3♥。

k）你持大牌点24点，平均牌型，开叫2♣。同伴应叫2♠，你有带K的3张♠支持，可以加叫到3♠。

#### 2. 3♣/3♦应叫后开叫人再叫

开叫2♣后，同伴应叫3♣/3♦，表示其牌点在8点以上，所叫花色为两个顶张领头的6张以上套。因此，开叫人只要有应叫花色3张支持或带一张大牌的双张支持就可以加叫。例如：

　　l. ♠AQ109　　♥AKQJ107　　♦AJ4　　　♣10
　　m. ♠A10　　　♥AK10　　　♦AKQJ43　　♣A4

l）你持大牌点21点，开叫2♣。同伴应叫3♦，表示其牌点在8点以上，所叫花色为两个顶张领头的6张以上套。你有带A的3张♦支持，可以加叫到4♦。

m）你持大牌点25点，开叫2♣。同伴应叫3♣，表示其牌点在8点以

## 第五章　2阶花色开叫后的叫牌

上，所叫花色为两个顶张领头的6张以上套。你有带A的2张♣支持，可以加叫到4♣。

### 3. 2NT应叫后开叫人再叫

开叫人开叫2♣后，同伴应叫2NT，表示其牌点在8点以上，四门花色均有大牌，你若有长套则同伴都有带大牌的支持。例如：

n. ♠AKJ1082　♥A10　　♦KQ9　　♣AQ
o. ♠AJ83　　　♥AKJ53　♦AQ　　♣KQ

n）你持大牌点23点，♠为半坚固的6张套，开叫2♣。同伴应叫2NT，表示每门都有大牌，平均牌型，你可以再叫3♠。

o）你持大牌点24点，♥为两个顶张领头的5张套，开叫2♣。同伴应叫2NT，表示每门都有大牌，平均牌型，你可以再叫3♥。

### 4. 3♥/3♠应叫后开叫人再叫

开叫人开叫2♣后，同伴应叫3♥/3♠，表示其牌点在8点以下，持有较弱的7张套，除非开叫人对同伴的应叫花色有较好的支持或者牌特别强，否则，满贯的可能性不大。开叫人直接加叫应叫花色，表示止叫；如果再叫新花为逼叫，希望通过再叫选择最佳定约。例如：

p. ♠AK83　　　♥A　　　　♦AQ83　　♣KQJ3
q. ♠AKQJ842　♥—　　　 ♦QJ102　 ♣AK

p）你持大牌点23点，4-1-4-4型，开叫2♣。同伴应叫3♥，你虽然♥只有单张A，但同伴的牌点少，打3NT同伴可能没有进张而使♥报废，因此，加叫到4♥，止叫。打4♥比打3NT好。

q）你持大牌点20点，有十个赢墩，开叫2♣。同伴应叫3♥，你♥为缺门，只能再叫3♠，逼叫，希望通过再叫找到最佳定约。

## 三、2♦第一应叫后的应叫人再应叫

### （一）第二示弱再应叫

同伴开叫2♣，应叫人第一次应叫2♦，表示弱牌。但在新的自然应叫中，2♦应叫具有两个可能性，可能是弱牌，也可能是不符合应

## 精准自然叫牌

叫2♥/2♠/2NT/3♣/3♦的较强牌。那么真的弱牌又如何表示呢？你可以通过第二次示弱来表示0~4点的弱牌。在2♣—2♦—2♥/2♠/2NT后，你可再应叫3♣（约定叫）作为第二次示弱；在2♣—2♦—3♣/3♦后，你可再应叫3♥（约定叫）作为第二次示弱。在第二次示弱后，开叫者再叫新花色为逼叫，再叫原花色为不逼叫。如果你的牌对他一点帮助也没有，可以不叫；如果对他有一墩的帮助，可以加叫。

当2♣—2♦—2♥/2♠/2NT后，你应叫3♣，表示第二次示弱，但因为你的牌点超过4点且刚好有♣长套，你再应叫到3♣，其具有两可性：一是表示第二次示弱；二是表示♣长套，下一轮叫牌时再叫4♣。2♣—2♦—3♣/3♦后也可以照此叫牌，即再应叫3♥具有两可性：一是表示第二次示弱；二是表示♥长套，下一轮叫牌时再叫4♥。例如：

a. ♠92　　♥10842　　♦1042　　♣9842
b. ♠Q32　　♥9432　　♦83　　♣8742
c. ♠54　　♥9762　　♦J42　　♣Q542
d. ♠—　　♥92　　♦K542　　♣K1098542
e. ♠942　　♥8532　　♦Q102　　♣J94
f. ♠Q42　　♥J542　　♦10432　　♣74

a）同伴开叫2♣，你第一次应叫2♦，同伴再叫2♠，你再应叫3♣，表示第二次示弱。同伴再叫原花色3♠后，你可以不叫，你的牌对同伴一点帮助也没有。

b）同伴开叫2♣，你第一次应叫2♦，同伴再叫2♠，你再应叫3♣，表示第二次示弱。同伴再叫3♦逼叫，你跳叫4♠，表示♠有支持，其他花色无帮助。

c）同伴开叫2♣，你第一次应叫2♦，同伴再叫2NT，你再应叫3♣，表示第二次示弱。同伴再叫3♦，表示平均牌型或有单缺的4-4-4-1牌型；接力再应叫3♥，询问同伴的牌型（详见本节开叫者再叫无将后的再应叫）。

## 第五章　2阶花色开叫后的叫牌

d）同伴开叫2♣，你这副牌虽然♣较长，但质量达不到直接应叫3♣的要求，因此只能先应叫2♦。同伴再叫2♥，你该怎么办呢？应叫3♣被认为是第二次示弱（0~4点），若跳叫4♣则被认为是爆裂叫，因此，还是先应叫3♣，下一轮再叫4♣，表示♣为真正的长套。

e）同伴开叫2♣，你第一次应叫2♦，同伴再叫3♣，你只有3点牌力，再应叫3♥，表示第二次示弱。若开叫者再叫3♠逼叫，你可再应叫4♣。

f）同伴开叫2♣，你第一次应叫2♦，同伴再叫3♦，你只有3点牌力，再应叫3♥，表示第二次示弱。若开叫者再叫4♦，你可再应叫5♦。

（二）自然再应叫

如果应叫者持有5点以上牌力，在第一次应叫2♦后，下一轮再应叫可根据自己的牌型作自然再应叫。加叫开叫者花色表示有这门花色支持，单加叫表示旁门花色有一定牌力；双加叫（直接加叫到局）表示有较好的支持，旁门花色很弱，一般为止叫。爆裂叫表示有较好的支持和旁门花色有一定的牌力，跳叫花色为单缺。例如：

g. ♠Q85　　♥A962　　♦10943　　♣Q6
h. ♠Q987　　♥7　　　　♦A986　　♣Q862
i. ♠98　　　♥QJ5　　　♦Q1075　　♣Q1087
j. ♠8　　　　♥K109432　♦94　　　♣Q1084

g）同伴开叫2♣，你第一次应叫2♦，同伴再叫2♠。你持大牌点8点，可再应叫3♠，表示同伴的♠有支持，旁门花色也有一定的牌力。

h）同伴开叫2♣，你第一次应叫2♦，同伴再叫2♠，你持大牌点8点，同伴所叫花色有带Q的4张支持，♥为单张，你可跳叫4♥作爆裂叫，表示♠有较好的支持，♥为单缺，有满贯倾向。

i）同伴开叫2♣，你第一次应叫2♦，同伴再叫3♣。你持大牌点7点，同伴所叫花色有带Q的4张支持，平均牌型，你可再应叫4♣，表示同伴所叫花色有支持，5点以上。

193

## 精准自然叫牌

j）同伴开叫2♣，你第一次应叫2♦，同伴再叫3♦。你持大牌点5点，♥为K领头的6张套，你可再叫3♥。

### （三）开叫者再叫无将后的再应叫

#### 1. 2♣—2♦—2NT叫牌后的再应叫

开叫者开叫2♣，你第一次应叫2♦，开叫者再叫2NT，表示22~24点牌力，平均牌型以及不符合再叫2♥/2♠/3♣/3♦和3NT的任意牌。

表示持22~24点牌力且平均牌型的再应叫与直接开叫2NT的应叫基本相同，只是开叫者的牌点略有差别。

如果开叫者再叫2NT属于不符合再叫2♥/2♠/3♣/3♦和3NT的任意22点以上的牌，其牌型大概有4-4-4-1型（含4-3-5-1型、4-4-5-0型）或两低花为5-5型，以及花色长套没有两个顶张大牌的情形。

2♣开叫后，第一次应叫2♦，开叫再叫2NT，应叫者应叫如下：

3♣=第二示弱，0~4点；

3♦/3♥=雅可比转移叫，5点以上，5张以上；

3♠=双低套满贯试探，5点以上；

4♣=格伯问叫，5点以上。

例如：

k. ♠Q1075　♥J1083　♦3　♣10983
l. ♠954　♥K10974　♦Q4　♣942
m. ♠K3　♥2　♦Q10852　♣K10972
n. ♠A83　♥KJ104　♦32　♣QJ104

k）开叫2♣，第一应叫2♦，开叫者再叫2NT。应叫者再应叫3♣，表示第二次示弱，0~4点牌力。

l）开叫2♣，第一应叫2♦，开叫者再叫2NT。你持大牌点5点，♥为5张，你可再应叫3♦，转移叫3♥，下一轮再应叫3NT，表示♥为5张，让同伴选择是打4♥还是打3NT。

m）开叫2♣，第一应叫2♦，开叫者再叫2NT。你持大牌点8点，

## 第五章　2阶花色开叫后的叫牌

两低花为5-5双套,你可再应叫3♠,表示双低套和有一定满贯倾向。

n）开叫2♣,第一应叫2♦,开叫者再叫2NT。你持大牌点11点,平均牌型,联手至少33点,你可再应叫4♣,表示格伯问叫,试探满贯。

**2. 2♣—2♦—2NT—3♣再应叫后的开叫人再叫**

开叫人开叫2♣,应叫人第一应叫2♦,开叫人再叫2NT,应叫人应叫3♣表示第二次示弱,这时开叫人再叫如下：

（1）3♦=22~24点且平均牌型和4-4-4-1牌型（含4-4-5-0牌型）。应叫者再接力叫3♥=询问开叫者是哪一种类型,答叫如下：

3NT=22~24点,平均牌型；

3♠/4♣/4♦/4♥=22~24点4-4-4-1牌型或者4-4-5-0牌型,所叫花色为单缺。

（2）3♥/3♠=22点以上,所叫花色为没有两个顶张领头的5张以上套。

（3）4♣/4♦=22点以上,所叫花色为非坚固的5张以上套。

（4）3NT=22点以上,两低花为5-5型。

开叫者持下列牌该如何叫牌呢？

o. ♠AKQ3　　♥AK82　　♦AK98　　♣6
p. ♠AKQ　　 ♥AJ10987　♦KQ　　 ♣AJ
q. ♠AK　　　♥KQJ　　　♦AJ10963　♣AQ
r. ♠A　　　　♥K5　　　 ♦AKQ95　 ♣AQJ87

o）开叫2♣,第一应叫为2♦,开叫者再叫2NT,应叫者再应叫3♣,表示第二次示弱。开叫者再叫3♦,表示22~24点或平均牌型或4-4-4-1牌型；应叫者再接力应叫3♥,询问同伴是哪种类型；开叫者答叫4♣,表示4-4-4-1牌型,♣为单缺。

p）开叫2♣,第一应叫为2♦,开叫者再叫2NT,应叫者再应叫3♣,表示第二次示弱。开叫者再叫3♥,表示♥为没有两个顶张领头的5张以上套。

195

**精准自然叫牌**

q）开叫2♣，第一应叫为2♦，开叫者再叫2NT，应叫者再应叫3♣，表示第二次示弱。开叫者再叫4♦，表示♦为非坚固的5张以上套。

r）开叫2♣，第一应叫为2♦，开叫者再叫2NT，应叫者再应叫3♣，表示第二次示弱。开叫者再叫3NT，表示两低花为5-5型。

### 3. 2♣—2♦—3NT再叫后的再应叫

开叫人叫2♣，第一应叫2♦，开叫人再叫3NT（25点~27点），此时应叫人的再应叫如下：

4♣=斯台曼问叫；

4♦/4♥=转移叫；

4♠=双低套满贯试探。

例如：

| s. | ♠QJ97 | ♥K1083 | ♦97 | ♣875 |
| t. | ♠3 | ♥J109765 | ♦94 | ♣K1082 |
| u. | ♠2 | ♥53 | ♦KJ987 | ♣K10972 |

s）开叫2♣，第一应叫为2♦，同伴再叫3NT。你持大牌点6点，双高套，再应叫4♣，斯台曼问叫。

t）开叫2♣，第一应叫为2♦，同伴再叫3NT。你持大牌点4点，♥为6张套，再应叫4♦，转移叫到4♥。

u）开叫2♣，第一应叫为2♦，同伴再叫3NT。你持大牌点7点，两低花为5-5型，再应叫4♠，低花满贯试探。

### （四）开叫者再叫3♥/3♠后的再应叫

开叫者开叫2♣，应叫者第一应叫2♦，开叫者再跳叫3♥/3♠后的再应叫与正常的应叫不一样。开叫者持有一门坚固的将牌花色，不需要同伴的支持，他希望知道同伴的大牌分布情况。因此，开叫者跳叫3♥/3♠肯定将牌花色，同时向同伴发出问叫信号。同伴再应叫就是回答大牌的分布情况。同伴可以这样回答：

加叫将牌=既没有A，也没有K；

## 第五章  2阶花色开叫后的叫牌

答叫4阶旁门花色=有这门花色的A；

答叫3NT=没有旁门花色A，但至少有一个旁门花色K。

下一轮开叫者可再叫如下：

（1）4♥/4♠=止叫（原花色）。

（2）再叫旁门花色均为直接问叫，问这门花色的控制情况。答叫如下：

加一级=没有控制；

加二级=有第三控制；

加三级=有第二控制；

加四级=有第一控制。

### 四、牌例

**例1　　双方无局**

♠AKQJ1072

♥—

♦AQ102

♣AK

```
  ┌北┐
  西 东
  └南┘
```

♠983

♥J1075

♦K7

♣10863

| 叫牌过程 | |
|---|---|
| 北 | 南 |
| 2♣① | 2♦② |
| 3♠③ | 3NT④ |
| 4♦⑤ | 4NT⑥ |
| 7♠⑦ | |

①大牌点23点，♠为坚固的7张套，♥缺门，开叫2♣。

②大牌点4点，平均牌型，应叫2♦。

③跳叫3♠，表示♠将牌不需要同伴支持，要求同伴报大牌的分

## 精准自然叫牌

布情况。
④ 手上没有旁花A，但有一个K。
⑤ ♦花色的控制问叫。
⑥ 加三级答叫，表示有第二控制。
⑦ 北家确定♦没有失张，直接叫7♠。

### 例2　　南北有局

♠AJ8
♥AQJ652
♦K4
♣AK

```
 ┌北┐
西   东
 └南┘
```

♠32
♥K83
♦A954
♣J1065

叫牌过程

| 北 | 南 |
|---|---|
| 2♣ | 2♦① |
| 2♥② | 3♥③ |
| 4♣④ | 4♦⑤ |
| 4NT⑥ | 5♥⑦ |
| 5♠⑧ | 6♣⑨ |
| 6♥⑩ | |

① 大牌点8点，不符合应叫2♥、2♠、3♣、3♦的要求，只能先应叫2♦。
② 开叫者22点大牌，再叫2♥，表示持有两个顶张领头的5张以上套。
③ 保证3张♥支持，并有一定的牌力。
④ 扣叫，表示有♣A，试探满贯。
⑤ 扣叫，表示有♦A。
⑥ 以♥为将牌的关键张问叫。
⑦ 答叫有两个关键张，无将牌Q。
⑧ 对♠花色问叫。

## 第五章　2阶花色开叫后的叫牌

⑨答叫加二级，表示♠有第三轮控制。
⑩♠有失张，只能打6♥。

### 例3　　东西有局

♠AKQ3
♥AK82
♦AK98
♣6

|北|
|西　东|
|南|

♠J742
♥93
♦QJ103
♣987

叫牌过程

| 北 | 南 |
|---|---|
| 2♣ | 2♦① |
| 2NT② | 3♣③ |
| 3♦④ | 3♥⑤ |
| 4♣⑥ | 4♥⑦ |
| 4♠⑧ | |

①持大牌点4点，只能应叫2♦。
②持大牌点23点，4-4-4-1型，再叫2NT过渡。
③第二次示弱，再应叫3♣，表示0~4点。
④再叫3♦，表示22~24点或平均牌型或4-4-4-1牌型。
⑤询问同伴是哪种类型。
⑥♣为单缺。
⑦为了让北家做庄，低一级应叫花色，让北家转移到将牌。
⑧4♠为最终定约。

## 精准自然叫牌

### 例4　　双方有局

♠AK
♥AJ10987
♦KQ6
♣AJ

```
┌北┐
西　东
└南┘
```

♠Q1075
♥Q632
♦83
♣983

叫牌过程

| 北 | 南 |
|---|---|
| 2♣ | 2♦① |
| 2NT② | 3♣③ |
| 3♥④ | 4♥⑤ |

①持大牌点4点，只能应叫2♦。
②持大牌点22点，♥为只有一个顶张的6张套，不能再叫2♥，只能再叫2NT过渡。
③只有4点牌力，再应叫3♣，作第二次示弱。
④再叫3♥，表示♥长套为没有两个顶张领头的5张以上套。
⑤持有带Q的4张♥支持，加叫4♥。

### 例5　　双方无局

♠A
♥K5
♦AKQ95
♣AQJ87

```
┌北┐
西　东
└南┘
```

♠54
♥9767
♦1042
♣K542

叫牌过程

| 北 | 南 |
|---|---|
| 2♣ | 2♦① |
| 2NT② | 3♣③ |
| 3NT④ | 5♣⑤ |

①持大牌点3点，只能应叫2♦。

## 第五章　2阶花色开叫后的叫牌

②持大牌点23点，两低花为5-5型，不能再叫3♣或3♦，只能再叫2NT过渡。

③再应叫3♣，作第二次示弱。

④再叫3NT，表示两低花为5-5型，让同伴去选择。

⑤♣有K且为4张，故叫5♣。

### 例6　南北有局

♠AKQ5
♥K92
♦K4
♣AKQ8

```
┌─北─┐
西  东
└─南─┘
```

♠J76
♥AQJ1043
♦Q76
♣1065

叫牌过程

| 北 | 南 |
|---|---|
| 2♣ | 2♥① |
| 3♥② | 4♥③ |
| 4NT④ | 5♣⑤ |
| 5♦⑥ | 5NT⑦ |
| 6♥⑧ |  |

①持大牌点9点，♥为AQ领头的6张套，应叫2♥。

②开叫者持有带K的3张，加叫到3♥。

③应叫者旁门花色无A且弱，应叫4♥。

④以♥为将牌的关键张问叫。

⑤答叫有一个关键张。

⑥将牌Q问叫。

⑦有将牌Q，无旁花K。

⑧还缺一个关键张，只能叫6♥。

201

## 精准自然叫牌

### 例7　　东西有局

♠AQJ983
♥A
♦AKJ3
♣K2

```
┌─北─┐
西    东
└─南─┘
```

♠K42
♥Q85
♦Q1092
♣Q93

| 叫牌过程 | |
|---|---|
| 北 | 南 |
| 2♣ | 2NT① |
| 3♠② | 4♠③ |
| 4NT④ | 5♣⑤ |
| 6♠⑥ | |

①持大牌点9点，平均牌型，每门都有大牌，应叫2NT。

②开叫人再叫3♠，表示♠为有两个顶张领头的5张以上套。

③表示对开叫人的♠长套花色有支持。

④以♠为将牌的关键张问叫。

⑤答叫有一个关键张。

⑥还缺少一个关键张，只能叫6♠。

## 第五章 2阶花色开叫后的叫牌

**例8    双方有局**

♠AQJ1092
♥AQ2
♦AJ
♣AJ

```
  ┌北┐
 西  东
  └南┘
```

♠K83
♥98
♦97
♣KQ10432

| 叫牌过程 | |
| --- | --- |
| 北 | 南 |
| 2♣ | 3♣① |
| 3♠② | 4♠③ |
| 4NT④ | 5♣⑤ |
| 7NT⑥ | |

① 持大牌点8点，♣是带两个顶张的6张套，应叫3♣。

② 再叫3♠，表示♠长套。

③ 加叫到4♠，表示对同伴的♠有支持。

④ 以♠为将牌的关键张问叫。

⑤ 答叫一个关键张。

⑥ 北家分析，♠可拿六墩，♣可拿六墩，还有两个A，7NT稳赢。

203

## 精准自然叫牌

**例9** 　　双方无局

♠AJ7
♥AKQ108
♦K109
♣AQ

```
  ┌北┐
 西　东
  └南┘
```

♠Q1098432
♥94
♦Q3
♣J4

叫牌过程

| 北 | 南 |
|---|---|
| 2♣ | 3♠① |
| 4♠② | |

①持大牌点5点，♠为7张套，第一应叫3♠。
②持大牌23点，同伴持7张较弱的♠套，自己有带A的3张，联手共有10张♠，打4♠应该没有问题。加叫4♠。

**例10** 　　南北有局

♠AKQJ103
♥KQJ3
♦A42
♣—

```
  ┌北┐
 西　东
  └南┘
```

♠842
♥A84
♦K3
♣109742

叫牌过程

| 北 | 南 |
|---|---|
| 2♣ | 2♦① |
| 3♠② | 4♥③ |
| 5♦④ | 5NT⑤ |
| 6♦⑥ | 6♠⑦ |
| 7♠⑧ | |

①南家持大牌点7点，只能应叫2♦。
②跳叫3♠，表示♠为坚固花色，不需要同伴的支持，同时询问

204

### 第五章  2阶花色开叫后的叫牌

同伴的大牌分布情况。

③表示有♥A。

④直接问♦的控制情况。

⑤加三级答叫，表示♦有第二轮控制。

⑥再问♦的第三轮控制。

⑦加二级答叫，表示♦有第三轮控制。

⑧已具备打7♠的条件。

## 第二节  2♦开叫后的叫牌

### 一、2♦开叫后的第一应叫

同伴2♦开叫，表示13~21点牌力，且为非平均牌型，高花为4-4型，低花为4-1型或者5-0型。同伴开叫2♦后，其第一应叫如下：

（1）2♥/2♠=0~7点，4张以上套。例如：

a. ♠K973　　♥A43　　♦852　　♣972

b. ♠863　　♥K6432　　♦86　　♣J62

a）同伴开叫2♦，你持大牌点7点，有4张♠，应叫2♠，表示0~7点，4张以上♠。

b）同伴开叫2♦，你持大牌点4点，有5张♥，应叫2♥，表示0~7点，4张以上♥。

（2）2NT=8~12点，逼叫，要求同伴报牌力和单缺。例如：

c. ♠863　　♥K64　　♦KJ9　　♣Q1074

d. ♠QJ103　　♥A3　　♦KJ8　　♣J1093

c）同伴开叫2♦，你持大牌点9点，应叫2NT，表示8~12点，逼叫，要求同伴报牌力和单缺。

d）同伴开叫2♦，你持大牌点12点，应叫2NT，表示8~12点，逼

## 精准自然叫牌

叫，要求同伴报牌力和单缺。

（3）3♣=0~7点，无4张高花套。并非持梅花套，应叫3♣作为过渡性叫牌。若开叫人的梅花是4张以上，视牌力叫牌；若开叫人的梅花是单缺，则可改叫3♦。例如：

e. ♠1095　　　♥Q82　　　　♦QJ2　　　　♣J875
f. ♠103　　　　♥J109　　　　♦K10875　　♣1097

e）同伴开叫2♦，你持大牌点6点，没有4张高花套，应叫3♣，表示0~7点，无4张高花套。

f）同伴开叫2♦，你持大牌点4点，没有4张高花套，应叫3♣，表示0~7点，无4张高花套。

（4）3♦=13点以上，无4张高花套，两门低花都有4张以上，要求同伴报牌力和单缺。例如：

g. ♠J102　　　♥Q2　　　　♦KQJ3　　　♣A1097
h. ♠A3　　　　♥K107　　　♦A1097　　　♣KQ109

g）同伴开叫2♦，你持大牌点13点，两门低花均为4张，应叫3♦，表示13点以上，要求同伴报牌力和单缺。

h）同伴开叫2♦，你持大牌点16点，两门低花均为4张，应叫3♦，表示13点以上，要求同伴报牌力和单缺。

（5）3♥/3♠=13点以上，所叫花色为4张以上，要求同伴报牌力和单缺。例如：

i. ♠108　　　　♥AQ105　　♦KQ32　　　♣K93
j. ♠AJ1095　　♥K3　　　　♦Q103　　　♣KJ5

i）同伴开叫2♦，你持大牌点14点，♥为4张，应叫3♥，表示13点以上，♥为4张以上。

j）同伴开叫2♦，你持大牌点14点，♠为5张套，应叫3♠，表示13点以上，♠为4张以上。

（6）3NT=13~15点，无4张高花，低花两门有止。例如：

k. ♠Q108　　　♥107　　　　♦KJ3　　　　♣AKQ97

## 第五章  2阶花色开叫后的叫牌

I. ♠QJ10　　♥A103　　♦K987　　♣KJ9

k）同伴开叫2♦，你持大牌点15点，两门低花有止张，应叫3NT，表示13~15点，两门低花有止张。

l）同伴开叫2♦，你持大牌点14点，两门低花有止张，应叫3NT，表示13~15点，两门低花有止张。

### 例11　　东西有局

♠Q1085　　　　　叫牌过程
♥AK95
♦K842　　　　　北　　　　　南
♣Q　　　　　　　2♦①　　　　3♦②
　　　　　　　　　3♥③　　　　3NT④
```
┌北┐
西 东
└南┘
```
　　　　　　　　　=⑤

♠A32
♥Q10
♦QJ73
♣KJ102

①开叫2♦，表示13~21点，高花为4-4型，低花为4-1型或5-0型。
②应叫3♦，表示低花为4-4型，询问同伴的牌力和单缺花色。
③答叫3♥，表示13~15点，♣单缺。
④南家♣为KJ102的4张，完全可以挡住对方的进攻，应叫3NT。
⑤只有14点，不叫。

## 二、2♦开叫人的再叫

### 1. 应叫人的第一应叫表示持大牌点为0~7点时

也就是说第一应叫为2♥/2♠或者3♣时，开叫者视自己手中的牌力决定再叫。再叫3♥/3♠=大牌点17~18点，邀叫4♥/4♠；直接

207

## 精准自然叫牌

再叫4♥/4♠=19~21点;当应叫人第一应叫为3♣时,♣单缺改叫3♦。例如:

| | | | | |
|---|---|---|---|---|
| a. | ♠AJ32 | ♥AK63 | ♦6 | ♣QJ95 |
| b. | ♠AK98 | ♥KQJ7 | ♦5 | ♣AJ107 |
| c. | ♠AQJ2 | ♥KJ107 | ♦— | ♣AKQ87 |
| d. | ♠AKJ4 | ♥Q1084 | ♦— | ♣A10972 |
| e. | ♠K964 | ♥A1072 | ♦AQ108 | ♣4 |

a)开叫2♦,同伴第一应叫为2♥,你持有大牌点15点,加牌型点为17点。同伴应叫2♥,表示其牌力不超过7点,联手不够成局实力,不叫为好。

b)开叫2♦,同伴第一应叫为2♠,你持有大牌点18点,加牌型点为20点,可以再叫3♠邀叫4♠。

c)开叫2♦,同伴第一应叫为2♥,你持有大牌点20点,加牌型点为24点,可直接加叫到4♥。

d)开叫2♦,同伴第一应叫为3♣,你持有大牌点14点,♦为缺门,♣有5张,因此不叫。

e)开叫2♦,同伴第一应叫为3♣,你持有大牌点13点,同伴所叫花色为单缺,因此改叫3♦。

## 第五章 2阶花色开叫后的叫牌

### 例12 双方有局

♠KJ98
♥AQJ8
♦5
♣AQ76

叫牌过程

| 北 | 南 |
|---|---|
| 2♦① | 2♠② |
| 3♠③ | 4♠④ |

```
  ┌北┐
 西  东
  └南┘
```

♠Q6543
♥K104
♦863
♣53

①开叫2♦，表示13~21点，高花为4-4型，低花为4-1型或5-0型。
②大牌点5点，♠为5张，应叫2♠。
③加叫3♠，表示持大牌点17~18点。
④大牌点5点，加牌型2点，可用牌力有7点，可以加叫4♠。

**2. 应叫人第一应叫表示持大牌点为8~12点时**

也就是说应叫人第一应叫为2NT，要求开叫人报牌力和单缺。因此，开叫人答叫如下：

3♣=13~15点，♣单缺；
3♦=13~15点，♦单缺；
3♥=16~18点，♣单缺；
3♠=16~18点，♦单缺；
4♣=19~21点，♣单缺；
4♦=19~21点，♦单缺。

当你开叫2♦后，同伴应叫2NT，你持下面的牌该怎么再叫？

f. ♠K1097　　♥AK107　　♦QJ87　　♣6

209

精准自然叫牌

g. ♠AQJ4　　♥Q972　　♦8　　♣AJ84
h. ♠KJ106　　♥AQ97　　♦—　　♣AK976
i. ♠AQJ3　　♥AK93　　♦K1073　　♣A

f）开叫2♦，同伴第一应叫2NT，你持大牌点13点，♣单张，应叫3♣。

g）开叫2♦，同伴第一应叫2NT，你持大牌点14点，♦单张，应叫3♦。

h）开叫2♦，同伴第一应叫2NT，你持大牌点17点，♦缺门，应叫3♠。

i）开叫2♦，同伴第一应叫2NT，你持大牌点21点，♣单张，应叫4♣。

**3. 应叫人第一应叫表示持大牌点为13点以上时**

也就是说应叫人第一应叫为3♦、3♥/3♠和3NT时，开叫人视自己的牌力决定再叫。

（1）应叫人第一应叫为3♦时，开叫人再叫如下：

3♥=13~15点，♣单缺；
3♠=13~15点，♦单缺；
4♣=16~18点，♣单缺；
4♦=16~18点，♦单缺；
4♥=19~21点，♣单缺；
4♠=19~21点，♦单缺。

当你开叫2♦后，同伴应叫3♦，你持下列牌该如何再叫呢？

j. ♠AQJ4　　♥QJ106　　♦K752　　♣4
k. ♠AQ107　　♥AJ64　　♦Q　　♣KQ107
l. ♠AQ64　　♥AKJ7　　♦7　　♣KQJ9

j）开叫2♦，同伴第一应叫为3♦，你持大牌点13点，♣单缺，再叫3♥。

k）开叫2♦，同伴第一应叫为3♦，你持大牌点18点，♦单缺，

## 第五章 2阶花色开叫后的叫牌

再叫4◆。

l）开叫2◆，同伴第一应叫为3◆，你持大牌点20点，◆单缺，再叫4♠。

（2）应叫人第一应叫为3♥/3♠时，开叫人再叫如下：

4♣=13~15点，♣单缺；

4◆=13~15点，◆单缺；

4♥=16~21点，♣单缺；

4♠=16~21点，◆单缺。

当你开叫2◆后，同伴应叫3♥/3♠时，你持下列牌该如何再叫呢？

m. ♠KQ104　♥KQ109　◆5　♣A987
n. ♠AK75　♥KQJ8　◆A1073　♣7
o. ♠AK103　♥AQ42　◆AKJ9　♣7

m）开叫2◆，同伴第一应叫为3♥，你持大牌点14点，◆单缺，再叫4◆。

n）开叫2◆，同伴第一应叫为3♠，你持大牌点17点，♣单缺，再叫4♥。

o）开叫2◆，同伴第一应叫为3♥，你持大牌点21点，♣单缺，再叫4♥。

（3）应叫人第一应叫为3NT时，开叫人再叫如下：

开叫人持13~15点牌力时，联手牌力不超过30点，一般不再叫。

开叫人持16~21点牌力时，再叫如下：

4♣=16~18点，♣单缺；

4◆=16~18点，◆单缺；

4♥=19~21点，♣单缺；

4♠=19~21点，◆单缺。

当你开叫2◆后，同伴第一应叫为3NT时，你持下列牌该如何再叫呢？

p. ♠A852　♥AQ102　◆2　♣K1065

211

q.♠AQ64　　♥KQ76　　♦7　　♣KQJ9

r.♠AKQ4　　♥K973　　♦AKJ10　　♣J

p）开叫2♦，同伴第一应叫为3NT，你持大牌点13点，♦单缺，同伴已叫到局，联手牌力不足以叫满贯，还是不叫为好。

q）开叫2♦，同伴第一应叫为3NT，你持大牌点17点，♦单缺，再叫4♦。

r）开叫2♦，同伴第一应叫为3NT，你持大牌点21点，♣单张，再叫4♥。

### 三、应叫人的再应叫

应叫人的再应叫主要有第一应叫为2NT、3♦/3♥/3♠，以及3NT以后的再应叫。第一应叫为2♥/2♠表示应叫者大牌点为7点以下，只有同伴在再叫3♥/3♠邀叫后，你持5点以上牌点才可以加叫，其他的应叫就只有不叫；第一应叫为3♣时，表示牌力有限，只能随开叫人的再叫而决定。

#### （一）2NT应叫后的再应叫

**1. 答叫3♣/3♦后的再应叫**

应叫人第一应叫2NT，开叫人答叫3♣/3♦，表示13~15点，♣或♦为单缺。应叫人再应叫如下：

（1）3♥/3♠=8~10点，所叫花色4张以上，邀叫4♥/4♠。

（2）4♥/4♠=11~12点，所叫花色4张以上。

（3）3♣—3♦=8~10点，♦长套配合，4张以上，同伴高限15点可加叫到5♦。

（4）3♣—5♦=11~12点，♦长套配合，所叫花色4张以上。

（5）3♦—4♣=8~10点，♣长套配合，所叫花色4张以上，同伴高限15点可加叫到5♣。

（6）3♦—5♣=11~12点，♣长套配合，所叫花色4张以上。

（7）3NT=牌型不配，同伴单张花色有两个止张。

## 第五章　2阶花色开叫后的叫牌

**2. 答叫3♥/3♠后的再应叫**

应叫人第一应叫2NT，开叫人答叫3♥/3♠，表示16~18点，♣或♦单缺。应叫人再应叫如下：

（1）4♥/4♠=8~10点，所叫高花配合。

（2）3NT=11~12点，所叫高花配合，询问同伴是高限（18点）还是低限（16~17点）。若同伴是高限，加上短套牌型点，可用牌力就有20点，自己手上12点，就可以试探满贯。

开叫人持高限牌力，可接力再叫4♣，应叫人再叫高花长套，然后开叫人再叫4NT问关键张，试探满贯。

开叫人持低限牌力，就再叫4♥。应叫人若为♥长套，则不叫，就打4♥；若应叫人是♠长套，则改叫4♠。

（3）4♣/4♦=低花配合，11~12点，同时问同伴是高限（18点）还是低限（16~17点）。若高限就叫4NT问关键张；若开叫人持低限，就再叫5♣或5♦封局。

（4）5♣/5♦=低花配合，8~10点。

**3. 答叫4♣/4♦后的再应叫**

应叫人第一应叫为2NT，开叫人再叫4♣/4♦表示19~21点，♣或♦单缺。应叫人再应叫如下：

（1）4♥/4♠=8~10点，所叫花色为4张以上。

（2）5♣/5♦=8~10点，所叫花色为4张以上。

（3）4NT=11~12点，关键张问叫。

精准自然叫牌

### 例13　双方无局

♠AQ52
♥AQ86
♦Q1098
♣4

```
 ┌北┐
西    东
 └南┘
```

♠K943
♥72
♦KJ16
♣Q107

叫牌过程

| 北 | 南 |
|---|---|
| 2♦① | 2NT② |
| 3♣③ | 4♠④ |

①开叫2♦，表示13~21点，高花为4-4型，低花为4-1型或5-0型。
②应叫2NT，表示8~12点，要求同伴报牌力和单缺。
③答叫3♣，表示13~15点，♣为单缺。
④南家分析，联手大牌点至少22点，加牌型点可用牌力有25点，再应叫4♠。

### 例14　南北有局

♠AK104
♥QJ84
♦AKJ2
♣6

```
 ┌北┐
西    东
 └南┘
```

♠J32
♥AK1032
♦6
♣QJ85

叫牌过程

| 北 | 南 |
|---|---|
| 2♦① | 2NT② |
| 3♥③ | 3NT④ |
| 4♣⑤ | 4♥⑥ |
| 4NT⑦ | 5♥⑧ |
| 6♥⑨ | |

①开叫2♦表示13~21点，高花为4-4型，低花为4-1型或5-0型。
②应叫2NT，表示8~12点，要求同伴报牌力和单缺。

## 第五章 2阶花色开叫后的叫牌

③答叫3♥，表示16~18点，♣为单缺。
④南家持大牌点11点，♥为5张，♦单张，加牌型点可用牌力为14点，应叫3NT，询问同伴是高限还是低限。
⑤再叫4♣，表示高限牌力，大牌点18点。
⑥南家叫出自己的长套4♥。
⑦以♥为将牌的关键张问叫。
⑧答叫5♥，表示2个关键张，没有将牌Q。
⑨联手还缺1个关键张，叫6♥。

### 例15　　东西有局

♠A1083
♥AKJ7
♦—
♣AQJ63

```
┌北┐
西 东
└南┘
```

♠K64
♥Q63
♦J97
♣K1074

| 叫牌过程 | |
|---|---|
| 北 | 南 |
| 2♦① | 2NT② |
| 4♦③ | 5♣④ |
| 6♣⑤ | |

①开叫2♦，表示13~21点，高花为4-4型，低花为1-4型或0-5型。
②应叫2NT，表示8~12点，要求同伴报牌力和单缺。
③答叫4♦，表示19~21点，♦为单缺。
④再应叫5♣，表示8~10点，所叫花色为4张以上。
⑤北家分析，自己持大牌点19点，牌型点4点，可用牌力为23点，同伴牌力估计为9点，联手牌力有32点，可以打6♣小满贯定约。

215

## （二）3♦应叫后的再应叫

### 1. 答叫3♥/3♠后的再应叫

应叫人第一应叫为3♦，开叫人答叫3♥/3♠，表示13~15点，♣或♦单缺。应叫人再应叫如下：

（1）3NT=13~15点，低花不配，同伴的单缺有两止张。

（2）5♣/5♦=13~15点，低花配合，所叫花色为4张以上。

（3）4♣=16点以上，低花配合，询问同伴是高限还是低限，高限就叫4NT问关键张，低限就叫5阶低花。

### 2. 答叫4♣/4♦后的再应叫

应叫人第一应叫为3♦后，开叫人答叫4♣/4♦，表示持16~18点，♣或♦单缺。应叫人再应叫如下：

（1）4♥=接力叫，13~15点，低花不配，同伴单缺花色有两止张。若同伴为高限18点，可叫4NT黑木问A，试探6NT满贯。

（2）5♣/5♦=13~14点，低花配合，所叫花色4张以上。若同伴高限，可加叫6♣/6♦。

（3）4NT=15点以上，低花配合，以配合的低花为将牌的关键张问叫。

### 3. 答叫4♥/4♠后的再应叫

应叫人第一应叫为3♦，开叫人答叫4♥/4♠，表示19~21点，♣或♦单缺。联手至少32点牌力，加上开叫人的牌型点，至少可用牌力有34点，完全符合满贯叫牌的条件，应叫人可以直接4NT问叫。

4NT=低花配合的关键张问叫。若低花配合，就打低花满贯定约；若低花不配，就打无将定约。

## 第五章 2阶花色开叫后的叫牌

### 例16　　双方有局

♠A1095
♥AK94
♦4
♣KJ32

```
  ┌北┐
西    东
  └南┘
```

♠KQ8
♥107
♦KJ83
♣AQ97

叫牌过程

| 北 | 南 |
|---|---|
| 2♦① | 3♦② |
| 3♠③ | 4♣④ |
| 4♥⑤ | 6♣⑥ |

① 开叫2♦，表示13~21点，高花为4-4型，低花为1-4型。
② 应叫3♦，表示13点以上，低花为4-4型以上，要求同伴报牌力和单缺。
③ 答叫3♠，表示13~15点，♦单缺。
④ 低花配合，大牌点15点，加牌型1点，可用牌力为16点，叫4♣，以♣为将牌的关键张问叫。
⑤ 答叫4♥，表示0个或3个关键张。
⑥ 南家分析，同伴应该是3个关键张，联手有4个关键张和将牌Q，还差1个关键张，叫小满贯应该没有问题。

**精准自然叫牌**

### 例17　双方无局

♠AKQ10
♥AJ74
♦J
♣K943

```
   北
西   东
   南
```

♠9
♥K10
♦AQ1094
♣AQ652

| 叫牌过程 | |
|---|---|
| 北 | 南 |
| 2♦① | 3♦② |
| 4♦③ | 4NT④ |
| 5♦⑤ | 5NT⑥ |
| 6♠⑦ | 7♣⑧ |

① 开叫2♦，表示13~21点，高花为4-4型，低花为1-4型或0-5型。

② 应叫3♦，表示13点以上，低花为4-4型以上，要求同伴报牌力和单缺。

③ 答叫4♦，表示16~18点，♦单缺。

④ 以♣为将牌的关键张问叫。

⑤ 答叫5♦，表示0个或3个关键张。

⑥ 5NT问旁花K。

⑦ 有♠K。

⑧ 南家清楚，同伴有♠AK、♥A、♣K及♦单张，叫大满贯没有问题。

## 第五章　2阶花色开叫后的叫牌

例18　　南北无局

♠AK103
♥AQ92
♦Q
♣AQ87

```
┌北┐
西  东
└南┘
```

♠Q7
♥K3
♦AK953
♣J1043

叫牌过程

| 北 | 南 |
|---|---|
| 2♦① | 3♦② |
| 4♠③ | 4NT④ |
| 5♦⑤ | 5NT⑥ |
| 6♠⑦ | 6NT⑧ |

①开叫2♦，表示13~21点，高花为4-4型，低花为1-4型。

②应叫3♦，表示13点以上，低花为4-4型以上，要求同伴报牌力和单缺。

③答叫4♠，表示19~21点，♦单缺。

④北家分析，联手牌点至少32点，但自己长套而同伴单缺，牌型有点不配合，或叫无将可以打。再应叫4NT，这是以♣为将牌的关键张问叫。

⑤答叫5♦，表示0个或3个关键张。

⑥南家分析，联手有4个关键张在手，还差1个关键张，是♣K还是花色A呢？自己手上有♥K和♦K，只有♠K和♣K在外面，接着叫5NT问旁花K。

⑦答叫6♠，表示♠有K。

⑧6NT为最佳定约。

精准自然叫牌

### （三）3♥/3♠应叫后的再应叫

**1. 答叫4♣/4♦后的再应叫**

应叫人第一应叫为3♥/3♠，开叫人答叫4♣/4♦，表示13~15点，♣或♦单缺。应叫人再应叫如下：

（1）4♥/4♠=13~15点，高花配合，所叫花色为4张以上。

（2）4NT=16点以上，以第一应叫花色为将牌的关键张问叫。

**2. 答叫4♥/4♠后的再应叫**

应叫人第一应叫为3♥/3♠，开叫人答叫4♥/4♠，表示16~21点，♣或♦单缺。联手大牌点至少29点，加上牌型点，可以试探满贯。

### 例19　东西有局

♠A1042
♥AQ97
♦10
♣A985

```
  ┌─北─┐
  西  东
  └─南─┘
```

♠Q9
♥KJ63
♦AJ52
♣K107

| 叫牌过程 | |
|---|---|
| 北 | 南 |
| 2♦① | 3♥② |
| 4♦③ | 4♥④ |

① 开叫2♦，表示13~21点，高花为4-4型，低花为1-4型。

② 应叫3♥，表示13点以上，♥为4张以上，要求同伴报牌力和单缺。

③ 答叫4♦，表示13~15点，♦单缺。

④ 南家分析，同伴最多15点，不具备试探满贯的实力，叫4♥封局。

220

## 第五章　2阶花色开叫后的叫牌

### 例20　双方有局

♠AQ98
♥KQJ7
♦—
♣AK1075

```
 ┌ 北 ┐
西    东
 └ 南 ┘
```

♠K3
♥A1053
♦KQ32
♣Q93

叫牌过程

| 北 | 南 |
|---|---|
| 2♦① | 3♥② |
| 4♠③ | 4NT④ |
| 5♦⑤ | 5♠⑥ |
| 6♣⑦ | 6♥⑧ |

①开叫2♦，表示13~21点，高花4-4型，低花为1-4型或0-5型。
②应叫3♥，表示13点以上，♥为4张以上，要求同伴报牌力和单缺。
③答叫4♠，表示16~21点，♦单缺。
④南家分析，联手大牌点在30点以上，加上牌型点，可以试探满贯，故以♥为将牌作关键张问叫。
⑤答叫5♦，表示0个或3个关键张。
⑥将牌Q问叫。
⑦答叫有将牌Q，还有♣K，可能还有其他的K。
⑧南家分析，联手有4个关键张和将牌Q，叫6♥应该没有问题。

## 精准自然叫牌

### 例21　双方无局

♠AQJ2
♥KJ107
♦—
♣AKQ87

```
┌─北─┐
西    东
└─南─┘
```

♠K9643
♥AQ8
♦AQ108
♣4

叫牌过程

| 北 | 南 |
|---|---|
| 2♦① | 3♠② |
| 4♠③ | 4NT④ |
| 5♠⑤ | 5NT⑥ |
| 6♣⑦ | 6♥⑧ |
| 7♠⑨ | |

①开叫2♦，表示13~21点，高花为4-4型，低花为1-4型或0-5型。

②应叫3♠，表示13点以上，♠为4张以上，要求同伴报牌力和单缺。

③答叫4♠，表示16~21点，♦单缺。

④南家分析，联手大牌点至少29点，加上牌型点，完成可以试探满贯，故以♠为将牌作关键张问叫。

⑤答叫5♠，表示2个关键张+将牌Q。

⑥南家分析，联手有5个关键张和将牌Q，将牌有9张，应该不会有失张，再叫5NT问旁花K。

⑦答叫6♣，表示有♣K，也许还有另外的K。

⑧南家再叫6♥，表示有♥K就叫大满贯，没有♥K就叫6♠。

⑨有♥K叫7♠。

## 第五章 2阶花色开叫后的叫牌

### （四）3NT应叫后再应叫

（1）当开叫人答叫4♣/4♦，表示持大牌点16~18点时，你持13点以上牌力且低花配合，可以叫4NT问关键张，试探满贯。

（2）当开叫人答叫4♥/4♠，表示持大牌点19~21点时，你持13点以上牌力，联手至少32点，完全可试探满贯。

**例22　　南北有局**

♠AQ64
♥AQ76
♦7
♣KQJ5

```
 ┌北┐
西   东
 └南┘
```

♠K108
♥K3
♦KQ5
♣A10976

| 叫牌过程 | |
| --- | --- |
| 北 | 南 |
| 2♦① | 3NT② |
| 4♦③ | 4NT④ |
| 5♦⑤ | 6♣⑥ |

①开叫2♦，表示13~21点，高花为4-4型，低花为1-4型或0-5型。

②应叫3NT，表示13~15点，两门低花均有止张，要求同伴报牌力和单缺。

③答叫4♦，表示16~18点，♦单缺。

④以♣为将牌的关键张问叫。

⑤答叫0个或3个关键张。

⑥南家分析，同伴可能是3个关键张，还差1个关键张，叫6♣应该没有问题。

223

## 精准自然叫牌

### 例23　　东西有局

♠AKQ3
♥K973
♦AKJ10
♣7

```
 ┌北┐
西  东
 └南┘
```

♠J92
♥A10
♦Q9875
♣AK5

| 叫牌过程 | |
|---|---|
| 北 | 南 |
| 2♦① | 3NT② |
| 4♥③ | 4NT④ |
| 5♦⑤ | 5NT⑥ |
| 6♥⑦ | 7♦⑧ |

① 开叫2♦，表示13~21点，高花为4-4型，低花为1-4型或0-5型。

② 应叫3NT，表示13~15点，两门低花均有止张，要求同伴报牌力和单缺。

③ 答叫4♥，表示19~21点，♣单缺。

④ 以♦为将牌的关键张问叫。

⑤ 答叫有0个或3个关键张。

⑥ 南家分析，北家持大牌点19~21点，持有♦AK和♠A，还有10点左右牌力不知落在哪里，再叫5NT问旁花K。

⑦ 答叫有♥K，可能还有其他的K。

⑧ 南家分析，北家已知的是两个A两个K为14点，还有6点左右牌力落在♠和♥中，联手牌力达到36点，5个关键张和将牌Q都在手，叫大满贯应该没有问题。

# 第五章　2阶花色开叫后的叫牌

## 第三节　弱2开叫后的叫牌

2♥和2♠开叫称为"弱2开叫"。弱2开叫所叫花色为较好的6张高花套，牌点为6~11点，无局时6~10点，有局时8~11点。

### 一、弱2开叫后的第一应叫

高花弱2开叫后，在对方没有干扰的情况下，可以作如下应叫。

**1. 单加叫**

表示对开叫花色有一定支持，一般为3张支持，也可能是带大牌的双张支持。单加叫并非进局邀叫，而是阻击对方不能轻松自如地进行争叫。例如：

a. ♠K73　　　♥92　　　　♦AQ82　　　♣Q963
b. ♠A94　　　♥Q43　　　♦A1063　　　♣1065

a）同伴开叫2♠，你持大牌点11点，♠有带K的3张支持，你可以加到3♠，阻击对方在3阶水平上竞争叫牌。

b）同伴开叫2♥，你持大牌点10点，♥有带Q的3张支持，你可以加到3♥，阻击对方在3阶水平上竞争叫牌。

**2. 双加叫**

双加叫有两种可能，一种是强牌，表示能打成高花进局定约，无满贯兴趣；另一种是弱牌，使用"提前牺牲叫"，给对方竞争叫牌制造困难，一般只适用于局况有利的情况。例如：

c. ♠A93　　　♥83　　　　♦AKQ7　　　♣K842
d. ♠9742　　　♥5　　　　♦KJ1092　　　♣832

c）同伴开叫2♠，你持大牌点16点，联手至少24点，加上牌型点可用牌力有26点，同伴开叫2♠有带A的3张支持，应叫4♠。

d）同伴开叫2♠，你持大牌点4点，同伴开叫花色有4张支持，在你方无局的情况下，估计对方一定可以打成4♥成局定约，因此提前选择4♠牺牲叫。

## 精准自然叫牌

### 3. 2NT应叫

2NT应叫是一种问叫，表示应叫者至少可以进局邀请。13点以上，主要询问开叫者的牌力是高限还是低限。例如：

e. ♠A4　　　♥KJ65　　　♦A74　　　♣K1053
f. ♠K82　　　♥A4　　　　♦AKQ84　　♣Q73
g. ♠K104　　♥QJ4　　　♦AKQ10　　♣AQJ

e）同伴开叫2♠，你持大牌点15点，同伴所叫花色为带A的双张，应叫2NT，表示13点以上，询问同伴是高限还是低限，高限可以打4♠。

f）同伴开叫2♠，你持大牌点18点，同伴所叫花色为带K的3张支持，应叫2NT，表示13点以上，询问同伴是高限还是低限，高限可以试探满贯。

g）同伴开叫2♠，你持大牌点22点，同伴所叫花色为带K的3张支持，应叫2NT，表示13点以上，询问同伴是高限还是低限。也可以直接应叫4NT，表示同伴开叫花色有支持，以开叫花色为将牌问关键张。

### 4. 不跳叫新花色

不跳叫新花色有开叫2♥后的应叫2♠和在3阶水平叫新花色的应叫。表示同伴开叫花色没有支持，最多只有2张小牌或为单缺，应叫者大牌点在13点以上，一般为6张套或很好的5张套，或者两门花色为5-5型，逼叫。例如：

h. ♠KQ10432　♥83　　　　♦AKJ　　　♣92
i. ♠AKJ1054　♥4　　　　　♦A8　　　　♣KQ32
j. ♠2　　　　♥KQJ10964　♦A94　　　♣K4
k. ♠—　　　♥AQJ832　　♦KQJ43　　♣A2

h）同伴开叫2♥，你持大牌点13点，同伴所叫花色为双张小牌，♠为6张套。应叫2♠，表示13点以上，所叫花色一般为6张套，同伴所叫花色没有支持。

## 第五章  2阶花色开叫后的叫牌

i）同伴开叫2♥，你持大牌点17点，同伴所叫花色为单张，♠为6张套。应叫2♠，表示13点以上，所叫花色一般为6张套，同伴所叫花色没有支持。

j）同伴开叫2♠，你持大牌点13点，同伴所叫花色为单张，♥为7张套。应叫3♥，表示13点以上，所叫花色一般为6张以上，同伴所叫花色没有支持。

k）同伴开叫2♠，你持大牌点17点，同伴所叫花色为缺门，♥和♦为6-5型。应叫3♥，表示13点以上，所叫花色一般为6张套，同伴所叫花色没有支持。

### 5. 跳叫新花色

19点以上，同伴所叫花色有支持，所叫花色为直接询问同伴对这门花色的控制情况。例如：

l. ♠94　　　♥A94　　　♦AKQ104　　♣AQ5
m. ♠A103　　♥AK76　　♦AKQ64　　♣5

l）同伴开叫2♥，你持大牌点19点，同伴所叫花色为带A的3张支持。跳叫3♠，表示19点以上，询问同伴对♠的控制情况；若同伴有第一轮控制或第二轮控制，随后可以用4NT问关键张。

m）同伴开叫2♠，你持大牌点20点，同伴所叫花色为带A的3张支持。跳叫4♣，表示19点以上，询问同伴对♣的控制情况；若同伴持有第一轮控制，随后就可以用4NT问关键张。

### 6. 应叫3NT

16点以上，同伴开叫花色缺乏支持，有一门低花长套可以拿连墩或者可以树立赢墩，足以拿到九墩牌，准备打3NT。例如：

n. ♠4　　　♥AQ4　　　♦KQJ1043　　♣AJ10
o. ♠4　　　♥K4　　　♦KJ3　　　　♣AKQ10842

n）同伴开叫2♠，你持大牌点17点，同伴所叫花色为单张，♦为6张套，除♠外其他三门均有止张，打3NT应该没有问题，应叫3NT。

o）同伴开叫2♠，你持大牌点16点，且有较坚固的7张套，除同

227

## 精准自然叫牌

伴开叫花色外，♥和♦均有一个止张，应叫3NT。

### 7. 应叫4NT

在弱2开叫后，应叫者应叫4NT，表示19点以上，对开叫花色有支持，以开叫花色为将牌问关键张。弱2开叫后，由于弱2开叫者的牌力有限，答叫与一般罗马关键张问叫有些不同，除A和将牌K计算1个关键张外，将牌Q按0.5个关键张计算。答叫如下：

5♣=0个或0.5个关键张；
5♦=1个关键张；
5♥=1.5个关键张；
5♠=2个关键张；
5NT=2.5个关键张。

p. ♠AKQ5　　♥Q105　　♦A　　♣AQ1094
q. ♠K105　　♥AJ4　　♦KQJ103　　♣AQ

p）同伴开叫2♥，你持大牌点21点，同伴所叫花色有带Q的3张支持，应叫4NT，表示19点以上，同伴所叫花色有支持，询问同伴有几个关键张。

q）同伴开叫2♠，你持大牌点20点，同伴所叫花色有带K的3张支持，应叫4NT，表示19点以上，同伴所叫花色有支持，询问同伴有几个关键张。

## 二、第一应叫以后的叫牌

### 1. 第一应叫为2NT以后的叫牌

（1）应叫人应叫2NT为问叫，询问开叫人是高限还是低限。高限为好的9~11点，低限为6~8点。开叫人答叫如下：

低限=再叫开叫花色；
高限=再叫旁门花色或者3NT。

叫旁门花色表示旁门花色有顶张；叫3NT表示有AKQ领头的6张套。

（2）如果应叫人需要进一步了解开叫人的牌力以作满贯试探，

## 第五章　2阶花色开叫后的叫牌

可在开叫人答叫以后再直接叫新花色，表示询问这门花色的控制情况。开叫人答叫如下：

加一级=没有前两轮控制；

加二级=有第二控制，有K或单张；

加三级=有A；

加四级=缺门。

**例24　　南北有局**

♠AQJ632　　　　　叫牌过程
♥K73　　　　　　　北　　　　　　南
♦3　　　　　　　　2♠①　　　　　2NT②
♣972　　　　　　　3♥③　　　　　4♠④

```
 ┌北┐
西   东
 └南┘
```

♠K84
♥AQ86
♦9742
♣A3

①开叫2♠，表示8~11点，♠为6张套。

②应叫2NT，表示13点以上，同伴开叫花色有3张支持，询问同伴是高限还是低限。若同伴是高限就可以进局。

③答叫3♥，表示高限，♥有一个顶张。

④南家分析，自己13点，同伴高限牌力，加上同伴6张套加2点，自己♣为双张加1点，可用牌力达26点，已具备打4♠的条件。

229

## 精准自然叫牌

**例25　东西有局**

♠AQ9863
♥—
♦873
♣K632

```
  ┌北┐
西    东
  └南┘
```

♠K104
♥QJ4
♦AKQ10
♣AQJ

| 叫牌过程 | |
|---|---|
| 北 | 南 |
| 2♠① | 2NT② |
| 3♣③ | 3♥④ |
| 4♦⑤ | 4NT⑥ |
| 5♥⑦ | 7♠⑧ |

①开叫2♠，表示6~10点，♠为6张套。

②南家持大牌点22点，同伴开叫花色有带K的3张支持。这副牌第一应叫有两种选择：一是应叫2NT，询问同伴是高限还是低限；另一种是直接4NT关键张问叫。笔者选择了应叫2NT，遵照"好牌慢慢叫"的思路，把牌叫清楚；若直接应叫4NT关键张问叫，就无法查清同伴♥的控制情况。

③应叫3♣，表示高限，♣有顶张。

④南家询问同伴的♥控制情况。

⑤加四级答叫，表示♥缺门。

⑥以开叫花色为将牌的关键张问叫。

⑦答叫1.5个关键张，表示持有将牌A和Q。

⑧已具备打7♠的条件。

## 第五章  2阶花色开叫后的叫牌

**2. 第一应叫为不跳叫新花色以后的叫牌**

（1）第一应叫为不跳叫新花，有2♥开叫后应叫2♠和在3阶水平上不跳叫新花。任何新花应叫均为逼叫，2♥开叫后2♠应叫也不例外。2♠应叫的条件是：至少有开叫实力，13点以上，♠一般为6张套或较好的5张套。2♠应叫的目的就是希望在♠和♥之间选择有利的将牌花色。你开叫2♥，同伴应叫2♠，你的再叫如下：

有3张支持可以加叫，低限加叫到3♠，高限加叫到4♠；

有2张支持可以再叫2NT；

只有单张，再叫3♥，也可以再叫3♣/3♦，当然应保证4张套。

你开叫2♥，同伴应叫2♠，你持下列牌该如何再叫呢？

a. ♠J83　　　♥KQ10842　　♦83　　　♣Q4
b. ♠102　　　♥AK9872　　 ♦K93　　 ♣84
c. ♠3　　　　♥KQJ843　　 ♦KJ104　 ♣83

a）开叫2♥，同伴应叫2♠，你持大牌点8点，♠有3张支持，再叫3♠，表示♠有3张支持，低限牌力。

b）开叫2♥，同伴应叫2♠，你持大牌点10点，♠有双张支持，再叫2NT，表示♠有双张支持，高限牌力。若同伴加叫到3♠，你就可以再叫到4♠。

c）开叫2♥，同伴应叫2♠，你持大牌点10点，♠只有单张，♦有4张，再叫3♦，表示♠为单缺，♦为4张套。

（2）弱2开叫后，3阶水平应叫新花，一般表示6张套或很好的5张套，对开叫花色没有支持，很可能是单缺。这种应叫至少有开叫实力，但没有高限的限制。如果应叫者下一轮再叫新花，表示两门长套强牌，为逼叫。

d. ♠—　　　　♥AK7654　　♦AKJ652　♣A

d）同伴开叫2♠，你♠缺门，持大牌点19点，应叫3♥，表示13点以上，♥一般为6长套。下一轮还可以再叫♦套，表示♥和♦均为长套。

231

## 精准自然叫牌

### 例26　　南北有局

♠97
♥AK10742
♦82
♣Q73

|  | 叫牌过程 |  |
|---|---|---|
|  | 北 | 南 |
|  | 2♥① | 2♠② |
|  | 2NT③ | 4♠④ |

```
   ┌北┐
   西 东
   └南┘
```

♠KQJ542
♥3
♦KQJ9
♣A2

① 开叫2♥，表示8~11点，♥为6张套。
② 应叫2♠，表示13点以上，6张以上。
③ 北家再叫2NT，表示持有2张♠支持。
④ 南家知道，北家持有8点以上牌力（有局时），自己大牌16点，叫4♠没有问题。

### 例27　　东西有局

♠—
♥AK7654
♦AKJ652
♣A

|  | 叫牌过程 |  |
|---|---|---|
|  | 南 | 北 |
|  | 2♠① | 3♥② |
|  | 3♠③ | 4♦④ |
|  | 5♦⑤ | 5NT⑥ |
|  | 6♦⑦ | 7♦⑧ |

```
   ┌北┐
   西 东
   └南┘
```

♠KQ10974
♥3
♦Q83
♣J82

① 开叫2♠，表示6~10点，♠为6张套。
② 应叫3♥，♥为6张以上。

232

## 第五章 2阶花色开叫后的叫牌

③再叫3♠，表示同伴应叫花色没有支持。

④再叫4♦，表示5张以上套。

⑤表示对♦有支持。

⑥大满贯推进叫，询问同伴将牌中的顶张。

⑦有一个顶张。

⑧已具备打7♦的条件。

### 3. 第一应叫为跳叫新花色以后的叫牌

跳叫新花色，表示对开叫花色有支持，直接询问跳叫花色的控制情况。答叫如下：

加一级=没有前两轮控制；

加二级=有第二控制，有K或单张；

加三级=有A；

加四级=缺门。

### 例28　南北有局

♠A4
♥KQJ765
♦863
♣63

| 叫牌过程 | |
|---|---|
| 北 | 南 |
| 2♥① | 3♠② |
| 4♦③ | 4NT④ |
| 5NT⑤ | 7♥⑥ |

```
┌北┐
西  东
└南┘
```

♠96
♥A94
♦AKQJ4
♣AQ5

①开叫2♥，表示8~11点，♥为6张套。

②跳叫3♠，表示对开叫花色有支持，询问同伴♠的控制情况。

233

**精准自然叫牌**

③加三级答叫，表示有A。
④以♥为将牌的关键张问叫。
⑤答叫有2.5个关键张，显然是♠A和将牌KQ。
⑥南家分析，同伴有6张将牌，将牌可以拿六墩，♦可以拿五墩，加上♠A和♣A，十三墩有了，叫7♥。

# 第六章
# 对方干扰后的叫牌

我们前面介绍的各种应叫和再叫,均假设你方开叫后没有受到对方的干扰。在对方干扰后,情况有所不同。本章介绍的内容,就是针对对方干扰后,你方的应叫和再叫需要做哪些调整和补充。

# 精准自然叫牌

## 第一节 对方技术性加倍后的叫牌

同伴开叫1阶花色，你的上家技术性加倍，如果你的牌很弱（6点以下），是否可以应叫？关于这个问题，过去认为，如果你有一门长套，而同伴开叫花色很弱，即使你的牌很弱，也可以应叫你的长套，这种应叫带有"逃叫"的性质。如果你不逃叫，对方转为惩罚性加倍后，你方可能要吃亏。但使用逃叫后，开叫人就很难区分这是逃叫还是正常应叫（低限为6点），这将给以后再叫带来不少麻烦。因此，现在的趋向是放弃逃叫，要求符合正常应叫条件的才允许应叫。原因是：对方的技术性加倍转为惩罚性加倍的可能性很小，即使出现这种情况，开叫者可以通过再加倍求救，要求同伴逃叫。这样就不会把逃叫与正常应叫混淆在一起。

### 一、对方技术性加倍后的几种应叫

#### 1. 单加叫

不论同伴开叫的是高花还是低花，单加叫应叫都表示6~10点，同伴开叫花色有支持，高花为带大牌的3张支持，低花有4张以上支持。

　　a. ♠K94　　　♥82　　　　♦J1094　　　♣Q1063
　　b. ♠103　　　♥93　　　　♦AJ1083　　　♣K1083

a）同伴开叫1♠，对方加倍，你持大牌点6点，同伴开叫花色有带K的3张支持。加叫到2♠，表示6~10点，同伴开叫花色有支持。

b）同伴开叫1♦，对方加倍，你持大牌点8点，同伴开叫花色有5张支持。加叫到2♦，表示6~10点，同伴开叫花色有支持。

#### 2. 一盖一应叫

在对方技术性加倍后，一盖一应叫为逼叫一轮，大牌点在6点以上，所叫花色4张以上。与没有干扰基本相同。

　　c. ♠KQJ4　　　♥94　　　　♦QJ3　　　♣8432

## 第六章 对方干扰后的叫牌

d. ♠KQ642　　♥4　　　　♦KQ843　　♣J4
e. ♠A974　　 ♥KQ1083　♦Q3　　　 ♣J10

c）同伴开叫1♦，对方加倍，你持大牌点9点，同伴开叫花色没有4张支持，但有较好的4张♠套。应叫1♠，表示6点以上，♠为4张以上。

d）同伴开叫1♥，对方加倍，你持大牌点11点，同伴开叫花色为单张，你有较好的5张♠套。应叫1♠，表示6点以上，♠为4张以上。

e）同伴开叫1♦，对方加倍，你持大牌点12点，符合应叫再加倍的条件，但你有较好的5张♥，还是一盖一应叫1♥为好。

3. 二盖一应叫

在对方技术性加倍后，二盖一应叫与没有技术性加倍后的二盖一应叫截然不同。加倍后的二盖一应叫为6~8点，所叫花色为5张以上，不逼叫。

f. ♠3　　　　♥Q73　　　♦KQJ82　　♣9764
g. ♠K105　　♥92　　　　♦1097　　　♣KQ1082

f）同伴开叫1♠，对方加倍，你持大牌点8点，同伴开叫花色为单张，♦是较好的5张套。应叫2♦，表示6~8点，♦为5张以上。

g）同伴开叫1♥，对方加倍，你持大牌点8点，同伴开叫花色为2张小牌，♣是较好的5张套。应叫2♣，表示6~8点，♣为5张以上。

4. 1NT应叫

在对方技术性加倍后应叫1NT，表示6~8点牌力，平均牌型，对同伴开叫花色缺乏支持，不逼叫。

h. ♠42　　　 ♥KJ94　　　♦J1084　　♣QJ2
i. ♠K94　　　♥QJ3　　　 ♦1093　　 ♣Q1097

h）同伴开叫1♠，对方加倍，你持大牌点8点，同伴开叫花色没有支持，平均牌型。应叫1NT，表示6~8点，同伴开叫花色缺乏支持，平均牌型。

i）同伴开叫1♦，对方加倍，你持大牌点8点，同伴开叫花色缺乏支持，平均牌型。应叫1NT，表示6~8点，同伴开叫花色缺乏支持，平均牌型。

### 5. 再加倍

同伴开叫后，对方加倍，你持9点以上大牌，就可以叫再加倍。但不等于凡持9点以上大牌都必须叫再加倍。

j. ♠3　　　♥KQ94　　　♦AQ84　　　♣QJ94
k. ♠K94　　♥93　　　　♦AJ83　　　♣K1082
l. ♠AQJ83　♥K3　　　　♦2　　　　　♣KQJ82

j）同伴开叫1♠，对方加倍，你持大牌点14点，符合再加倍的条件，应叫再加倍，表示大牌点9点以上。

k）同伴开叫1♠，对方加倍，你持大牌点11点，符合再加倍的条件，但同伴开叫的花色有带K的3张支持，可以先叫再加倍，表示9点以上，下一轮再支持同伴的♠。

l）同伴开叫1♥，对方加倍，你持大牌点16点，同伴开叫的花色为双张，符合应叫再加倍的条件。但因牌型好，♠和♣均为5张以上，可先叫再加倍，表示大牌点9点以上，以后再分别叫♠和♣。

如果你有两门长套的不平均牌型，或者有同伴开叫花色很好的支持，高花有4张支持，低花有5张支持，即使牌点符合再加倍的要求，也不一定使用再加倍，因为再加倍会减少你的叫牌空间。

m. ♠AJ842　♥94　　　　♦2　　　　　♣AQJ82
n. ♠KQ642　♥4　　　　　♦KJ842　　　♣Q4

m）同伴开叫1♥，对方加倍，你持大牌点12点，符合应叫再加倍的条件。但不宜应叫再加倍，因为应叫再加倍，对方多半会叫2♦，此时你要表示持有♠和♣为5-5型就比较困难，所以先应叫1♠，就有足够的空间来表示自己的牌型。

n）同伴开叫1♦，对方加倍，你持大牌点11点，同伴开叫的花色有5张支持，还有5张较好的黑桃。应叫1♠，下一轮再表示同伴开叫花色有4张以上支持。若答叫再加倍，就会减少自己的叫牌空间，既

## 第六章　对方干扰后的叫牌

有♠套，又对同伴开叫花色有支持，就可能叫不出来。

### 6. 2NT应叫

同伴开叫后，对方加倍，此时应叫2NT，不是雅可比2NT，也不是自然2NT应叫，而是乔丹2NT应叫。

乔丹2NT应叫表示：

（1）对同伴开叫花色有支持，适用于高花，也适用于低花（低花保证5张支持）。

（2）应叫牌力，低限为11点，高限为18点。

（3）若开叫人只有12~13点牌力，再叫原花色时，可以停在3阶水平上；若开叫人为14点以上牌力，再叫新花色为进局逼叫。

o. ♠KJ87　　♥97　　♦AJ83　　♣Q103
p. ♠KJ75　　♥932　　♦AQ8　　♣J85
q. ♠83　　　♥AQ2　　♦QJ982　　♣QJ3

o）同伴开叫1♠，对方加倍，你持大牌点11点，同伴开叫花色有4张好支持，符合应叫2NT的条件。但不宜先应叫再加倍，然后再应叫2NT，应当直接应叫2NT。

p）同伴开叫1♠，对方加倍，你持大牌点11点，同伴开叫的花色有较好的4张支持，符合2NT的应叫要求。应叫2NT，表示大牌点在11点以上，同伴开叫花色有支持。

q）同伴开叫1♦，对方加倍，你持大牌点12点，同伴开叫花色有5张支持，符合应叫乔丹2NT的条件。应叫2NT，表示大牌点11点以上，同伴开叫花色有支持。

### 7. 双加叫

同伴开叫后，对方加倍，无论是开叫高花还是低花，双加叫均为阻击性加叫，6点以下，4张以上支持。

r. ♠7　　　♥K1094　　♦109864　　♣Q94
s. ♠Q94　　♥—　　　　♦Q98742　　♣J1042

r）同伴开叫1♥，对方加倍，你持大牌点5点，同伴开叫花色有

## 精准自然叫牌

4张支持，跳叫3♥，表示6点以下，阻击性加叫。

s）同伴开叫1♦，对方加倍，你持大牌点5点，同伴开叫花色有6张支持，跳叫3♦，表示5点以下，阻击性加叫。

### 8. 跳叫新花色

同伴开叫后，对方加倍，跳叫新花色为阻击性应叫，7张以上，6点以下。

t. ♠9　　　♥84　　　♦J92　　　♣KJ109763
u. ♠1074　　♥AJ109865　♦1082　　♣—

t）同伴开叫1♠，对方加倍，你持大牌点5点，同伴开叫花色为单张，自己手上♣套为7张，应叫3♣，表示6点以下，7张以上。

u）同伴开叫1♣，对方加倍，你持大牌点5点，同伴开叫花色为缺门，自己手上有7张♥套，应叫2♥，表示6点以下，7张以上。

### 9. 双跳叫新花色

同伴开叫后，对方加倍，双跳叫新花色为爆裂叫，大牌点11点以上，高花为4张以上支持，低花为5张以上支持，所叫花色为单缺。与没有技术性加倍的情况相同。例如：

v. ♠5　　　♥KQ84　　♦AJ105　　♣K863
w. ♠AJ8　　♥K43　　♦2　　　　♣KQ10842

v）同伴开叫1♥，对方加倍，你持大牌点13点，同伴开叫花色有4张较好的支持，♠为单张，符合爆裂叫的条件。双跳叫3♠，表示11点以上，同伴开叫花色有4张支持，♠为单缺，进局逼叫。

w）同伴开叫1♣，对方加倍，你持大牌点13点，同伴开叫花色有较好的6张支持，♦为单张，符合爆裂叫的条件。双跳叫3♦，表示11点以上，同伴开叫花色有5张以上支持，♦为单缺，进局逼叫。

## 第六章 对方干扰后的叫牌

### 二、牌例

#### 例1　　双方无局

```
                   ♠K2
                   ♥AQ1084
                   ♦K1084
                   ♣106
♠74                                    ♠Q965
♥J9752             北                  ♥6
♦7653           西    东                ♦AQJ9
♣53                南                  ♣A974
                   ♠AJ1083
                   ♥K3
                   ♦2
                   ♣KQJ82
```

叫牌过程

| 西 | 北 | 东 | 南 |
|---|---|---|---|
|  | 1♥① | ×② | ××③ |
| — | 1NT④ | — | 2♠⑤ |
| — | 2NT⑥ | — | 3♣⑦ |
| — | 3NT⑧ | 都不叫 |  |

① 北家持大牌点12点，5张♥，开叫1♥，表示13点以上，5张♥套。

② 东家持大牌点13点，4-4-4-1牌型，对方开叫花色为单张，作技术性加倍。

③ 南家持大牌点14点，♠和♣为5-5型，应叫再加倍，表示9点以上，以后再叫出♠套和♣套。

241

## 精准自然叫牌

④ 北家只有13点牌力，再叫1NT，♠和♦都有K，打无将有好处。

⑤ 南家再应叫2♠，表示持有♠套。

⑥ 北家再叫2NT，接力应叫。

⑦ 南家再应叫3♣，表示还有♣套，进局逼叫。

⑧ 北家分析，自己持有♥和♦套，同伴持有♠和♣套，牌型不配合，还是打3NT好。

结果，东家首攻♠5，明手放J，得了这墩后出♣2，西家跟♣5，庄家放10。不管东家是否出♣A，庄家逼出♣A后，庄家♣有四墩牌，加上♥三个顶张和♠三墩牌，庄家已有十墩牌。超一墩完成定约。

### 例2　　南北有局

```
                    ♠5
                    ♥AQJ83
                    ♦KQ62
                    ♣1032
♠983                                   ♠AJ104
♥K9765           ┌北┐                  ♥104
♦874             西 东                  ♦AJ103
♣74              └南┘                  ♣A96
                    ♠KQ762
                    ♥2
                    ♦95
                    ♣KQJ85
```

叫牌过程

| 西 | 北 | 东 | 南 |
|---|---|---|---|
|   | 1♥① | ×② | 1♠③ |
| — | 2♦④ | — | 3♣⑤ |
|   | =⑥ |   |   |

## 第六章 对方干扰后的叫牌

① 北家持大牌点12点，♥为5张，开叫1♥。
② 东家持大牌点14点，对方开叫花色为双张，没有5张套，作技术性加倍。
③ 南家持大牌点11点，♠和♣为5-5型，先一盖一应叫1♠。虽然符合应叫再加倍的要求，但5-5牌型不宜应叫再加倍。
④ 北家再叫第二套花色。
⑤ 南家持同伴两套花色为单张和双张，牌型明显不配，再叫♣长套，不逼叫。若先叫再加倍，然后再叫两门新花色为进局逼叫。
⑥ 北家持低限牌力，而且有3张♣支持，停在3♣上是合适的。

### 例3　　东西有局

```
            ♠KQ1084
            ♥A4
            ♦972
            ♣AJ3

♠J76                        ♠5
♥J107    ┌北┐               ♥KQ65
♦10865   西  东              ♦KQJ4
♣652     └南┘               ♣Q1087

            ♠A932
            ♥9832
            ♦A3
            ♣K94
```

叫牌过程

| 西 | 北 | 东 | 南 |
|---|---|---|---|
|  | 1♠① | ×② | 2NT③ |
| — | 4♠④ | 都不叫 |  |

① 北家持大牌点14点，♠为5张，开叫1♠。

243

**精准自然叫牌**

② 东家持大牌点13点，1-4-4-4型，对方开叫花色为单张，作技术性加倍。

③ 南家持大牌点11点，同伴开叫花色有4张好支持，应叫2NT，表示有4张♠支持，11点以上。

④ 北家大牌点14点，加牌型点2点，可用牌力有16点，同伴至少11点，加叫到4♠没有问题。若北家大牌只有12点，加牌型点最多14点，可以再叫3♠，邀叫4♠。

**例4　　　双方有局**

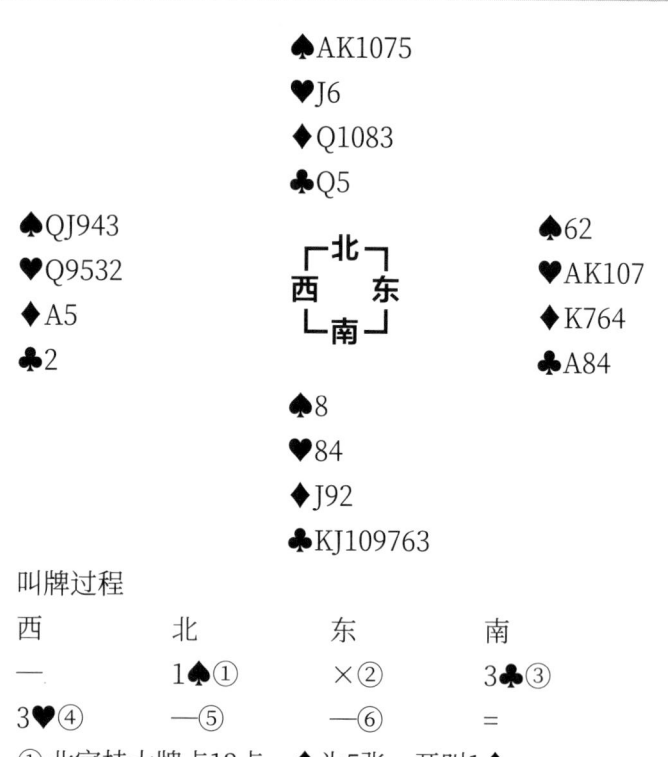

♠AK1075
♥J6
♦Q1083
♣Q5

♠QJ943　　　　　　　　　　　♠62
♥Q9532　　　　北　　　　　♥AK107
♦A5　　　　西　　东　　　♦K764
♣2　　　　　　南　　　　　♣A84

♠8
♥84
♦J92
♣KJ109763

叫牌过程

| 西 | 北 | 东 | 南 |
|---|---|---|---|
| — | 1♠① | ×② | 3♣③ |
| 3♥④ | —⑤ | —⑥ | = |

① 北家持大牌点12点，♠为5张，开叫1♠。

② 东家持大牌点14点，对方开叫花色为双张小牌，没有5张套，作技术性加倍。

244

## 第六章 对方干扰后的叫牌

③南家持大牌点5点，同伴开叫花色为单张，自己手上持有7张♣套，跳叫3♣，表示6点以下，7张以上。
④西家持大牌点9点，对方开叫后同伴加倍，表示同伴持开叫牌力，自己持高花为5-5型，应叫3♥。
⑤北家知道，同伴只有6点以下牌力，而且对♠没有支持，不叫。
⑥东家不知同伴到底有多少牌力，怕叫4♥可能会宕，因此不敢再叫。

此副牌东西方有4♥，失两墩♠，其他都是赢墩。

## 第二节 对方花色争叫后的负加倍

### 一、负加倍的使用

**1. 为什么要使用负加倍**

同伴开叫1阶花色，上家在1阶或2阶水平上争叫，此时你加倍，究竟属于什么性质？在过去，这种加倍属于惩罚性，表示你有击败对方定约的把握，希望从中得到较多的罚分。这种惩罚性加倍有时虽然取得一定成效，但遇到的机会不会太多。因为争叫者一般有较好的长套和一定的牌力，而且这种争叫一般在较低水平上进行。此外，一旦你抓住了这种惩罚性加倍的机会，对方还可能转到另一门比较安全的花色。如果可以把这种加倍的机会留作其他用途，其作用要比惩罚性加倍大得多。这就是为什么惩罚性加倍被"负加倍"所取代的主要原因。近年来，负加倍成为使用最广泛的约定叫之一，仅次于斯台曼问叫和布莱克伍德问叫。

**2. 负加倍的使用条件**

归纳起来主要是两条：一是牌点要求。负加倍要求的最低牌点为6点，最高没有限制，简单地说，就是6点以上牌力。二是花色要求。

245

**精准自然叫牌**

负加倍一般要求有一门或两门未叫过的花色长度至少4张，其中优先考虑一门或两门未叫过的高花长度。也就是说，负加倍的花色要求是有一门或两门未叫过的花色长度至少4张。

**3. 负加倍使用到什么水平**

不少牌手把负加倍的使用限制在2阶水平，即2♠以下；2♠以上的加倍为惩罚性加倍。也有不少牌手把负加倍的使用扩展到3阶水平，即3♠以上加倍才是惩罚性加倍。笔者认为，负加倍的使用还是限制在2阶水平为好。如果在3阶水平以上使用，其牌点相应要提高，至少9~10点。负加倍究竟限制在2阶水平还是3阶水平，可由牌手自行商定。

## 二、负加倍的几种情形

（1）同伴开叫1阶低花，对方争叫1阶低花，加倍=所持两门高花均为4张。

同伴开叫1♣，上家争叫1♦，你必须保证高花至少4-4型才能叫加倍。

同伴开叫1♦，上家争叫2♣，你持有高花一般为4-4型才能叫加倍。但要求没有同伴开叫1♣后对方争叫1♦那样严格，可允许两门高花为4-3型或者有一门高花为5张套（不够二盖一的牌力）。

a. ♠K942　　♥QJ84　　♦84　　♣J103
b. ♠A1084　　♥K9842　　♦76　　♣Q7
c. ♠AQ86　　♥KQ94　　♦K32　　♣94
d. ♠K984　　♥QJ72　　♦Q42　　♣J9
e. ♠AJ103　　♥KQ4　　♦842　　♣1072
f. ♠AQ97　　♥K842　　♦82　　♣974

a）同伴开叫1♣，对方争叫1♦，你持大牌点7点，高花为4-4型，符合负加倍应叫的条件。应叫加倍，表示6点以上，高花为4-4型。

b）同伴开叫1♣，对方争叫1♦，你持大牌点9点，高花为5-4型，

## 第六章　对方干扰后的叫牌

符合负加倍应叫的条件。应叫加倍，表示6点以上，高花至少4-4型。

c）同伴开叫1♣，对方争叫1♦，你持大牌点14点，高花为4-4型，符合负加倍的应叫条件。应叫加倍，表示6点以上，高花至少为4-4型。

d）同伴开叫1♦，对方争叫2♣，你持大牌点9点，高花为4-4型，符合负加倍的应叫条件。应叫加倍，表示6点以上，高花为4-4型。

e）同伴开叫1♦，对方争叫2♣，你持大牌点10点，高花为4-3型，应叫加倍比较勉强，但叫2♠明显不符合要求。还是应叫加倍，表示6点以上，高花一般为4-4型，至少是4-3型或者有一门高花为5张套。

f）同伴开叫1♦，对方争叫2♣，你持大牌点9点，高花为4-4型，符合负加倍应叫的条件。应叫加倍，表示6点以上，高花一般为4-4型。

（2）同伴开叫一低花，上家争叫一高花，加倍=持有另一门高花为4张以上。

同伴开叫1♣/1♦，上家争叫1♥，你持有4张以上♠，叫加倍。
同伴开叫1♣/1♦，上家争叫1♠，你持有4张以上♥，叫加倍。

g. ♠KJ84　　♥984　　♦J104　　♣Q83
h. ♠AQ84　　♥A32　　♦Q932　　♣K8
i. ♠KJ87　　♥A94　　♦95　　♣8642
j. ♠94　　♥KJ86　　♦Q102　　♣Q942
k. ♠94　　♥KJ1084　　♦A82　　♣J83
l. ♠KJ3　　♥AQ104　　♦Q103　　♣Q92

g）同伴开叫1♣，对方争叫1♥，你持大牌点7点，♠为4张套，符合应叫负加倍的条件。应叫加倍，表示6点以上，♠保证4张。

h）同伴开叫1♣，对方争叫1♥，你持大牌点15点，♠为4张套，符合应叫负加倍的条件。应叫加倍，表示6点以上，♠保证4张。

i）同伴开叫1♦，对方争叫1♥，你持大牌点8点，♠为4张套，符合应叫负加倍的条件。应叫加倍，表示6点以上，♠保证4张。

j）同伴开叫1♣，对方争叫1♠，你持大牌点8点，♥为4张套，符

## 精准自然叫牌

合应叫负加倍的条件。应叫加倍,表示6点以上,♥保证4张以上。♣虽然有4张,但还是把寻求高花4-4配合放在首位,因此先叫加倍,表示持有4张♥。

k)同伴开叫1♣,对方争叫1♠,你持大牌点9点,♥为5张套,符合应叫负加倍的条件。应叫加倍,表示6点以上,♥保证4张以上。

l)同伴开叫1♦,对方争叫1♠,你持大牌点14点,♥为4张套,符合应叫负加倍的条件。应叫加倍,表示6点以上,♥保证4张以上。

(3)同伴开叫一高花,对方争叫一低花,加倍=持有另一门高花4张以上。

同伴开叫1♥,对方争叫2♣/2♦,你持有4张以上♠,叫加倍。
同伴开叫1♠,对方争叫2♣/2♦,你持有4张以上♥,叫加倍。

m. ♠KQ84　　♥94　　♦KJ85　　♣842
n. ♠KQ9532　♥3　　 ♦Q83　　 ♣842
o. ♠943　　　♥KJ108　♦AQ4　　♣Q74
p. ♠J84　　　♥KQJ84　♦984　　♣K3

m)同伴开叫1♥,对方争叫2♣,你持大牌点9点,♠为4张套,符合负加倍的应叫条件。应叫加倍,表示6点以上,♠保证4张以上。

n)同伴开叫1♥,对方争叫2♦,你持大牌点7点,♠为6张套,符合负加倍的应叫条件。应叫加倍,表示6点以上,♠保证4张以上。这手牌不能直接应叫2♠,不够应叫2♠的牌力,先应叫加倍,下一轮再叫2♠。

o)同伴开叫1♠,对方争叫2♣,你持大牌点12点,♥为4张套,符合负加倍的应叫条件。应叫加倍,表示6点以上,♥保证4张以上。

p)同伴开叫1♠,对方争叫2♦,你持大牌点10点,♥为5张套,符合负加倍的应叫条件。应叫加倍,表示6点以上,♥保证4张以上。

(4)同伴开叫一高花,对方争叫一高花,加倍=持有两门低花4-4型以上。

同伴开叫1♥,上家争叫1♠,你持有双低套(4-4型以上),或

## 第六章 对方干扰后的叫牌

者持有一门低花长套（5~6张），但没有二盖一的牌力，叫加倍。

同伴开叫1♠，上家争叫2♥，你持有双低套（4-4型以上），或者持有一门低花长套。对于双低套和低花长套应保证其长度和质量，因为要在3阶水平上叫出低花。

| q. | ♠J42 | ♥3 | ♦KQ932 | ♣K983 |
| r. | ♠932 | ♥3 | ♦Q102 | ♣AQJ732 |
| s. | ♠8 | ♥1032 | ♦KQJ3 | ♣K10432 |
| t. | ♠8 | ♥1032 | ♦KQJ1042 | ♣K42 |

q）同伴开叫1♥，上家争叫1♠，你持大牌点9点，低花为5-4型，符合负加倍的应叫条件。应叫加倍，表示6点以上，低花一般为4-4型以上或者一门低花长套为5张以上。

r）同伴开叫1♥，上家争叫1♠，你持大牌点9点，♣为6张套，符合负加倍的应叫条件。应叫加倍，表示6点以上，低花一般为4-4型以上或者一门低花长套为5张以上。

s）同伴开叫1♠，上家争叫2♥，你持大牌点9点，低花为5-4型，符合负加倍的应叫条件。应叫加倍，表示6点以上，低花一般为4-4型以上或者一门低花长套为5张以上。

t）同伴开叫1♠，上家争叫2♥，你持大牌点9点，♦为6张套，符合负加倍的应叫条件。应叫加倍，表示6点以上，低花一般为4-4型以上或者一门低花长套为5张以上。

### 三、同伴使用负加倍后的再叫

你花色开叫后，对方花色争叫，同伴使用负加倍后，你的再叫有以下几种情形。

（1）不跳叫原花色，或者顺叫新花色，表示13~15点牌力，同伴的保证花色缺乏4张以上支持。

| a. | ♠94 | ♥KQJ95 | ♦KJ4 | ♣Q74 |
| b. | ♠94 | ♥AQJ95 | ♦KJ104 | ♣Q3 |

## 精准自然叫牌

**a）** 你开叫1♥，对方争叫2♣，同伴加倍。你持大牌点12点，同伴负加倍表示保证4张♠，你缺乏4张♠支持，只能不跳叫原花色叫2♥。

**b）** 你开叫1♥，对方争叫2♣，同伴加倍。你持大牌点13点，同伴负加倍表示保证4张♠，你缺乏4张♠支持，但你有4张♦，只能顺叫新花色，再叫2♦。

（2）不跳叫同伴保证花色，表示13~15点，同伴的保证花色有4张以上支持。

| c. | ♠J8 | ♥AQ84 | ♦KJ8 | ♣K842 |
| d. | ♠Q874 | ♥92 | ♦AQ94 | ♣KJ2 |
| e. | ♠KJ843 | ♥AQ94 | ♦109 | ♣A8 |
| f. | ♠KQ8 | ♥942 | ♦AQ94 | ♣Q93 |

**c）** 你开叫1♣，对方争叫1♠，同伴加倍，表示保证♥为4张以上。你持大牌点14点，同伴保证花色有4张支持，再叫2♥。

**d）** 你开叫1♦，对方争叫1♥，同伴加倍，表示保证♠为4张以上。你持大牌点12点，同伴保证花色有4张支持，再叫2♠。

**e）** 你开叫1♠，对方争叫2♣，同伴加倍，表示保证♥为4张以上。你持大牌点14点，同伴保证花色有4张支持，再叫2♥。

**f）** 你开叫1♣，对方争叫1♥，同伴加倍，表示保证♠为4张以上。你持大牌点13点，同伴保证花色有3张带KQ的支持。因♥没有止张，不能应叫1NT，再叫3张♠支持是不得已的办法，因此再叫1♠。

（3）跳叫同伴保证花色，表示16~18点，同伴的保证花色有4张以上支持。

| g. | ♠98 | ♥AK86 | ♦AQ974 | ♣K7 |
| h. | ♠AK86 | ♥K7 | ♦72 | ♣AQJ74 |
| i. | ♠8 | ♥AK86 | ♦AQJ74 | ♣A104 |

**g）** 你开叫1♦，对方争叫1♠，同伴加倍。你持17点牌力，同伴的负加倍表示保证♥为4张以上，同伴保证花色有4张支持，再跳叫

## 第六章 对方干扰后的叫牌

3♥，表示16~18点，同伴保证花色有4张以上支持。

h）你开叫1♣，对方争叫1♥，同伴加倍，表示保证♠为4张以上。你持18点牌力，同伴保证花色有4张支持，再跳叫2♠，表示16~18点，同伴保证花色有4张以上支持。

i）你开叫1♦，对方争叫1♠，同伴加倍，同伴的负加倍表示保证♥为4张以上。你持19点牌力，同伴保证花色有4张支持，对方争叫花色为单张，可跳叫对方争叫花色，跳叫3♠作爆裂叫，表示16~18点，保证花色♥有4张支持，跳叫花色♠为单缺。

（4）跳叫原花色、跳叫新花色、逆叫新花色，表示16~18点，同伴保证花色没有4张支持，进局邀叫。

j. ♠93　　♥K4　　♦AKQ942　　♣A104
k. ♠A4　　♥94　　♦AQJ94　　♣AQ94
l. ♠A4　　♥92　　♦AQ93　　♣AQ982

j）你开叫1♦，对方争叫1♠，同伴加倍。你持18点牌力，同伴负加倍保证♥为4张以上，你对同伴的保证花色没有4张支持，但有6张♦套，跳叫3♦，表示16~18点，所叫花色为5张以上。

k）你开叫1♦，对方争叫1♠，同伴加倍。你持18点牌力，同伴负加倍保证♥为4张以上，你对同伴的保证花色没有4张支持，但有5张♦和4张♣，跳叫3♣，表示16~18点，进局邀叫。

l）你开叫1♣，对方争叫1♠，同伴加倍。你持17点牌力，同伴负加倍保证♥为4张以上，你对同伴的保证花色没有4张支持，但有5张♣和4张♦，你可逆叫2♦，表示16~18点，进局邀叫。

（5）扣叫对方争叫花色，表示19点以上，进局逼叫。

m. ♠A7　　♥K4　　♦AQJ83　　♣KQJ3
n. ♠AJ　　♥AKQ85　　♦KQJ95　　♣8

m）你开叫1♦，对方争叫1♠，同伴加倍。你持大牌点20点，同伴负加倍保证♥为4张以上，你持21点牌力，先扣叫2♠，表示19点以上，进局逼叫。

**精准自然叫牌**

n）你开叫1♥，对方争叫1♠，同伴加倍。你持21点牌力，同伴负加倍保证低花一般为4-4型，或者有一门5张以上低花，你持大牌点19点以上的强牌，先扣叫2♠，表示19点以上，然后再选择合适的花色做有将定约或者做无将定约。

## 四、应叫人的再应叫

同伴开叫，对方上家花色争叫，你作负加倍应叫，同伴再叫后，你如何再应叫呢？

（1）使用负加倍应叫后，若持6~7点牌力，在同伴再叫后，因牌力不多，可以选择不叫。

a. ♠94　　　♥KQ83　　　♦Q42　　　♣9742
b. ♠A1097　 ♥63　　　　♦Q1063　　♣J107

a）同伴开叫1♦，对方争叫1♠，你使用负加倍表示保证♥为4张。如果同伴再叫1NT/2♣/2♦/2♥，因同伴的牌点也不高，仅有开叫实力，你持大牌点只有7点，可以选择不叫。

b）同伴开叫1♣，对方争叫1♥，你使用负加倍表示保证♠为4张。如果同伴再叫1♠/1NT/2♣/2♦，因同伴的牌点也不高，仅有开叫实力，你持大牌点只有7点，可以选择不叫。

（2）使用负加倍应叫后，再应叫保证花色表示保证花色为5张以上，但不够二盖一的牌力，一般为8~10点。

c. ♠94　　　♥AQ9842　　♦Q8　　　♣972
d. ♠1094　　♥42　　　　♦KQ10842　♣K3

c）同伴开叫1♦，对方争叫1♠，你使用负加倍，表示保证♥为4张。如果同伴再叫1NT/2♣/2♦，你持有♥的6张套，再应叫2♥，表示♥为5张以上，但不够二盖一的牌力。

d）同伴开叫1♥，对方争叫1♠，你使用负加倍表示持有两门低花为4-4型以上或者有一门低花为5张以上。如果同伴再叫1NT/2♣，你可再应叫2♦，表示♦为5张以上。

## 第六章　对方干扰后的叫牌

（3）使用负加倍应叫后，再应叫时扣叫对方争叫花色，表示持牌力13点以上，进局逼叫。

e. ♠82　　　♥AK94　　　♦Q954　　　♣AJ3

f. ♠AQ94　　　♥942　　　♦K76　　　♣AQ3

e）同伴开叫1♣，对方争叫1♠，你使用负加倍应叫。如果同伴再叫2♣，你必须扣叫2♠，表示持大牌点13点以上，不需要保证♠的止张或控制。到底打什么定约，以后再确定。

f）同伴开叫1♠，对方争叫2♥，你使用负加倍。如果同伴再叫2♠/3♣/3♦，你必须扣叫3♥，表示持大牌点13点以上，不需要保证♥的止张或控制。到底打什么定约，以后再确定。

（4）使用负加倍应叫后，第二次再使用加倍，表示对方争叫花色为单张，要求同伴叫牌，除对方争叫花色外其他三门均有支持。

g. ♠2　　　♥Q10732　　　♦KQ3　　　♣A1094

h. ♠A1075　　　♥—　　　♦K10932　　　♣K1095

g）同伴开叫1♦，对方争叫1♠，你使用负加倍，对方下家加叫到2♠，同伴和对方上家都不叫。此时你再一次使用加倍，表示不论同伴再叫什么花色你都有支持，要求同伴参与竞争叫牌。你的再次加倍不是惩罚性加倍。

h）同伴开叫1♣，对方争叫1♥，你使用负加倍，对方的下家加叫到2♥，同伴和对方上家都不叫。此时你再一次使用加倍，表示不论同伴再叫什么花色你都有支持，要求同伴参与竞争叫牌。

**精准自然叫牌**

## 五、牌例

### 例5　　东西有局

```
                ♠Q985
                ♥Q974
                ♦83
                ♣K42
♠10642                        ♠3
♥K5          北               ♥AJ1086
♦KQJ974   西    东            ♦1065
♣5           南               ♣9876
                ♠AKJ7
                ♥32
                ♦A2
                ♣AQJ103
```

叫牌过程

| 南 | 西 | 北 | 东 |
|---|---|---|---|
| 1♣① | 2♦② | 加倍③ | 3♦④ |
| 4♠⑤ | 都不叫 | | |

① 南家持大牌点19点，♣为5张，♠为4张，开叫1♣。

② 西家持大牌点9点，跳叫2♦阻击叫。

③ 北家持大牌点7点，高花为4-4型，使用负加倍，应叫加倍，表示高花为4-4型。

④ 东家持大牌点5点，加叫到3♦阻击。

⑤ 南家持大牌点19点，同伴使用负加倍至少6点，联手在25点以上，♠为4-4配合，直接跳叫4♠。

## 第六章　对方干扰后的叫牌

**例6　　　　　南北有局**

```
              ♠K1083
              ♥J93
              ♦A1092
              ♣AQ
♠96                          ♠AQJ72
♥A86        北               ♥52
♦8765    西    东             ♦QJ4
♣J1073      南               ♣K94
              ♠54
              ♥KQ1074
              ♦K3
              ♣8652
```

叫牌过程

| 北 | 东 | 南 | 西 |
|---|---|---|---|
| 1♦① | 1♠② | ×③ | — |
| 1NT④ | — | 2♥⑤ | 都不叫 |

① 北家持大牌点14点，♦为4张套，开叫1♦。
② 东家持大牌点13点，♠为5张套，争叫1♠。
③ 南家持大牌点8点，♥有5张，使用负加倍，应叫加倍。
④ 北家只有带J的3张♥，再叫1NT，表示13~15点，对方争叫花色有止张。
⑤ 南家持有5张♥，再应叫2♥，表示♥为5张以上，牌点有限不够二盖一牌力。实际上2♥是最佳定约。

**精准自然叫牌**

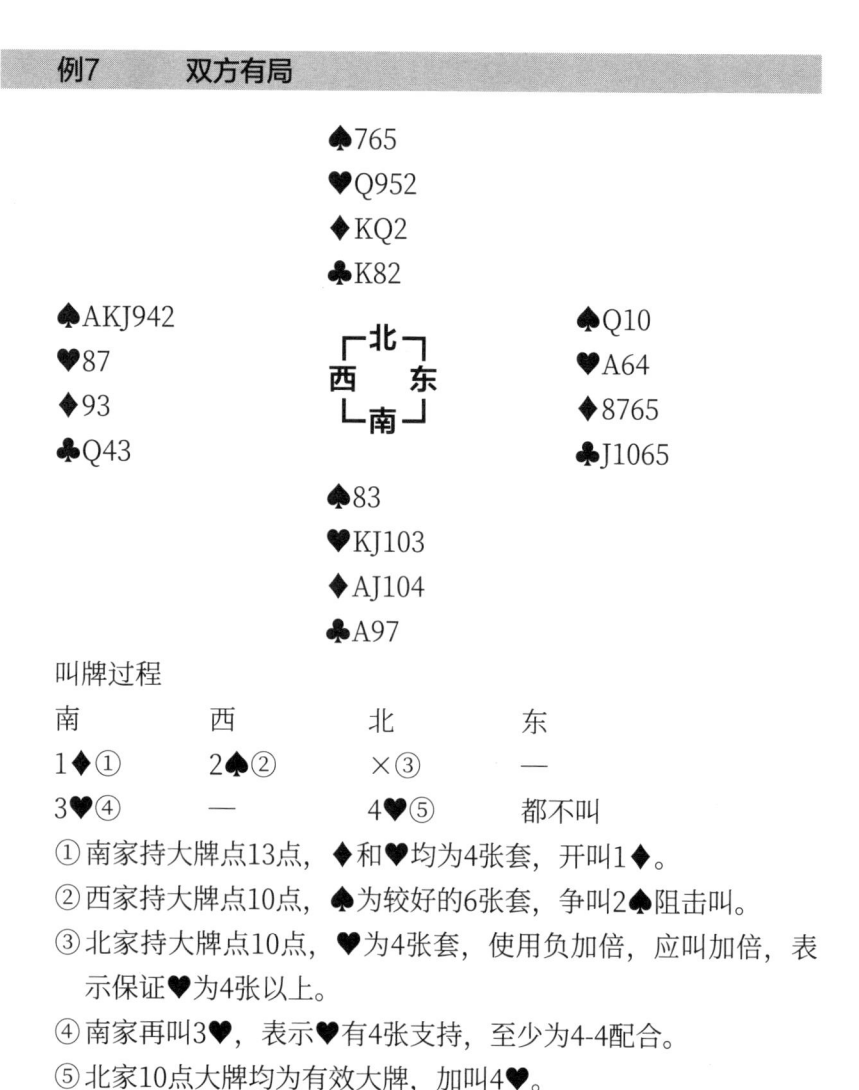

| 例7 | 双方有局 |
|---|---|

```
                    ♠765
                    ♥Q952
                    ♦KQ2
                    ♣K82
♠AKJ942                          ♠Q10
♥87           ┌ 北 ┐            ♥A64
♦93           西   东            ♦8765
♣Q43          └ 南 ┘            ♣J1065
                    ♠83
                    ♥KJ103
                    ♦AJ104
                    ♣A97
```

叫牌过程

| 南 | 西 | 北 | 东 |
|---|---|---|---|
| 1♦① | 2♠② | ×③ | — |
| 3♥④ | — | 4♥⑤ | 都不叫 |

①南家持大牌点13点，♦和♥均为4张套，开叫1♦。

②西家持大牌点10点，♠为较好的6张套，争叫2♠阻击叫。

③北家持大牌点10点，♥为4张套，使用负加倍，应叫加倍，表示保证♥为4张以上。

④南家再叫3♥，表示♥有4张支持，至少为4-4配合。

⑤北家10点大牌均为有效大牌，加叫4♥。

## 第六章　对方干扰后的叫牌

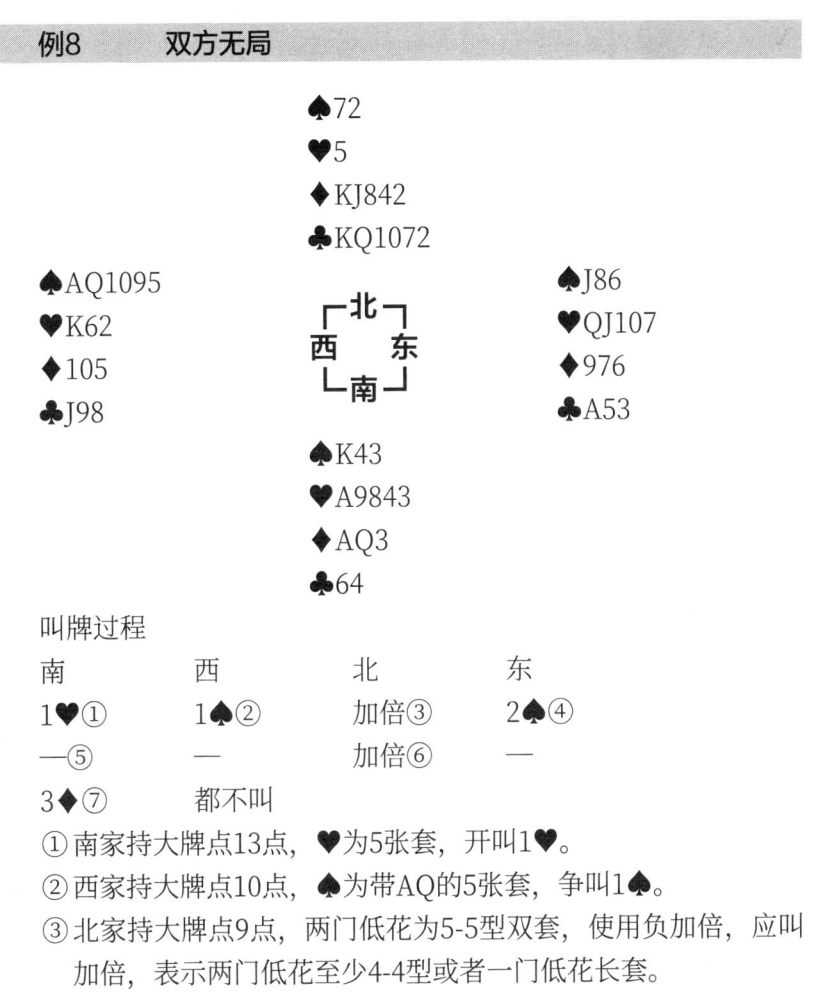

### 例8　双方无局

```
                    ♠72
                    ♥5
                    ♦KJ842
                    ♣KQ1072
♠AQ1095                            ♠J86
♥K62          北                   ♥QJ107
♦105       西    东                 ♦976
♣J98          南                   ♣A53
                    ♠K43
                    ♥A9843
                    ♦AQ3
                    ♣64
```

叫牌过程

| 南 | 西 | 北 | 东 |
|---|---|---|---|
| 1♥① | 1♠② | 加倍③ | 2♠④ |
| —⑤ | — | 加倍⑥ | — |
| 3♦⑦ | 都不叫 | | |

① 南家持大牌点13点，♥为5张套，开叫1♥。

② 西家持大牌点10点，♠为带AQ的5张套，争叫1♠。

③ 北家持大牌点9点，两门低花为5-5型双套，使用负加倍，应叫加倍，表示两门低花至少4-4型或者一门低花长套。

④ 东家持大牌点为8点，有3张♠支持，加叫2♠。

⑤ 南家因牌力属开叫的低限且牌型除♥为5张外，其他花色都只有2-3张，所以不叫。

⑥ 北家第二次加倍，表示对方争叫花色为单张，两门低花为5-5型。若只有一门低花长套，他可以在3阶水平上叫出来。

⑦ 南家选择了3♦，3♦为最佳定约。

257

## 第三节 对方花色争叫后的叫牌

### 一、对方花色争叫后的应叫

同伴开叫1阶花色，对方在1阶或2阶水平上争叫另一门花色，此时，你的应叫为自由应叫。

#### 1. 高花单加叫

同伴开叫1阶高花，对方争叫，由于竞争的需要，高花单加叫为6~10点。

a. ♠Q1042　　♥KQ98　　♦Q2　　♣1093
b. ♠Q94　　　♥93　　　♦Q942　♣Q1042

a）同伴开叫1♠，对方争叫2♦，你持大牌点9点，有较好4张♠支持，加叫2♠，表示同伴开叫花色有支持。

b）同伴开叫1♠，对方争叫2♥，你持大牌点6点，有带Q的3张♠支持。如果没有对方干扰叫牌，你可以先叫1NT，下一轮再叫2♠，表示低于直接加叫牌力。现在上家争叫，你只能直接加叫2♠，否则就没有机会表示在对方干扰后6~10点牌力。

#### 2. 低花单加叫

同伴开叫1阶低花，对方争叫后，由于竞争的需要，低花单加叫为5张以上，6~10点支持。对于有限加叫和强加叫可以通过直接扣叫对方花色来表示。

c. ♠94　　♥A63　　♦842　　♣QJ942
d. ♠K4　　♥A63　　♦864　　♣KJ942

c）同伴开叫1♣，对方争叫1♠，你持大牌点7点，同伴开叫花色有5张支持，加叫2♣，表示6~10点，同伴开叫花色有5张以上支持。

d）同伴开叫1♣，对方争叫1♠，你持大牌点11点，同伴开叫花色有5张支持，在对方没有争叫的情况下，符合低花单加叫的低限。但在对方干扰叫牌后，需要直接扣叫2♠。扣叫2♠，表示♣为将牌的有限

## 第六章　对方干扰后的叫牌

加叫或强加叫。

### 3. 应叫1NT

平均牌型，保证对方争叫花色有止张，8~10点。

e. ♠QJ74　　♥94　　　♦A842　　♣Q83

f. ♠Q94　　　♥KJ4　　♦K42　　　♣10842

e）同伴开叫1♣，对方争叫1♠，你持大牌点9点，对方争叫花色有止张。应叫1NT，表示8~10点，对方争叫花色有止张，平均牌型。

f）同伴开叫1♦，对方争叫1♥，你持大牌点9点，对方争叫花色有止张。应叫1NT，表示8~10点，对方争叫花色有止张，平均牌型。

### 4. 一盖一应叫

同伴开叫1阶花色，对方1阶花色争叫，你一盖一应叫至少8点。但对方争叫1♥，自由应叫1♠要保证5张。如只有4张，可使用负加倍应叫。

g. ♠982　　　♥KQJ8　♦Q32　　　♣J83

h. ♠QJ743　♥94　　　♦A842　　♣Q3

g）同伴开叫1♣，对方争叫1♦，你持大牌点9点，有较好的4张♥，可以一盖一应叫1♥，表示8点以上，♥为4张以上。

h）同伴开叫1♦，对方争叫1♥，你持大牌点9点，有5张♠，可以自由应叫1♠，表示8点以上，♠为5张以上。

### 5. 二盖一应叫

同伴开叫1阶花色，对方在1阶或者2阶上争叫，你二盖一应叫或者二盖二应叫，大牌点至少11点，所叫花色至少5张以上。

i. ♠83　　　　♥A10　　♦K42　　　♣KQJ1042

j. ♠AQJ97　♥K82　　♦Q2　　　　♣1074

i）同伴开叫1♥，对方争叫1♠，你持大牌点13点，6张♣套，二盖一应叫2♣，表示11点以上，♣为5张以上。

j）同伴开叫1♦，对方争叫2♣，你持大牌点12点，♠为5张套，二盖二应叫2♠，表示11点以上，♠为5张以上。

## 精准自然叫牌

### 6. 双加叫

同伴开叫1阶花色，对方争叫，你双加叫为阻击加叫，6点以下。这种阻击加叫适用高花双加叫，也适用于低花双加叫。

k. ♠KQ84　　♥4　　　　♦J9842　　♣1082
l. ♠J96　　　♥4　　　　♦K108742　♣1082

k）同伴开叫1♠，对方争叫2♣，你持大牌点6点，可以跳叫3♠阻击叫，表示6点以下，同伴开叫花色有好支持，以阻击对方叫出♥套。

l）同伴开叫1♦，对方争叫2♣，你持大牌点4点，可以跳叫3♦阻击叫，表示大牌点6点以下，同伴开叫花色有5张以上支持。

### 7. 应叫2NT

同伴开叫1阶花色，上家在1阶水平争叫，你跳叫2NT，与没有争叫的情况大致相同。如果同伴开叫1阶高花，你跳叫2NT，仍为雅可比2NT；如果同伴开叫1阶低花，你跳叫2NT为自然应叫，表示13~15点，平均牌型，必须保证对方争叫花色有止张。

如果上家在2阶水平争叫，情况就不同了。无论同伴开叫的是高花还是低花，你的2NT应叫均为11~12点的平均牌型，且须保证对方争叫花色有止张。这种应叫只是邀叫，不逼叫。

m. ♠Q98　　♥KJ103　♦A104　♣A105
n. ♠K108　　♥AQ6　　♦AJ3　　♣J1094
o. ♠94　　　♥KJ4　　♦AJ84　♣QJ73

m）同伴开叫1♥，对方争叫1♠，你持大牌点14点，跳叫2NT为雅可比2NT，表示13点以上，同伴开叫花色有较好的4张支持。

n）同伴开叫1♣，对方争叫1♥，你持大牌点15点，跳叫2NT，表示13~15点，平均牌型，对方争叫花色有止张。

o）同伴开叫1♠，对方争叫2♣，你持大牌点12点，应叫2NT，表示11~12点，平均牌型，对方争叫花色有止张，不逼叫。

## 第六章　对方干扰后的叫牌

### 8. 直接扣叫对方争叫花色

同伴开叫1阶花色，对方争叫，你立即扣叫对方争叫花色，表示有同伴花色较好支持的有限加叫或强加加叫。相当于没有干扰的高花双加叫（11~12点）和低花单加叫（11点以上），但不保证扣叫花色的质量和控制。

p. ♠94　　♥KJ32　　♦A984　　♣QJ2

q. ♠83　　♥A103　　♦KQ1097　　♣QJ9

p）同伴开叫1♥，对方争叫1♠，你持大牌点11点，在对方干扰叫牌后，对同伴开叫花色有较好支持的11~12点，可以直接扣叫对方争叫花色。扣叫2♠，表示11~12点，同伴开叫花色有4张好支持。

q）同伴开叫1♦，对方争叫1♠，你持大牌点12点，在对方干扰叫牌后，对同伴开叫花色有好支持的11~12点，可以直接扣叫对方争叫花色。扣叫2♠，表示11~12点，同伴开叫花色有5张以上好支持。

### 9. 首攻保护性扣叫

同伴开叫1阶花色，对方争叫，你先一盖一或二盖一应叫，下一轮再扣叫对方争叫花色，这种扣叫称为首攻保护性扣叫。表示11点以上，至少有进局邀请的实力。

扣叫者保证对方争叫花色中有A××、K××或Q××3张，保证对争叫花色有一个止张；开叫者只需要有对方争叫花色中A×、K×、Q×双张，即可叫无将。这样的处理后，可以防止不利的首攻，即不让争叫者的同伴首攻，让争叫者首攻。也就是说，由开叫者来做庄，更有利首攻。

## 精准自然叫牌

| 例9 | | 双方有局 |

```
                    ♠AQ842
                    ♥K42
                    ♦K6
                    ♣J43
♠J97                              ♠K106
♥AJ1076         北                ♥983
♦A4           西  东               ♦9875
♣1087           南                ♣965
                    ♠53
                    ♥Q5
                    ♦QJ1032
                    ♣AKQ2
```

叫牌过程

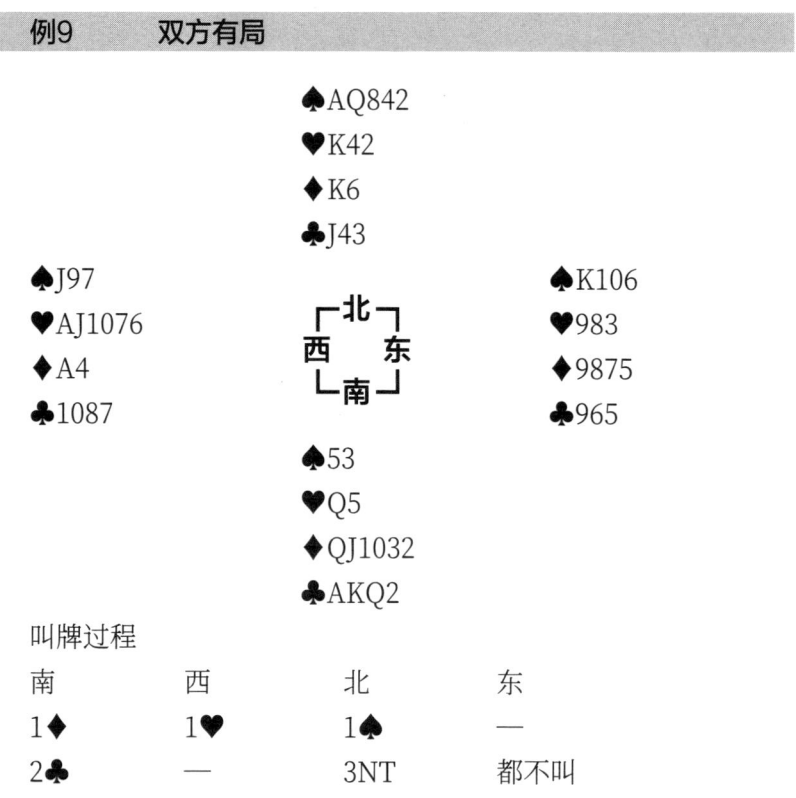

| 南 | 西 | 北 | 东 |
| 1♦ | 1♥ | 1♠ | — |
| 2♣ | — | 3NT | 都不叫 |

北家不叫2NT而叫3NT，是因为他有13点大牌，必须进局（2NT只表示11~12点，不逼叫）。当然即使北家应叫2NT，南家持14点大牌，也会加到3NT。

这副牌叫到3NT是合理的，但问题是由谁来做庄。按照以上的叫牌过程，将由北家主打3NT定约。东家首攻会考虑同伴争叫过的花色，即首攻♥9或3，这样定约方在♥上就只有一个止张。首攻后，不管庄家怎么处理♥都只有一止。若明手放小，西家放J，让一墩给K；若明手上Q，西家上A，再打10，逼出庄家的K。然后西♦A上手，兑现♥赢墩，♥可拿四墩，定约宕一墩。

## 第六章 对方干扰后的叫牌

若使用首攻保护性扣叫，则叫牌过程如下：

| 南 | 西 | 北 | 东 |
|---|---|---|---|
| 1♦ | 1♥ | 1♠ | — |
| 2♣ | — | 2♥ | — |
| 2NT | — | 3NT | 都不叫 |

北家的2♥再应叫为首攻保护性扣叫。因为北家的♥持K××3张牌，因此，北家扣叫2♥。若南家在对方争叫花色（♥花色）中持有A×或Q×双张，就可以应叫2NT。这样打无将定约由南家做庄，西家首攻在对方争叫花色中就有两个止张。南家再叫2NT，北家有13点大牌，加叫到3NT。现在是南家做庄，西家首攻，也就是争叫人首攻，若西家首攻♥，定约方可拿两墩♥、四墩♦、四墩♣、一墩♠，超额两墩完成3NT定约。如果西家首攻♠，明手放A拿住，立即树♦，这样定约方虽然占不到便宜，但打3NT不成问题。防守方最多拿到两墩♠、一墩♥和一墩♦。

### 二、对方花色争叫后的开叫人再叫

关于对方花色争叫后的开叫人再叫，一般应叫后的再叫就不讨论了，我们重点讨论几种特殊情形的再叫。下面就开叫人再叫加倍和同伴扣叫后的叫牌作些讨论。

#### 1. 技术性加倍

你开叫1阶花色后对方争叫，同伴不叫，此时你加倍属于技术性加倍；你开叫1阶花色后，下家不叫，同伴也不叫，你的上家争叫，加倍也属于技术性加倍。一般表示你对其他两门未叫过的花色有较好的支持，希望同伴能参与竞叫。

a. ♠AQ984　♥KQ84　♦KJ72　♣—
b. ♠AQ984　♥KJ93　♦AKQ　♣3

a）你开叫1♠，对方争叫2♣，同伴不叫，对方的上家也不叫，你持大牌点15点，♣缺门，你可以叫加倍。表示对方争叫花色很短，有可

## 精准自然叫牌

能是单缺，未叫过的两门花色都有支持，希望同伴参与竞争叫牌。

b）你开叫1♠，对方争叫2♣，同伴不叫，对方的上家也不叫，你持大牌点19点，♣单张，你可以叫加倍。表示对方争叫花色很短，未叫过的两门花色都有支持，希望同伴参与竞争叫牌。

### 2. 支持性加倍

你开叫1阶花色，同伴应叫1阶高花，对方争叫（不论是高花还是低花），你叫加倍表示同伴应叫的高花有3张支持；你开叫1阶花色，同伴应叫1阶高花，对方加倍，你叫再加倍，表示同伴应叫花色有3张支持。直接加叫同伴应叫的高花，保证4张支持；不叫或再叫其他花色，表示同伴应叫的高花不超过2张。

c. ♠K32　　　♥Q94　　　♦KJ82　　　♣A93
d. ♠93　　　　♥KQ3　　　♦KQJ4　　　♣AQ92
e. ♠93　　　　♥Q874　　 ♦AK84　　　♣A98
f. ♠93　　　　♥Q4　　　　♦AKJ83　　♣AJ104

c）你开叫1♦，同伴应叫1♥，对方的上家争叫1♠，你持大牌点13点，同伴应叫的高花有3张支持，叫加倍，表示同伴应叫的♥有3张支持。下一轮若同伴再应2♥，你牌点低限，可以不叫。

d）你开叫1♦，同伴应叫1♥，对方的上家争叫加倍，你持大牌点17点，同伴应叫的高花有3张支持，叫再加倍，表示同伴应叫的♥有3张支持。若同伴再应2♥示弱，你持中限牌力可以加叫3♥作进局邀叫。

e）你开叫1♦，同伴应叫1♥，对方的上家争叫1♠，你持大牌点13点，同伴应叫♥有4张支持，可以直接加叫到2♥，表示13～15点，♥有4张支持。

f）你开叫1♦，同伴应叫1♥，对方的上家争叫1♠，你持大牌点15点，低花为5-4型，再叫2♣。表示♦5张，♣4张以上，♥不超过2张。

### 3. 首攻保护性加倍

你开叫1阶花色，同伴二盖一应叫后，对方争叫，在同伴二盖一

## 第六章 对方干扰后的叫牌

应叫后,你方有局的可能性很大。如果你在对方争叫花色中有一个止张,你必须有九个快速赢墩才能完成3NT定约。如果在对方争叫花色中有两个止张,就有树立长套的机会,打成3NT的成功率就要高得多。如果开叫人在对方争叫花色中有A××、K××或Q××的3张牌,就可以使用加倍;若同伴(应叫人)在对方争叫花色中有A×、K×或Q×的双张牌,这样在对方争叫花色中就有两个止张,应叫者就可以应叫无将。比如:

```
         Q5
      ┌─北─┐
   94 西   东 KJ10732
      └─南─┘
         A86
```

南家开叫,西家不叫,北家二盖一应叫,东家争叫,若南家做庄3NT,则西家首攻同伴争叫过的花色,定约方在对方争叫花色中就只有一个止张;若由北家做庄打3NT,则由东家首攻,也就是说,由争叫者来首攻,定约方在对方争叫花色中就有两个止张,还可增加额外的赢墩。由此可见,打无将定约由谁来坐庄很关键。

g. ♠A10842　　♥A64　　　♦KJ2　　　♣Q7
h. ♠AJ842　　 ♥Q72　　　♦AK4　　　♣94
i. ♠A10842　　♥AQ10　　 ♦KJ4　　　♣94

g)你开叫1♠,同伴应叫2♣,对方上家争叫2♥,你持大牌点14点,同伴应叫2♣应该在11点以上,我方是进局的牌,关键在对方争叫的♥是否有两止。只要同伴在♥上有Q×就可以打3NT,因此加倍,表示只要同伴在对方争叫的花色中有Q×或K×,就可以应叫2NT,这样由争叫人来首攻,对方争叫花色就有两止。

h)你开叫1♠,同伴应叫2♣,对方的上家争叫2♥,你持大牌点14点,同伴二盖一应叫2♣应该在11点以上,我方有进局的实力。将牌不配寻求3NT定约,使用首攻保护性加倍,因此叫加倍,表示若同

## 精准自然叫牌

伴持有对方争叫花色中的A×或K×，就可以再应叫2NT，由争叫者来首攻。

i）你开叫1♠，同伴应叫2♣，对方的上家争叫2♥，你持大牌点14点，同伴二盖一应叫2♣应该在11点以上，我方有进局的实力。对方争叫的花色你持有AQ×3张，你可以直接再叫2NT，表示对方争叫的花色有两个止张。

### 4. 同伴扣叫对方争叫花色后的开叫人再叫

你开叫1阶花色，对方下家争叫，此时同伴立即扣叫对方争叫花色。这在现代自然体系中，表示有同伴开叫花色较好支持的有限加叫或强加叫（11点以上），但不保证扣叫花色质量或控制。这与戈伦叫牌体系中的扣叫有较大的区别。通过直接扣叫，表示有限加叫或强加叫。开叫人再叫如下：

不跳叫开叫花色=大牌点12~13点，低限；
跳叫开叫花色=大牌点14~15点，高花进局，但无满贯兴趣；
不跳叫新花色=进局逼叫牌力，不排除有满贯的实力；
跳叫新花色=爆裂叫，所叫花色为单缺，进局逼叫。

j. ♠K72　　♥AQ1084　　♦K83　　♣94
k. ♠A83　　♥AQ1084　　♦KJ3　　♣93
l. ♠3　　　♥AQ10854　 ♦KQ104　♣A3

j）你开叫1♥，你的下家争叫1♠，同伴扣叫2♠，你持大牌12点，再叫3♥，表示持大牌点12~13点低限牌力。

k）你开叫1♥，你的下家争叫1♠，同伴立即扣叫2♠，你持大牌14点，再叫4♥，表示持大牌点14~15点牌力。

l）你开叫1♥，对方下家争叫1♠，同伴立即扣叫2♠，你持大牌15点，♥为6张套，♦为4张套，♠为单张，再叫3♦，表示对满贯有兴趣。接下来，若同伴跳叫4♥，表示持大牌点11~12点牌力；若同伴扣叫新花色或再叫3♥，则有满贯兴趣。

## 第六章　对方干扰后的叫牌

### 三、牌例

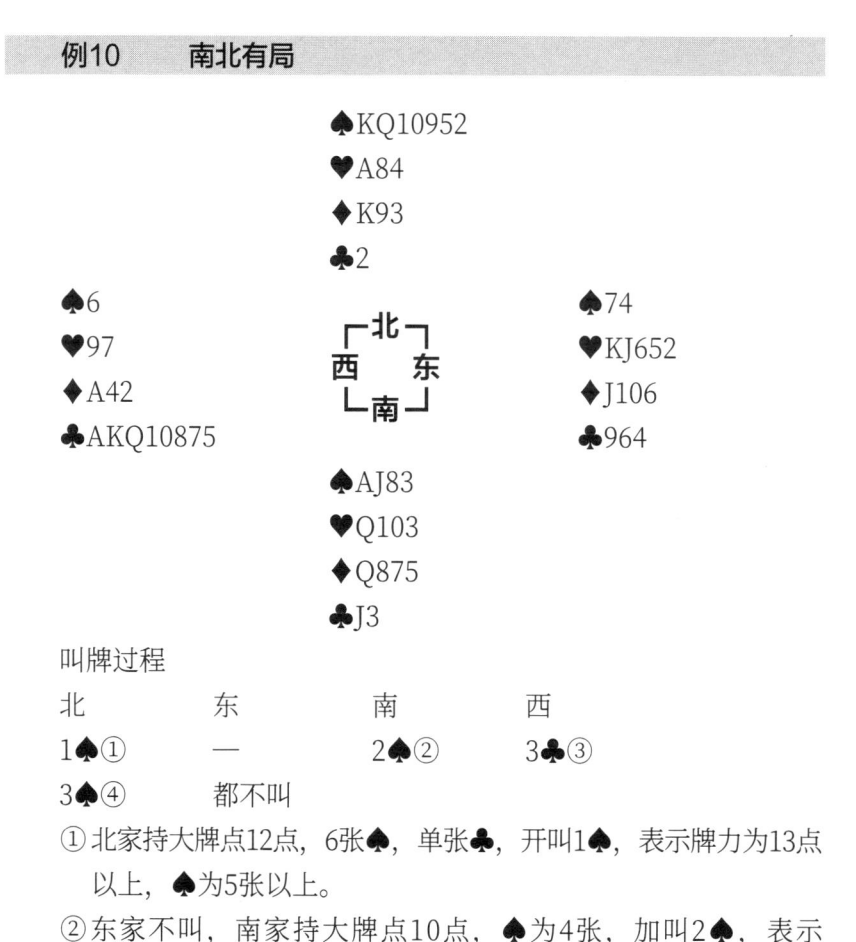

#### 例10　　南北有局

```
              ♠KQ10952
              ♥A84
              ♦K93
              ♣2
♠6                              ♠74
♥97         ┌─北─┐              ♥KJ652
♦A42        西   东              ♦J106
♣AKQ10875   └─南─┘              ♣964
              ♠AJ83
              ♥Q103
              ♦Q875
              ♣J3
```

叫牌过程

| 北 | 东 | 南 | 西 |
|---|---|---|---|
| 1♠① | — | 2♠② | 3♣③ |
| 3♠④ | 都不叫 | | |

① 北家持大牌点12点，6张♠，单张♣，开叫1♠，表示牌力为13点以上，♠为5张以上。

② 东家不叫，南家持大牌点10点，♠为4张，加叫2♠，表示8~10点，♠为3张以上。

③ 西家持大牌点13点，♣为7张套，争叫3♣，表示♣为5张以上，具有开叫实力。

④ 北家分析，同伴加叫2♠，估计不少于8点，♠为3张以上。对方争叫3♣，自己♣为单张，对方肯定♣为较长套。争叫3♠，

## 精准自然叫牌

联手至少有21点牌力，9张以上♠将牌。

结果，东家首攻♣4，西家吃住，继续出♣大牌，北家将吃。清两轮将牌，再由庄家手中打出♥8，东家上♥K，南家放3。然后送两墩♦给对方，3♠定约正成。

这副牌谁打3阶花色都能成，打4阶花色都会宕。因此，北家争叫3♠是明智的。

**例11　　东西有局**

```
              ♠92
              ♥765
              ♦J32
              ♣J8732
♠653                          ♠QJ87
♥KQJ94        北              ♥A1082
♦1065       西  东             ♦K98
♣AQ           南              ♣65
              ♠AK104
              ♥3
              ♦AQ74
              ♣K1094
```

叫牌过程

| 南 | 西 | 北 | 东 |
|---|---|---|---|
| 1♦① | 1♥② | — | 2♥③ |
| 加倍④ | — | 3♣⑤ | 3♥⑥ |
| 都不叫 | | | |

① 南家持大牌点16点，4-1-4-4型，开叫1♦，表示13点以上，♦为3张以上。

② 西家持大牌点12点，♥为5张好套，争叫1♥，表示8点以上，

## 第六章 对方干扰后的叫牌

♥为5张以上。

③北家不叫，东家叫加2♥，表示8~10点，♥为4张以上。

④由于北家没有叫过牌，南家持4-4-4-1牌型，对方争叫花色为单张，作技术加倍，表示未叫的两门花色（♠和♣）均有好支持。

⑤北家持大牌点2点，有5张♣，应叫3♣，参与竞争叫牌。

⑥东家不愿意南北打3♣，西继续争叫3♥。

结果北家首攻♠9，南家用K和A连拿两墩♠后继续出♠10给北家将吃。北家打回♦，南家又拿下两墩。结果3♥定约宕一墩。如果南家不使用技术性加倍，东西方可以轻松打成2♥定约。

### 例12　　双方有局

♠A
♥KQ3
♦K532
♣AJ1042

♠KQ1085
♥108
♦AJ106
♣93

```
┌北┐
西   东
└南┘
```

♠J943
♥J65
♦98
♣K865

♠762
♥A9742
♦Q74
♣Q7

叫牌过程

| 北 | 东 | 南 | 西 |
|---|---|---|---|
| 1♣① | — | 1♥② | 1♠③ |
| 加倍④ | — | 2♥⑤ | — |
| 3♥⑥ | — | 4♥⑦ | 都不叫 |

269

## 精准自然叫牌

① 北家持大牌点17点，♣为5张套，开叫1♣，表示13点以上，♣为3张以上。

② 东家不叫，南家持9点牌力，♥为5张。应叫1♥，表示6点以上，♥为4张以上。

③ 西家持大牌点10点，♠为5张，争叫1♠，表示8点以上，♠为5张以上。

④ 北家加倍，北家在同伴应叫♥后叫加倍，表示支持性加倍，3张♥支持。

⑤ 南家持9点牌力，再叫2♥示弱，表示有5张♥。

⑥ 北家持18点牌力，再叫3♥进局邀叫。

⑦ 南家持9点牌力，接受邀请加叫到局。

### 例13　　双方无局

　　　　　　　♠A32
　　　　　　　♥AQ10
　　　　　　　♦KJ1092
　　　　　　　♣102

♠KJ10865　　　┌北┐　　　♠97
♥87　　　　　西　东　　♥K6543
♦A8　　　　　└南┘　　　♦765
♣QJ5　　　　　　　　　　♣876

　　　　　　　♠Q4
　　　　　　　♥J92
　　　　　　　♦Q43
　　　　　　　♣AK943

叫牌过程

| 北 | 东 | 南 | 西 |
|---|---|---|---|
| 1♦ | — | 2♣ | 2♠ |

## 第六章　对方干扰后的叫牌

加倍　　　　—　　　　2NT　　　　—
3NT　　　　都不叫

这是一副在复式比赛中打过的牌，开室的南北搭档约定使用首攻保护性加倍。因此，北家加倍就属于首攻保护性加倍，表示持有对方争叫花色中的A××、K××或Q××的单止张，南家持有Q×、K×或A×的双张就应叫2NT。在南家应叫2NT后，北家加叫3NT。

西家首攻♠5，定约者用Q拿了这一墩，立即树立♦。西家的♦A进手再攻♠，明手忍让一墩♠后用A拿。由于东家再也打不出♠，定约方可以安全地飞♥。结果定约方得到了两墩♠、两墩♥、四墩♦和两墩♣，超额一墩完成定约。

在闭室，南北方没有使用首攻保护性加倍，北家持有♠A，再叫牌时叫2NT，南家加到3NT。结果由争叫者同伴首攻♠9，这样，定约方的♠只有一个止张。西家的♦A进手拿了五墩♠，使3NT定约宕了两墩。

### 例14　南北有局

```
                 ♠96
                 ♥K765
                 ♦Q9
                 ♣AQJ106
♠KQ1054                        ♠J72
♥J93         北                ♥2
♦A104     西    东              ♦87652
♣K2          南                ♣8754
                 ♠A83
                 ♥AQ1084
                 ♦KJ3
                 ♣93
```

271

**精准自然叫牌**

叫牌过程

| 南 | 西 | 北 | 东 |
|---|---|---|---|
| 1♥① | 1♠② | 2♠③ | — |
| 4♥④ | 都不叫 | | |

①南家持大牌点14点，♥为5张，开叫1♥，表示13点以上，♥为5张以上。

②西家持大牌点13点，♠为5张，争叫1♠，表示♠为5张以上，8点以上。

③北家持大牌点12点，同伴开叫花色有带K的4张支持，扣叫对方争叫花色，表示持大牌点11点以上，同伴开叫花色有4张以上支持。

④南家持大牌点14点，跳叫4♥，表示持14~15点，无满贯兴趣。西家不叫，北家持大牌点12点，联手不超过27点，成局即可。

西家首攻♠K，明手放小，庄家用A拿住。接着用♥A、♥K、♥Q吊将，清光对方的将牌，停在庄家手中。庄家打出♣9，飞西家♣K，飞成功后再出两轮♣，垫掉庄家手中的两张♠，再送一墩♦给对方，超两墩完成定约。

## 第四节 1NT开叫被对方干扰后的叫牌

### 一、对方干扰后的第一应叫

同伴开叫后，对方在2阶水平上争叫某一门花色，你的应叫主要有以下几种。

**1. 对方争叫后叫加倍**

（1）1NT—2♣—加倍，也就是说同伴开叫1NT，对方争叫2♣，你叫加倍，表示斯台曼问叫。问叫人持有一门4张以上高花，6~10点。

## 第六章 对方干扰后的叫牌

a. ♠A942　　♥QJ95　　♦J97　　♣73
b. ♠KJ93　　♥AQ962　　♦62　　♣73

a）同伴开叫1NT，对方上家争叫2♣，你持大牌点8点，双高花套，应叫加倍，表示斯台曼问叫，6~10点。

b）同伴开叫1NT，对方上家争叫2♣，你持大牌点10点，高花为5-4型，先应叫加倍，表示6~10点，斯台曼问叫。若同伴没有高花套再叫2♦后，你可跳叫3♠，3♠为斯莫伦约定叫。

（2）1NT—2♦—加倍，也就是说同伴1NT，对方争叫2♦，你叫加倍，表示你持双高花为4-4型，8~9点。

c. ♠KJ83　　♥Q942　　♦Q76　　♣J4
d. ♠AQ96　　♥QJ76　　♦942　　♣73

c）同伴开叫1NT，对方上家争叫2♦，你持大牌点9点，高花为4-4型，应叫加倍，表示8~9点，两门高花为4-4型。

d）同伴开叫1NT，对方上家争叫2♦，你持大牌点9点，两门高花为4-4型，应叫加倍，表示8~9点，两门高花为4-4型。

（3）1NT—2♥/2♠—加倍，也就是说同伴开叫1NT，对方争叫2♥，你加倍，表示你持有♠为4张套；对方争叫2♠，你加倍，表示你持有4张♥套，8~9点。

e. ♠QJ98　　♥8　　♦QJ104　　♣K832
f. ♠J92　　♥A982　　♦Q4　　♣Q1052

e）同伴开叫1NT，对方上家争叫2♥，你持大牌点9点，♠为4张套，应叫加倍，表示持有4张♠套，8~9点。

f）同伴开叫1NT，对方上家争叫2♠，你持大牌点9点，♥为4张套，应叫加倍，表示有4张♥套，8~9点。

（4）对方在3阶水平上争叫或在3阶水平上加叫后的加倍=惩罚性加倍。

g. ♠QJ762　　♥Q92　　♦762　　♣A9
h. ♠83　　♥AJ10　　♦J842　　♣K1063

## 精准自然叫牌

g) 同伴开叫1NT，对方上家争叫2♥，你应叫2♠，同伴不叫，对方上家加叫到3♥，你加倍为惩罚性加倍。

h) 同伴开叫1NT，对方上家争叫2♦（注：2♦为双高套），你不叫，对方的下家应叫2♥，同伴不叫，对方上家也不叫，你加倍希望同伴叫牌。同伴再叫3♣，对方上家加叫3♥，你加倍，表示惩罚性加倍。

### 2. 对方花色争叫后的转移叫

（1）1NT—2♣—2♦/2♥=转移叫2♥/2♠。也就是说，同伴开叫1NT，对方争叫2♣，你应叫2♦，表示有5张以上♥，要求同伴转移到♥上来；同伴开叫1NT，对方争叫2♣，你应叫2♥，表示持有5张以上♠，要求同伴转移到♠上来。转移叫不受牌点限制。

i. ♠K3　　♥KJ1072　　♦Q72　　♣973
j. ♠AQ1072　♥KJ2　　♦J95　　♣72

i) 同伴开叫1NT，对方上家争叫2♣，你持大牌点9点，♥为5张套，应叫2♦，让同伴转移叫2♥。在同伴转移叫2♥后，再应叫2NT，表示5-3-3-2牌型，8~9点。

j) 同伴开叫1NT，对方上家争叫2♣，你持大牌点11点，♠为5张套，应叫2♥，让同伴转移叫2♠。在同伴转移叫2♠后，下轮扣叫3♣，问同伴♣是否有止张，让同伴决定是打3NT还是4♠。

（2）1NT—2♦—2♥/2♠=转移叫2♠/3♣。也就是说，同伴开叫1NT，对方争叫2♦，你应叫2♥/2♠，表示持有5张以上♠或♣，要求同伴转移叫2♠或3♣。转移叫不受牌点限制。

k. ♠KJ1093　♥A109　　♦63　　♣1072
l. ♠963　　♥2　　　♦Q82　　♣AK10763

k) 同伴开叫1NT，对方上家争叫2♦，你持大牌点8点，♠为5张套，应叫2♥，让同伴转移叫2♠。在同伴转移叫2♠后，再应叫2NT，表示5-3-3-2牌型，8~9点。

l) 同伴开叫1NT，对方上家争叫2♦，你持大牌点9点，♣为6张

## 第六章 对方干扰后的叫牌

套，应叫2♠，让同伴转移叫3♣。下一轮可再叫3♥，询问同伴是否♥有止张，若同伴♥有两止就可以叫3NT。

（3）1NT—2♥—2♠/3♣=转移叫3♣/3♦。也就是说，同伴开叫1NT，对方争叫2♥，你应叫2♠/3♣，表示有5张以上♣或♦，要求同伴转移叫3♣或3♦。应叫者牌力不受限制。

  m. ♠94    ♥J32    ♦Q5    ♣KJ9732
  n. ♠104    ♥A32    ♦KQ10432    ♣94

m）同伴开叫1NT，对方上家争叫2♥，你持大牌点7点，♣为6张套，应叫2♠，要求同伴转移叫3♣。若对方不再争叫，3♣由开叫者来主打。

n）同伴开叫1NT，对方上家争叫2♥，你持大牌9点，♦为6张套，应叫3♣，要求同伴转移叫3♦。若对方不再争叫，你可再叫3NT，表示对方争叫花色有止张。

（4）1NT—2♠—3♣/3♦=转移叫3♦/3♥。也就是说，同伴开叫1NT，对方争叫2♠，你应叫3♣/3♦，表示持有5张以上♦或♥，要求同伴转移叫3♦或3♥。应叫者牌力不受限制。

  o. ♠Q83    ♥3    ♦KQ9853    ♣842
  p. ♠J103    ♥AQ762    ♦Q102    ♣108

o）同伴开叫1NT，对方上家争叫2♠，你持大牌点7点，♦为6张套，应叫3♣，要求同伴转移叫3♦。同伴转移叫3♦后，若对方不再争叫，3♦由开叫人来主打。

p）同伴开叫1NT，对方上家争叫2♠，你持大牌点9点，♥为5张套，应叫3♦，要求同伴转移叫3♥。同伴转移叫3♥后，你再叫3NT，表示5-3-3-2牌型，8~9点。

### 3. 对方争叫后应叫2NT

同伴开叫1NT，对方2阶水平争叫后，你应叫2NT，表示6点以上，并要求同伴再叫3♣，你的再应叫如下：

（1）应叫不能转移叫的长套花色。即：长套花色为对方争叫花

275

## 精准自然叫牌

色（比如同伴开叫1NT，对方用卡普兰蒂约定叫争叫2♣或2♦）和对方争叫花色较高一级别的花色，6~7点，开叫人必须止叫。

（2）扣叫对方争叫花色。大牌点为9点以上。先应叫2NT，再扣叫争叫花色，除保证有4张未叫高花和进局实力外，还保证对方争叫花色有止张（直接扣叫否定对方争叫花色有止张）。

（3）应叫3NT。保证对方争叫花色有止张，大牌点为9点以上。

  q. ♠93  ♥52  ♦QJ10863  ♣K83
  r. ♠K10975  ♥93  ♦KJ3  ♣1063
  s. ♠KQ3  ♥K103  ♦J943  ♣Q72
  t. ♠K93  ♥KQ83  ♦83  ♣Q742

q）同伴开叫1NT，对方上家争叫2♣，你持大牌点6点，由于♦长套花色的级别比对方争叫花色高一级别，故不能转移叫到♦套上。先争叫2NT，同伴必须再叫3♣，你再叫3♦，因为大牌点只有6~7点，开叫者必须止叫。

r）同伴开叫1NT，对方上家争叫2♥，你持大牌点7点，♠长套花色的级别比对方争叫花色高一级别。你先应叫2NT，待同伴再叫3♣后，下一轮再叫3♠，表示持大牌点6~7点，同伴必须停叫。

s）同伴开叫1NT，对方上家争叫2♠，你持大牌点11点，每门花色都有止张。先应叫2NT，待同伴再叫3♣后，下一轮再叫3NT，表示对方争叫花色有止张。

t）同伴开叫1NT，对方上家争叫2♠，你持大牌点10点，对方争叫花色有止张，♥有4张。你可先应叫2NT，待同伴应叫3♣后，下一轮再扣叫3♠，表示持4张♥和对方争叫花色有止张，让同伴选择是打3NT还是打4♥。

### 4. 对方争叫后3阶水平花色应叫

3阶水平花色应叫，表示这门花色为6张以上，带两个顶张大牌，8点以上。同伴再叫时，可根据手上的牌情，叫3NT或4阶高花进局。

  u. ♠973  ♥K63  ♦AQ9873  ♣4

第六章 对方干扰后的叫牌

v. ♠84　　　♥KQJ1085　　♦A9　　　♣J104
w. ♠3　　　 ♥KQ8643　　 ♦863　　 ♣A72

u）同伴开叫1NT，对方上家争叫2♣，你持大牌点9点，♦为带AQ的6张套，你跳叫3♦，表示持有两个顶张的6张♦套，8点以上牌力。同伴若对方争叫花色有止张，可再叫3NT。

v）同伴开叫1NT，对方上家争叫2♠，你持大牌点11点，♥为带KQ的6张套，应叫3♥，表示持有两个顶张的6张♥套，8点以上牌力。同伴再叫时可以4♥进局。

w）同伴开叫1NT，对方上家争叫2♣，你持大牌点9点，♥为带KQ的6张套，对方争叫花色为单张，应叫3♥，表示持有两个顶张的6张♥套，8点以上牌力。同伴再叫时可叫4♥进局。

### 5. 直接应叫3NT

直接应叫3NT，表示有打3NT的实力，否定对方争叫花色有止张。如果同伴在对方争叫花色中有止张就打3NT；若同伴在对方争叫花色中没有止张就应逃叫4♣（逃叫其他花色为5张套），让同伴转移到安全花色。直接应叫3NT，表示高花不超过5张，牌力为10点左右。

直接应叫3NT和先叫2NT后再叫3NT的区别：先应叫2NT后再叫3NT，表示对方争叫花色有止张；直接应叫3NT，否定对方争叫花色有止张。但两者都有打3NT的实力，因此，对方争叫花色有止张应先应叫2NT，下一轮再叫3NT。

x. ♠82　　　♥94　　　　♦AKQ942　♣J43
y. ♠93　　　♥A83　　　 ♦KQJ73　　♣843

x）同伴开叫1NT，对方上家争叫2♠，你持大牌点10点，♦为半坚固的6张套，直接应叫3NT，表示具有打3NT的实力，否定对方争叫花色有止张。若开叫人对对方争叫花色有止张就打3NT；若没有止张就逃叫4♣，然后你可再应叫4♦安全转移到♦上来。

y）同伴开叫1NT，对方上家争叫2♠，你持大牌点10点，直接应叫3NT，表示具有打3NT的实力，否定对方争叫花色有止张。若开叫

277

人没有♠止张，3NT不能打就应该逃叫4♣，然后你可转叫4♦。

**6. 直接扣叫对方争叫花色**

直接扣叫对方争叫花色，表示有4张未叫过的高花支持和进局的实力，但否定对方争叫花色有止张，10点以上。

z. ♠KQ83　　♥94　　　♦KQ52　　　♣Q42
a. ♠J102　　♥KJ107　　♦95　　　　♣AQ73

z）同伴开叫1NT，对方上家争叫2♥，你持大牌点12点，有4张♠套，你可以扣叫3♥，表示有4张♠和进局的实力，但否定对方争叫花色有止张。

a）同伴开叫1NT，对方上家争叫2♠，你持大牌点11点，有4张♥套，你可以扣叫3♠，表示有4张♥和进局的实力，但否定对方争叫花色有止张。

## 二、牌例

例15　　东西有局

```
                ♠AQ8
                ♥KQJ9
                ♦J1083
                ♣K9
♠K1062                        ♠75
♥7543        ┌北┐             ♥86
♦974         西  东            ♦AK5
♣52          └南┘             ♣AJ10743
                ♠J943
                ♥A102
                ♦Q62
                ♣Q86
```

## 第六章　对方干扰后的叫牌

叫牌过程

| 北 | 东 | 南 | 西 |
|---|---|---|---|
| 1NT① | 2♣② | 加倍③ | — |
| 2♥④ | — | 2NT⑤ | — |
| 3NT⑥ | 都不叫 | | |

① 北家持大牌点16点，平均牌型，开叫1NT。
② 东家持大牌点12点，6张♣套，争叫2♣，表示13点以上牌力，♣为5张以上。
③ 南家持大牌点9点，♠为4张套，加倍，表示6~10点，斯台曼问叫。
④ 西家不叫，北家答叫2♥，表示♥有4张。
⑤ 南家再应叫2NT，表示同伴的4张高花不配合，持8~9点。
⑥ 北家持大牌点16点，同伴持8~9点，联手至少24点，叫3NT有点赌，不叫2NT又不甘心，还是赌一下，叫3NT。

东家首攻♣10，南家放6，西家放5，北家用K吃住。打♥9，明手出10，出♠4，西家出10，北家用Q飞过。再打♦J，东家用K吃住，打出♣J，明手出Q，西家跟2。北家考虑再出♦，东家用A拿住，兑现♣就宕了。因此，要争取♠拿三墩，才能完成定约。出♥J，明手跟A，再打♠J，若西家用K盖就用A拿住，西家若不盖就出8。最后完成3NT定约。

279

**精准自然叫牌**

例16　　双方有局

```
                    ♠K983
                    ♥AK9
                    ♦Q5
                    ♣AJ103
♠A104          ┌─北─┐           ♠5
♥8653          西   东           ♥J107
♦J1042         └─南─┘           ♦AK983
♣65                              ♣K872
                    ♠QJ763
                    ♥Q42
                    ♦76
                    ♣Q97
```

叫牌过程

| 北 | 东 | 南 | 西 |
|---|---|---|---|
| 1NT① | 2♦② | 2♥③ | 3♦④ |
| 3♠⑤ | 都不叫 | | |

① 北家持大牌点17点，平均牌型，开叫1NT。

② 东家持大牌点11点，5张♦套，争叫2♦。

③ 南家持大牌点7点，♠为5张套，应叫2♥，要求同伴转移2♠。

④ 西家持大牌点5点，同伴争叫花色有4张支持，由于竞叫的需要，加叫3♦。

⑤ 北家知道，南家的牌很弱，大牌点不会超过7点，但自己♠有4张支持，而且还是开叫1NT的高限，所以转移叫3♠。

东家首攻♦K，连拿两墩♦后出♠5，不论东西方怎么防守，定约方再输一墩♠和一墩♣，便完成3♠定约。

## 第六章　对方干扰后的叫牌

例17　　　双方无局

```
              ♠KJ2
              ♥K632
              ♦A7
              ♣KQJ3
♠9765                        ♠4
♥104      北                 ♥AQJ97
♦QJ64   西　东                ♦K853
♣965      南                 ♣A84
              ♠AQ1083
              ♥85
              ♦1092
              ♣1072
```

叫牌过程

| 北 | 东 | 南 | 西 |
|---|---|---|---|
| 1NT① | 2♥② | 2NT③ | — |
| 3♣④ | — | 3♠⑤ | — |
| —⑥ | — | = | |

① 北家持大牌点17点，平均牌型，开叫1NT。
② 东西持大牌点14点，5张♥套，争叫2♥。
③ 南家持大牌点6点，♠为5张套，为对方争叫花色的高一级别，不能转移到♠上，先应叫2NT，同伴再叫3♣后再叫3♠。
④ 西家持3点牌，不叫。北家再叫3♣。
⑤ 南家再叫自己的长套3♠。
⑥ 北家知道南家只有6~7点，联手最多24点，加上东家争叫2♥，♥K可能被东家的A捉住，还是不叫为好。

西家首攻♥10，防守方得了两墩♥后，用♠4吊将，庄家用♠K吃住，打♣逼出♣A。最后清光将牌，再送一墩♦，3♠定约圆满完成。

## 精准自然叫牌

### 例18　　南北有局

```
              ♠963
              ♥2
              ♦Q82
              ♣AK10763
♠AJ8                        ♠10754
♥KJ10965    北              ♥8743
♦KJ4      西  东            ♦976
♣4          南              ♣J9
              ♠KQ2
              ♥AQ
              ♦A1053
              ♣Q852
```

叫牌过程

| 南 | 西 | 北 | 东 |
|---|---|---|---|
| 1NT① | 2♥② | 3NT③ | — |
| —④ | — | = | |

① 南家持大牌点17点，平均牌型，开叫1NT。

② 西家持大牌点13点，6张♥套，争叫2♥。

③ 北家持大牌点9点，♣为带AK的6张套，在对方上家争叫2♥后，应叫3NT，表示有打3NT的实力，对方争叫花色没有止张。

④ 东家不叫，南家在对方争叫花色中有两上，不叫，就打3NT。

西家首攻♥J，庄家用Q得了这一墩。打♣5给明手的A，再打♣3到手上的♣Q，这样♣拿了六墩。再从明手打出♠3，手上出♠K，不管防守方出还是不出♠A，庄家♠拿一墩，还有♥拿两墩，加上♦A和六墩♣，定约方超一墩完成了定约。

282

## 第六章 对方干扰后的叫牌

例19　　东西有局

♠KJ3
♥J83
♦AQ8642
♣3

♠92
♥Q109
♦109
♣AKQ962

♠8654
♥7654
♦J7
♣875

♠AQ107
♥AK2
♦K93
♣J104

叫牌过程

| 南 | 西 | 北 | 东 |
|---|---|---|---|
| 1NT① | 2♣② | 3♦③ | — |
| 4♦④ | — | 5♦⑤ | 都不叫 |

① 南家持大牌点17点，平均牌型，开叫1NT。
② 西家持大牌点11点，♣为6张半坚固套，争叫2♣。
③ 北家持大牌点11点，♦为带AQ的6张套，跳叫3♦，表示8点以上，♦为带AQ的6张套。
④ 东家不叫，南家在对方争叫花色中没有止张，同伴应叫花色有带K的3张支持，并且为高限牌力，再叫4♦。
⑤ 北家持大牌点11点，♣为单张，♦为6张套，加牌型点有15点，加叫到5♦。

西家首攻♣Q，再打♣K，北家将吃。清光将牌用明手的♠垫掉一张♥，超一墩完成5♦定约。

**精准自然叫牌**

### 例20　双方有局

```
              ♠82
              ♥A94
              ♦KQJ42
              ♣743
♠AKQ104                        ♠963
♥52         北                 ♥J1076
♦1083    西    东               ♦765
♣A98        南                 ♣1062
              ♠J75
              ♥KQ83
              ♦A9
              ♣KQJ5
```

叫牌过程

| 南 | 西 | 北 | 东 |
|---|---|---|---|
| 1NT① | 2♠② | 3NT③ | — |
| 4♣④ | — | 4♦⑤ | 都不叫 |

① 南家持大牌点16点，平均牌型，开叫1NT。

② 西家持大牌点13点，♠为5张套，争叫2♠。

③ 北家持大牌点10点，♦为5张套，只要南家在对方争叫花色中有止张，就可以打3NT。因此北家应叫3NT，表示有打3NT的实力，否定对方争叫花色有止张。

④ 南家在♠上没有止张，因此逃叫4♣。

⑤ 北家改叫4♦长套。

结果4♦刚好打成，而打3NT要宕两墩。

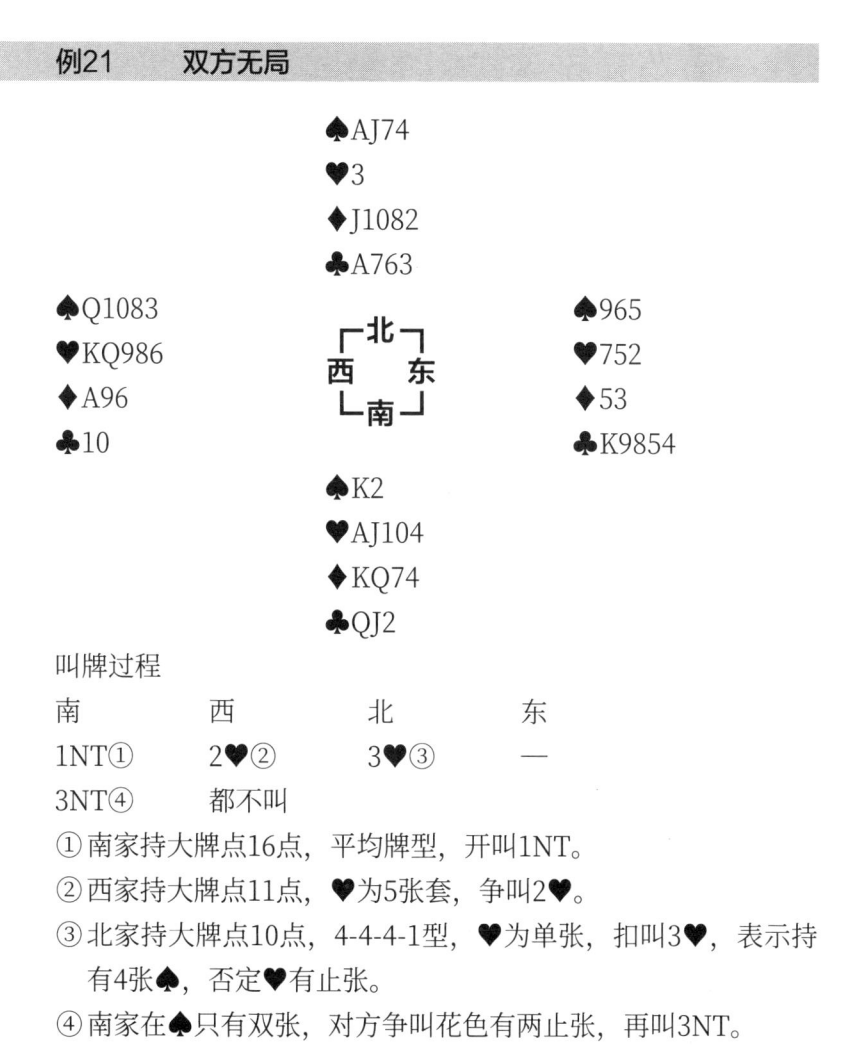

## 第六章 对方干扰后的叫牌

例21　双方无局

```
                    ♠AJ74
                    ♥3
                    ♦J1082
                    ♣A763
♠Q1083                              ♠965
♥KQ986          北                   ♥752
♦A96          西  东                  ♦53
♣10             南                   ♣K9854
                    ♠K2
                    ♥AJ104
                    ♦KQ74
                    ♣QJ2
```

叫牌过程

| 南 | 西 | 北 | 东 |
|---|---|---|---|
| 1NT① | 2♥② | 3♥③ | — |
| 3NT④ | 都不叫 | | |

① 南家持大牌点16点，平均牌型，开叫1NT。

② 西家持大牌点11点，♥为5张套，争叫2♥。

③ 北家持大牌点10点，4-4-4-1型，♥为单张，扣叫3♥，表示持有4张♠，否定♥有止张。

④ 南家在♠只有双张，对方争叫花色有两止张，再叫3NT。

此副牌3NT没有问题，♠有两墩，♥有两墩，♦有三墩，♣有两墩，共九墩牌。

## 第五节 对方其他形式干扰后的叫牌

### 一、1阶花色开叫接着对方争叫1NT后的叫牌

同伴开叫1阶花色，对方上家争叫1NT，此时你有一定的牌力或牌型可以应叫。其具体应叫如下：

**1. 加倍**

表示你有实力击败对方1NT定约。

a. ♠K54　　♥Q103　　♦94　　♣KQJ103

a）同伴开叫1♦，对方上家争叫1NT，你持大牌点11点，加上同伴的开叫实力，完全有能力击败对方1NT定约，应叫加倍。

**2. 花色应叫**

2阶水平花色应叫，一般保证5张以上，有一定的牌力，8点以上，不逼叫。

b. ♠J3　　　♥72　　　♦KQ10843　　♣Q94

c. ♠KQ1086　♥108　　♦AJ106　　　♣93

b）同伴开叫1♥，对方上家争叫1NT，你持大牌点8点，6张♦套，你可以应叫2♦，表示♦为5张以上。此副牌不宜应叫加倍。

c）同伴开叫1♣，对方上家争叫1NT，你持大牌点10点，♠为5张套，你可以应叫2♠，表示♠为5张以上。

**3. 应叫2NT**

表示双低套，一般为5-5型，6点以上，希望同伴选择一门低花。

d. ♠93　　　♥—　　　♦KJ1086　　♣QJ7632

d）同伴开叫1♥，对方上家争叫1NT，你持大牌点7点，两门低花为6-5型，应叫2NT，表示双低套（至少5-5型），希望同伴选择一门低花。

## 第六章 对方干扰后的叫牌

| 例22 | 东西有局 |
|---|---|

```
              ♠AQ5
              ♥10973
              ♦AK83
              ♣96
♠876                        ♠J1093
♥65          北             ♥AKJ4
♦7652     西    东           ♦QJ10
♣8742        南             ♣A5
              ♠K42
              ♥Q82
              ♦94
              ♣KQJ103
```

叫牌过程

| 西 | 北 | 东 | 南 |
|---|---|---|---|
| —① | 1♦② | 1NT③ | ×④ |

都不叫

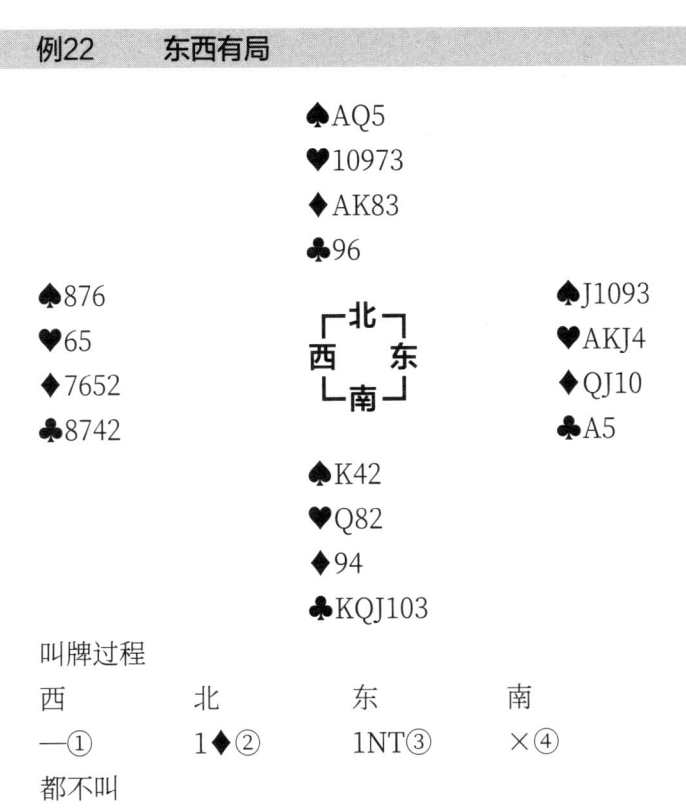

①西家开叫，西家空手，不叫。

②北家持大牌点13点，无5张套，开叫1♦，表示13点以上，♦为3张以上。

③东家持大牌点16点，平均牌型，争叫1NT，表示15~17点，平均牌型。

④南家持大牌点11点，估计同伴仅具有开叫实力，要打成局很困难，不如加倍对方，可能会得到一个很好的分数。叫加倍。

以下谁都不叫，让东家主打加倍的1NT。

南家首攻♣K，东家忍让。南家继续出♣Q，东家吃住。不管东家出什么牌，都要输掉四墩♣、三墩♠、两墩♦，总共输掉九墩牌。

287

精准自然叫牌

定约宕三墩，东西有局，南北方得800分。

## 二、1NT开叫被对方惩罚性加倍后的叫牌

同伴开叫1NT被对方惩罚性加倍，你如何应叫呢？总的来说，你有一定的牌力，足以打成1NT定约，可以不叫；如果你的牌很弱，则希望逃叫到一个安全的定约。至于如何逃叫，现在的办法很多，且各有各的特点，但很难有一个比较好的方法。笔者在参考各种办法的基础上，提出了一个相对比较合理的办法，供读者参考使用。

（1）不叫=6点以上，你认为有足够的能力打被加倍的1NT定约。

a. ♠KJ842　　♥A1083　　♦43　　♣93

a）同伴开叫1NT，对方上家叫加倍，你持大牌点8点，完全有实力打加倍的1NT定约，因此不叫。

（2）再加倍=6点以下，表示有一门低花长套逃叫。同伴必须再叫2♣，你是♣长套就不叫，是♦长套就改叫2♦。

b. ♠Q5　　♥4　　♦Q108543　　♣10953

b）同伴开叫1NT，对方上家叫加倍，你持大牌点4点，低花为6-4型，应叫再加倍。待同伴再叫2♣后，你再改叫2♦。

（3）应叫2♦/2♥=6点以下，雅可比转移叫，要求同伴转移叫2♥/2♠。

c. ♠J83　　♥K108542　　♦1083　　♣3

c）同伴开叫1NT，对方上家叫加倍，你持大牌点4点，♥为6张套，你应叫2♦，要求同伴转移叫2♥。

（4）应叫2♣=6点以下，表示有4张♣，牌型为4-4-4-1或4-4-3-2。若对方下家再叫加倍，同伴可以叫再加倍，要求你叫出第二套花色，你再叫出第二个4张套。

d. ♠9　　♥K942　　♦9842　　♣Q1073

d）同伴开叫1NT，对方上家叫加倍，你持大牌点5点，♠为单张，其他三门均为4张，你可以应叫2♣，表示♣为4张套，至少还有

288

## 第六章　对方干扰后的叫牌

另一花色为4张套。若对方的下家再叫加倍，同伴可以叫再加倍，要求你叫出第二套花色，你可以叫2♦或者2♥。

### 例23　　东西有局

```
                    ♠AQ62
                    ♥K73
                    ♦AQ75
                    ♣82
♠8754                                    ♠KJ103
♥96              北                       ♥AQJ5
♦103          西    东                    ♦J63
♣AJ965           南                       ♣K4
                    ♠9
                    ♥10842
                    ♦K984
                    ♣Q1073
```

叫牌过程

| 北 | 东 | 南 | 西 |
|---|---|---|---|
| 1NT① | 加倍② | 2♣③ | 加倍④ |
| 再加倍⑤ | — | 2♦⑥ | 都不叫 |

① 北家持大牌点15点，平均牌型，开叫1NT。
② 东家持大牌点15点，平均牌型，叫加倍，表示持牌15~17点，平均牌型。
③ 南家持大牌点5点，4-4-4-1牌型，应叫2♣，表示6点以下，♣为4张套，还有另外的4张套。
④ 西家持大牌点5点，5张♣套，同伴加倍1NT表示同伴持有15点以上，联手至少20点，于是叫加倍惩罚对方。
⑤ 北家♣只有2张，希望同伴叫出第二套花色，叫再加倍。

289

## 精准自然叫牌

⑥南家可叫2♦或2♥，但♦更强，便顺叫2♦，表示♦为第二套花色。

### 三、虚应叫被对方加倍后的叫牌

虚应叫是指，同伴开叫1NT，你应叫2♣（斯台曼问叫）和应叫2♦/2♥（雅可比转移叫）。即：

```
      北        东        南         西
(1)  1NT       —        2♣        加倍
(2)  1NT       —        2♦/2♥     加倍
```

西家对南家应叫2♣后叫加倍，不是技术性加倍，而是指示性首攻加倍，要求同伴首攻♣；西家对南家应叫2♦或2♥的加倍，也是指示性首攻加倍，要求同伴首攻南家的应叫花色。

（1）对于南家应叫2♣，对方加倍后，北家再叫有多种选择：

不叫=有♣止张，南家可以叫再加倍继续问高套；

再加倍=♣很强，至少4张，两个止张以上，否定有4张高花；

2♦/2♥/2♠=正常应答，否定♣有止张。

（2）对于南家应叫2♦/2♥，对方加倍后，此时北家再叫可选择：

不叫=有加倍花色的止张，南家可以通过叫再加倍要求北家转移叫2♥/2♠；

再加倍=加倍花色很强，至少4张，两个止张以上，一般否定同伴长套有3张支持；

正常转移=保证同伴长套有3张支持，否定加倍花色有止张。

a. ♠QJ42　　♥AQ4　　♦K72　　♣A107
b. ♠AQ3　　♥KQ106　♦KJ84　　♣J3
c. ♠A85　　♥K97　　♦A109　　♣KQ97
d. ♠J104　　♥K108　　♦KQJ4　　♣AQ3
e. ♠J8　　　♥AQ84　　♦A73　　♣KQ84
f. ♠AQ4　　♥103　　♦KQ94　　♣AK73

## 第六章 对方干扰后的叫牌

a) 你开叫1NT，同伴应叫2♣，对方叫加倍，你不叫，表示♣有止张。如同伴叫再加倍，你可再叫2♣。

b) 你开叫1NT，同伴应叫2♣，对方叫加倍，你再叫2♥，否定♣有止张。

c) 你开叫1NT，同伴应叫2♣，对方叫加倍，你叫再加倍，表示♣很强，否定有4张高花。

d) 你开叫1NT，同伴应叫2♥，对方叫加倍，你不叫，表示♥有止张。如同伴叫再加倍，你可转移叫2♠。

e) 你开叫1NT，同伴应叫2♥，对方叫加倍，你叫再加倍，表示♥很强，♠少于3张。

f) 你开叫1NT，同伴应叫2♥，对方叫加倍，你可立即转移到2♠，保证♠有3张，否定♥有止张。

例24　　双方有局

```
                ♠AK83
                ♥KQ4
                ♦QJ4
                ♣J96
♠1076                           ♠42
♥J6          ┌─北─┐              ♥108732
♦A96         西   东             ♦1073
♣AK875       └─南─┘              ♣Q42
                ♠QJ95
                ♥A95
                ♦K852
                ♣103
```

## 精准自然叫牌

叫牌过程

| 北 | 东 | 南 | 西 |
|---|---|---|---|
| 1NT① | — | 2♣② | 加倍③ |
| 2♠④ | — | 4♠⑤ | 都不叫 |

① 北家持大牌点16点，平均牌型，开叫1NT。

② 东家不叫，南家持大牌点10点，应叫2♣，斯台曼问叫，表示8点以上。

③ 西家持大牌点12点，5张带AK的♣套，叫加倍，指示同伴首攻♣。

④ 北家♣没有止张，答叫2♠，表示有4张♠套。

⑤ 南家分析，同伴开叫1NT，至少15点，自己持大牌点10点，联手至少有25点，找到♠为4-4配合，可以打4♠。再应叫4♠。

东家首攻♣Q，明手放3，西家跟7，庄家跟6。东家再出♣4，西家用K吃住第二墩，继而转攻♥J，庄家用K吃住。吊三轮将牌后，打出♦Q，送一墩♦给对方，不管对方什么时候出♦A，4♠定约完成。

# 第七章
# 防守叫牌

对方开叫后，你方有一定牌力和牌型可参与竞叫。先参与竞争叫牌的一家可使用技术性加倍、争叫、跳争叫、扣叫，跳扣叫等手段，称为加倍者、争叫者或扣叫者；他的同伴称为推进者，以避免与应叫者（开叫者的同伴）这个名称相混淆。你方参与竞争叫牌后，你方的应叫和再叫，均属防守叫牌范围。

精准自然叫牌

## 第一节 加倍

加倍分技术性加倍和惩罚性加倍。

技术性加倍，表示具有开叫牌力，示意同伴叫牌。

惩罚性加倍，表示通过分析判断，有击败对方定约的实力和意志。

### 一、技术性加倍

技术性加倍是防守方参与叫牌的重要手段，尤其是适合没有长套但对未叫过的花色有较好支持时。技术性加倍大致有以下几种类型。

**1. 有三门未叫花色好支持的加倍**

这是技术加倍较为理想的牌型。最理想的牌型是4-4-4-1和5-4-4-0型，保证未叫花色均有4张支持。对于这类牌型，牌点要求可适当放宽，低限为11个大牌点。

a. ♠KJ104　　♥AJ104　　♦3　　　♣Q984
b. ♠AK64　　 ♥KQ94　　♦97　　♣J84

a) 对方上家开叫1♦，你持大牌点11点，4-4-4-1牌型，对方开叫花色为单张，未叫花色均有4张支持，可以叫加倍。

b) 对方上家开叫1♦，你持大牌点13点，争叫花色没有5张套，但两门高花均为4张，对方开叫花色为两张小牌，可以叫加倍，要求同伴参与竞争叫牌。

**2. 加倍后出套**

有一门未叫花色5张以上长套，16点以上，先叫加倍后出套，表示16点以上牌力。

c. ♠AKJ104　♥A32　　　♦94　　　♣AQ7
d. ♠KJ1074　♥85　　　 ♦KQ7　　♣AJ6

c) 对方上家开叫1♥，你持大牌点18点，♠为5张套，你先叫加倍，下一轮再叫♠，表示你持16点以上，♠为5张以上。

## 第七章　防守叫牌

d）对方上家开叫1♥，你持大牌点14点，♠为5张套，你只能争叫1♠，不能先叫加倍后叫♠，因为你的大牌点没有达到16点，不符合先加倍后出套的条件。

### 3. 对方一盖一应叫后加倍

具有开叫实力，未叫过的两门花色均有4张支持。假设对方叫牌过程是：

| 西 | 北 | 东 | 南 |
|---|---|---|---|
| 1♣ | — | 1♥ | ? |

你持下列牌该怎么叫呢？

e. ♠Q1085　　♥AQ107　　♦KQ86　　♣4
f. ♠KJ103　　♥62　　　 ♦AQ74　　♣QJ3

e）对方一盖一应叫，你持大牌点13点，对方未叫过的♠和♦两门花色均有4张，你可以叫加倍，表示未叫过的花色均有4张支持。

f）对方一盖一应叫，你持大牌点13点，对方未叫过的♠和♦两门花色均有4张，你可以叫加倍，表示未叫花色均有4张支持。

### 4. 对方二盖一应叫后加倍

表示牌型特别好，未叫过的两门花色均有5张支持，为5-5型。由于二盖一应叫保证了一定的牌力，你加倍时要特别慎重，多数情况下一般不叫，只有在特别好的牌型时才叫加倍。

假设对方叫牌过程为：

| 西 | 北 | 东 | 南 |
|---|---|---|---|
| 1♥ | — | 2♦ | ? |

你持下列牌该怎么叫呢？

g. ♠QJ1064　♥4　　　　♦104　　　♣AQJ76
h. ♠QJ94　　♥A42　　　♦106　　　♣AQ76

g）对方二盖一应叫，你持大牌点10点，未叫过的两门花色均有5张，这副牌虽然牌点不高，但牌型很好，可以叫加倍。

h）对方二盖一应叫，你持大牌点13点，符合技术性加倍的条

295

## 精准自然叫牌

件，但在二盖一应叫后，这副牌不宜叫加倍，还是以不叫为上策（己方无局可以叫）。

### 5. 对方单加叫后加倍

对方单加叫后叫加倍，一般表示保证其他三门花色有支持，牌点并不高（低花反加叫除外）。此时你若有较好的牌型，未叫过的三门花色均有支持，可以叫加倍。如果未叫过的三门花色都有4张支持，则叫加倍的牌点有10点以上就可以，其他有支持的情形必须具有开叫的实力。

假设对方叫牌过程为：

| 西 | 北 | 东 | 南 |
|---|---|---|---|
| 1♦ | — | 2♦ | ? |

你持下列牌该怎么叫呢？

  i. ♠Q1097　　♥A1094　　♦7　　♣KJ94
  j. ♠AQ6　　　♥A105　　　♦42　　♣QJ1032

i) 对方开叫1♦，应叫2♦。对方单加后，你持大牌点10点，4-4-4-1型，虽然牌点不多，没有达到开叫实力，但牌型很好，未叫过的三门花色均有4张好支持，可以叫加倍。

j) 对方开叫1♦，应叫2♦。对方单加后，你持大牌点13点，未叫过的三门均有支持，♣为5张套，可以叫加倍。不要争叫3♣，如争叫3♣，一旦同伴♣很短，你就没有退路了。

### 6. 对方1NT应叫后加倍

一般技术性加倍，持有开叫实力，但没有5张以上套，未叫过的三门均有支持。

假设对方叫牌过程为：

| 西 | 北 | 东 | 南 |
|---|---|---|---|
| 1♦ | — | 1NT | ? |

你持下列牌该怎么叫呢？

  k. ♠KJ85　　♥Q105　　♦42　　♣AQ74

## 第七章 防守叫牌

l. ♠AK　　　♥J73　　　♦AQJ102　　♣Q84

k) 对方开叫1♦，应叫1NT。你持大牌12点，未叫过的三门花色均有支持，可以叫加倍，要求同伴出套。

l) 对方开叫1♦，应叫1NT。你持大牌17点，若先叫加倍后出套，表示16点以上，出套只能叫出♦套，不太合适。因此，此副牌不适宜作技术性加倍，以不叫为上策。

### 7. 连续两次叫加倍

表示对方开叫花色为单张，强烈要求同伴叫牌，未叫花色均有好支持。16点以上，但不能加倍后出套，因为没有5张套。

假设叫牌过程为：

| 西 | 北 | 东 | 南 |
|---|---|---|---|
|  |  | 1♥ | 加倍 |
| 2♥ | — | — | ? |

你持下列牌该怎么叫呢？

m. ♠KQ84　　♥5　　　　♦AQ106　　♣KQ74
n. ♠Q964　　♥A　　　　♦KJ87　　　♣Q954

m) 对方上家开叫1♥，你持大点16点，对方开叫花色为单张，其他三门均有4张，叫加倍；对方下家单加2♥，你的同伴pass，你又加倍，表示16点以上，牌型很好，对方开叫花色为单缺，强烈要求同伴叫牌。

n) 对方上家开叫1♥，你持大点12点，对方开叫花色为单张，未叫过的三门花色都有4张支持，你可以叫加倍。你的下家加叫到2♥，你的同伴不叫，你就不能再叫加倍，因为你不具备第二轮再叫加倍的牌力，没有16点以上牌力。

### 8. 第一轮不叫，第二轮叫加倍

第一轮不叫的主要原因是牌点不够，不适宜加倍，或者第一轮不符合技术性加倍的牌型要求，第二轮却符合要求。

### 精准自然叫牌

假设叫牌过程为：

| (1) | 西 | 北 | 东 | 南 |
|---|---|---|---|---|
|  | 1♣ | — | 1NT | — |
|  | 2♣ | ? |  |  |
| (2) | 1♣ | — | 1♥ | — |
|  | 2♥ | ? |  |  |

你是北家，持♠QJ103 ♥KJ104 ♦QJ94 ♣3这手牌面对（1）的叫牌过程，你只有10点牌力，虽然不够叫加倍的牌力要求，在对方加到2♣后，你可以通过加倍来要求同伴参与竞争叫牌。因为你第一轮pass，表示牌点不多，不够叫加倍的实力，第二轮加倍牌点可放宽些。

你是北家，持♠QJ97 ♥6 ♦AQJ6 ♣K1086这手牌面对（2）的叫牌过程，你持大牌点13点，♥为单张，对方开叫花色有4张，争叫没有5张套，叫技术性加倍不符合牌型要求，你选择不叫。当对方叫到2♥时，轮到你叫牌，符合技术性加倍的条件，未叫过的两门花色均有4张支持，因此，第二轮叫牌时叫加倍。

### 9. 第一轮争叫，第二轮叫加倍

一般持有5-4牌型，第一轮争叫5张套，待对方叫出两门花色后，第二轮叫加倍，表示还剩一门花色持4张以上。

假设叫牌过程为：

| 西 | 北 | 东 | 南 |
|---|---|---|---|
| 1♥ | 1♠ | — | — |
| 2♦ | ? |  |  |

你是北家，持♠KJ1074 ♥A75 ♦3 ♣KQ102这手牌，面对上述叫牌过程。西家开叫1♥，第二轮再叫2♦，你第一轮一盖一争叫1♠，第二轮在西家再叫2♦后你该怎么叫牌呢？

现在是对方叫了两门花色，你争叫了一门，还剩一门花色，你在剩下这门花色有较好的4张套。你不能再叫2♠，因为再叫2♠表示♠

第七章　防守叫牌

为6张以上；也不宜再叫3♣，因为一旦同伴♣花色很短，只好被迫转叫3♠。唯有叫加倍，才能两全其美，既表示有♣的支持，又允许同伴在♣较短的情况下转叫2♠。

## 二、技术性加倍后的推进者应叫

在技术性加倍后，你作为推进者大致有以下几种应叫。

### 1. 被迫应叫

在同伴加倍后，如果你的上家不叫，此时你就处在被迫应叫的位置。不论你的牌如何弱，甚至0点，你也必须叫。除非你有对方花色很强的实力，足以击败对方定约，才允许不叫，把技术性加倍转为惩罚性加倍。应叫1NT，一般否定有4张未叫过的高花，6~9点，并保证对方花色有止张。

假设叫牌过程为：

| 西 | 北 | 东 | 南 |
|---|---|---|---|
| 1♦ | 加倍 | — | ? |

你是南家，处在被迫叫的位置，下面几副牌你该如何应叫呢？

a. ♠9642　　♥873　　♦84　　♣J1064
b. ♠1063　　♥J63　　♦975　　♣J842
c. ♠94　　　♥86　　　♦QJ10975　♣A84
d. ♠Q8　　　♥J74　　♦Q1084　　♣Q842

a）可以应叫1♠，你牌虽然很弱，只有1个大牌点，但不能不叫。

b）你没有4张高花，又不能应叫1NT，应叫1NT应有6~9点牌力且对方的花色有止张，你不能不叫，只能应叫1♥或者2♣。

c）可以不叫，你有很好的♦套，可以把技术性加倍较为惩罚性加倍。

d）应叫1NT，你持大牌点7点，对方开叫花色有止张，符合应叫1NT的要求。

## 精准自然叫牌

**2. 自由应叫**

同伴技术性加倍后，对方上家应叫，此时你处在自由应叫位置。自由应叫一般保证至少6点，但有较好牌型或一门长套（5~6张套）时，牌点要求可适当放宽。自由应叫的高限一般为10点，11点以上可以跳应叫。

假设叫牌过程为：

| 西 | 北 | 东 | 南 |
|---|---|---|---|
| 1♥ | 加倍 | 2♥ | ? |

你是南家，处在自由应叫位置。你持下面几副牌该如何应叫呢？

- e. ♠J974　♥953　♦Q97　♣Q64
- f. ♠AQ97　♥53　♦10974　♣1097
- g. ♠J9753　♥9742　♦A54　♣3
- h. ♠KQ942　♥A732　♦1093　♣2

e）你可以不叫。你的牌较弱，只有5点，不符合自由应叫的要求。

f）你可以应叫2♠。这是自由应叫的低限，6点都在♠上。

g）你可以应叫2♠。你虽然只有5点，但牌型好，而且有5张♠，如果不应叫，以后就没有机会了。

h）你可以跳叫3♠。你虽然只有9点大牌，但牌型较好，而且♠是较好的5张套，符合跳应叫的条件。

**3. 跳应叫**

持10~12点就可以跳应叫。如果有一门长套而且牌型较好，其牌点要求可适当放宽。跳应叫只是进局邀叫，不逼叫，其高限可达12点。13点以上就应该先扣叫对方花色。

假设叫牌过程为：

| 西 | 北 | 东 | 南 |
|---|---|---|---|
| 1♦ | 加倍 | — | ? |

你是南家，持下面几副牌该怎么应叫呢？

- i. ♠AK94　♥K73　♦75　♣J1074

第七章　防守叫牌

j. ♠A974　　♥J74　　♦KJ3　　♣J42
k. ♠Q10864　♥A8　　♦8764　　♣K3

i）你持大牌点11点，4张♠，跳叫2♠，表示10~12点牌力。

j）你持大牌点10点，牌点有三个J，牌型差，4张♠又较弱，应叫1♠，表示6~9点。

k）你持大牌点9点，5张♠套，虽然只有9点，但均为有效大牌，应跳叫2♠，表示10点以上牌力。

### 4. 扣叫对方花色

表示大牌点13点以上，一般为进局逼叫，这是很强的应叫。先扣叫对方花色，然后通过再叫选择合适的进局定约。

假设叫牌过程为：

西　　　　北　　　　东　　　　南
1♣　　　　加倍　　　—　　　　?

你是南家，持下面的牌该如何应叫呢？

l. ♠KQ73　　♥KJ93　　♦94　　　♣A86
m. ♠KQ984　♥A8　　　♦A643　♣J3
n. ♠A103　　♥KQ943　♦94　　　♣A86

l）你持大牌点13点，应该先扣叫2♣，表示持大牌点13点以上，然后再选择合适的定约进局。

m）你持大牌点14点，应该先扣叫2♣，表示持大牌点13点以上，下轮再叫出♠长套，然后选择合适的定约进局。

n）你持大牌点13点，应该先扣叫2♣，表示持大牌点13点以上，下轮再叫出♥长套，然后选择合适的定约进局。

### 5. 同伴技术性加倍后的应叫性加倍

在同伴技术性加倍后，对方上家应叫，你可以使用应叫性加倍，应叫性加倍至少8点。应叫性加倍大致有以下几种情况。

## 精准自然叫牌

(1) 对方低花单加叫后的应叫性加倍：

西　　　　　北　　　　　东　　　　　南
1♦　　　　　加倍　　　　2♦　　　　　加倍

南家叫加倍为应叫性加倍，表示两门高花为4-4型，要求同伴（北家）叫他的4张高花，以寻高花4-4配合。例如南家持牌为：

♠Q875　　　　♥K986　　　　♦852　　　　♣A3

南家持9点牌力，高花为4-4型，就可以使用应叫性加倍。

(2) 对方高花单加叫后的应叫性加倍：

西　　　　　北　　　　　东　　　　　南
1♥　　　　　加倍　　　　2♥　　　　　加倍

南家加倍为应叫性加倍，表示两门低花均不少于4张，否定持有4张♠。例如南家持牌为：

♠98　　　　　♥J98　　　　♦KQ84　　　♣KJ85

南家持10点牌力，两门低花均为4张，♠为双张，可使用应叫性加倍。

(3) 对方应叫1NT后的应叫性加倍：

西　　　　　北　　　　　东　　　　　南
1♦　　　　　加倍　　　　1NT　　　　　加倍

南家的加倍为应叫性加倍。其含义与对方低花单加叫后的应叫性加倍相同，表示两门高花为4-4型，希望同伴选择一门高花。例如南家持牌为：

♠A972　　　　♥KJ84　　　♦852　　　　♣J2

南家持大牌点9点，两门高花为4-4型，可使用应叫性加倍。

(4) 对方应叫花色后的应叫性加倍：

西　　　　　北　　　　　东　　　　　南
1♦　　　　　加倍　　　　1♥　　　　　加倍

南家的加倍为应叫性加倍。这种应叫性加倍与其他应叫性加倍不同。南家表示有对方应叫花色（♥）的相应的长度，若北家持双张♥

# 第七章　防守叫牌

就可以转为惩罚性加倍，或者北家持3张以上♥就可将♥定为己方的定约。例如南家持牌为：

♠983　　　　♥K10982　　　♦A74　　　♣Q3

南家可使用应叫性加倍，表示对方应叫花色♥持有5张以上，大牌点为8点以上。

## 三、牺牲加倍

### 1. 满贯牺牲加倍

如果对方叫到满贯，而你有一门很好的花色作牺牲叫，但不知对方能否打成满贯定约，这时如果你和同伴能掌握牺牲加倍的功能，就能妥善处理这个问题。

（1）处在直接位置，若能在对方满贯定约中拿两个赢墩就叫加倍，同伴无条件不叫；若能拿到一个防守赢墩或者一个也拿不到，应该不叫。

（2）处在直接位置的同伴不叫，你处在平衡位置，若能拿到两个赢墩，应该不叫（平衡位置不允许使用惩罚性加倍）；处在平衡位置能拿到一个赢墩，使用满贯牺牲加倍；一墩也拿不到作牺牲叫。

（3）处在直接位置，如果同伴加倍，表示能拿到一个防守赢墩，你也能拿到一墩，应该不叫；若一墩也拿不到，可以考虑满贯牺牲叫。

## 精准自然叫牌

下面举例说明。

### 例1　　东西有局

♠KJ10862
♥5
♦A876
♣105

♠A7
♥972
♦1092
♣AQJ42

　　　北
　　西　东
　　　南

♠3
♥AQJ1084
♦KQJ3
♣K3

♠Q954
♥K63
♦54
♣9876

叫牌过程

| 东 | 南 | 西 | 北 |
|---|---|---|---|
| 1♥ | — | 2♣ | 2♠ |
| 3♦ | 3♠ | 4♥ | 4♠ |
| 4NT | — | 5♥ | — |
| 6♥ | —① | — | ×② |
| — | —③ | 不叫 | |

① 东家叫到6♥后，南家处在直接位置，若叫加倍应保证两个防守赢墩，所以南家不叫。

② 北家处在平衡位置，有一个♦A防守赢墩，叫加倍，作为满贯牺牲加倍，表示有一个防守赢墩。

③ 南家处在直接位置，同伴作了满贯牺牲加倍，表示有一个防守赢墩，自己持♥K，多数情况下可拿一墩，因此不叫。结果6♥宕一墩。

## 第七章　防守叫牌

### 2. 阻击性叫牌后的牺牲加倍

如果你使用阻击性开叫或者阻击性争叫，最后对方叫到成局定约，这时你对对方进局的定约加倍，属于牺牲加倍。阻击性开叫或阻击性争叫，一般缺少防守赢墩，不可能单独依靠自己的实力去击败对方的定约。你使用牺牲加倍的条件是：

（1）有足够的赢墩，在同伴缺乏帮助的情况下，不至于宕得太多（不超过对方进局所得到的分数）。

（2）保证有一个防守赢墩，一般是长套中的A，如果你的长套由KQ领头，必须在旁门花色中有一个可靠的防守赢墩。如果一个防守赢墩也没有，要么不叫，要么就自己作牺牲叫，但不允许有两个防守赢墩。

你加倍后，同伴有两种选择：如联手的防守赢墩不能击败对方定约，他应该作牺牲叫；如联手的防守赢墩能击败对方定约，他可转为惩罚性加倍。

下面举例说明。

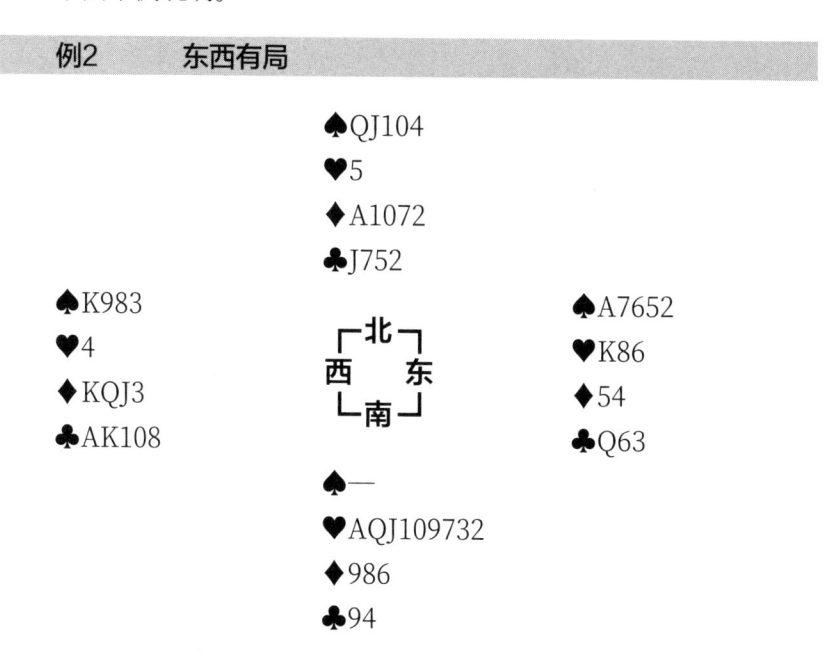

例2　　东西有局

北：
♠QJ104
♥5
♦A1072
♣J752

西：
♠K983
♥4
♦KQJ3
♣AK108

东：
♠A7652
♥K86
♦54
♣Q63

南：
♠—
♥AQJ109732
♦986
♣94

305

**精准自然叫牌**

叫牌过程

| 南 | 西 | 北 | 东 |
|---|---|---|---|
| 4♥① | 加倍② | — | 4♠ |
| ×③ | — | —④ | 不叫 |

①南家阻击性开叫。

②西家技术性加倍。

③南家分析，对方已叫到局，自己手中只有一个防守赢墩♥A，若对方打成4♠成局定约可得620分，自己打4♥最多宕三墩，无局失500分，若同伴能帮一墩，作5♥牺牲叫也是失500分，因此，使用牺牲加倍。

④北家分析，对方叫4♠成局定约，同伴叫加倍，表示同伴能拿一个防守赢墩，自己可拿三个防守赢墩（两墩将牌和一个♦A），因此将牺牲加倍转为惩罚性加倍。

在无局的情况下，如果没有牺牲加倍，南家很可能在对方争叫4♠后牺牲叫5♥，结果5♥宕三墩，失500分。现在对方宕一墩，得200分，这也体现了使用牺牲加倍的灵活性和优越性。

## 第七章　防守叫牌

### 四、牌例

**例3　　双方无局**

```
              ♠983
              ♥72
              ♦J1084
              ♣KJ42
♠652                        ♠A7
♥J53          北            ♥KQ1096
♦Q976       西　东           ♦A52
♣1086         南            ♣975
              ♠KQJ104
              ♥A84
              ♦K3
              ♣AQ3
```

叫牌过程

| 西 | 北 | 东 | 南 |
|---|---|---|---|
| — | — | 1♥① | ×② |
| — | 2♣③ | — | 2♠④ |
| — | 3♠⑤ | — | 4♠⑥ |

都不叫

① 东家持大牌点13点，5张♥套，开叫1♥。
② 南家持大牌点19点，使用先加倍后出套，表示16点以上牌力。
③ 北家持大牌5点，被迫应叫2♣。
④ 南家叫出自己的长套2♠，表示♠为5张以上，16点以上牌力。
⑤ 北家有3张♠支持，双张♥，5点大牌，可用牌力达6点，加叫到了3♠。

## 精准自然叫牌

⑥南家持大牌点19点，所以加叫4♠。

结果西家首攻♥，输一墩♥、一墩将牌和一墩♦，刚好完成4♠定约。

### 例4　　东西有局

```
                    ♠KJ84
                    ♥K63
                    ♦95
                    ♣AQ76
♠A109                                   ♠7652
♥J5                   北                ♥987
♦KQJ42           西       东             ♦876
♣K82                  南                ♣954
                    ♠Q3
                    ♥AQ1042
                    ♦A103
                    ♣J103
```

叫牌过程

| 西 | 北 | 东 | 南 |
|---|---|---|---|
| 1♦① | ×② | — | 2♦③ |
| — | 2♠④ | — | 3♥⑤ |
| — | 4♥⑥ | 都不叫 | |

①西家持大牌点14点，♦为5张，开叫1♦。

②北家持大牌点13点，没有5张套争叫，作技术性加倍。

③东家不叫，南家持大牌点13点，♥为5张，是跳叫2♥还是扣叫2♦呢？不少牌手认为，南家应该跳叫2♥，但跳叫2♥的牌力范围是10~12点，只能邀叫进局，不逼叫；扣叫才是进局逼叫，表示13点以上。因此，跳叫2♥是错误的，应该扣叫2♦。

## 第七章　防守叫牌

④ 处在逼叫的情况下，北家只能叫他的4张♠套。
⑤ 南家再叫3♥，一般表示5张套。
⑥ 北家的♥有带K的3张支持，加叫4♥。

结果西家首攻♦K，定约方输一墩♦和一墩♠，♣飞牌成功，超一墩完成定约。

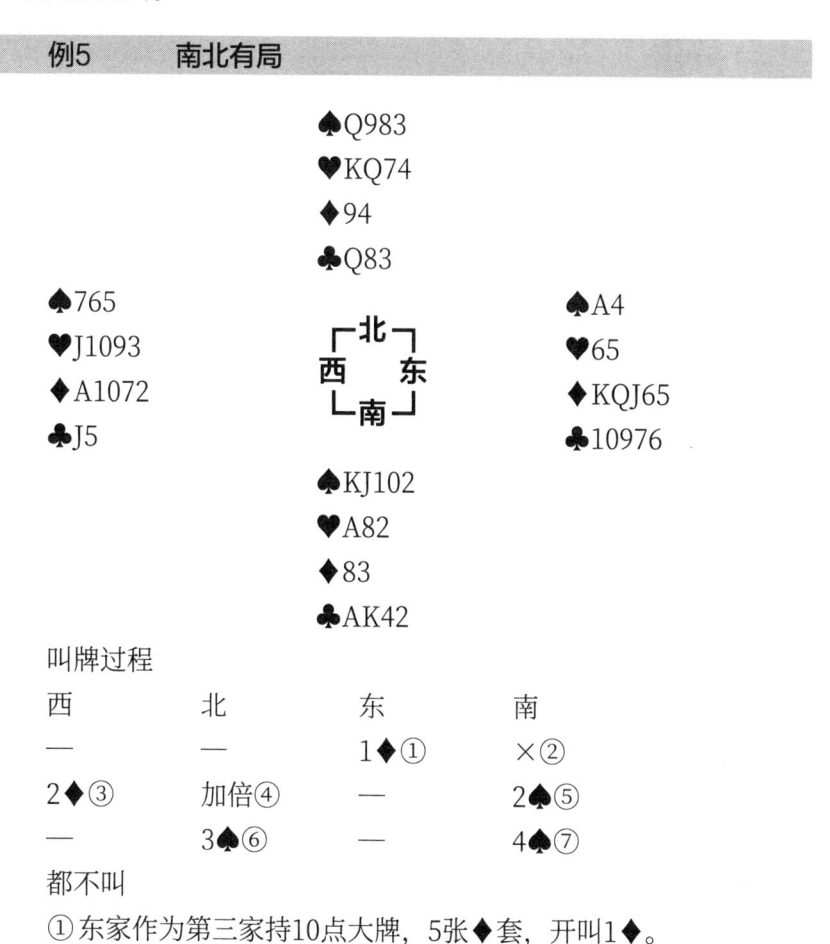

### 例5　南北有局

```
              ♠Q983
              ♥KQ74
              ♦94
              ♣Q83
♠765                      ♠A4
♥J1093      北            ♥65
♦A1072    西  东          ♦KQJ65
♣J5          南           ♣10976
              ♠KJ102
              ♥A82
              ♦83
              ♣AK42
```

叫牌过程

| 西 | 北 | 东 | 南 |
|---|---|---|---|
| — | — | 1♦① | ×② |
| 2♦③ | 加倍④ | — | 2♠⑤ |
| — | 3♠⑥ | — | 4♠⑦ |

都不叫

① 东家作为第三家持10点大牌，5张♦套，开叫1♦。
② 南家持大牌点15点，没有5张套，作技术性加倍。
③ 西家持大牌6点，4张♦支持，加叫2♦。

309

**精准自然叫牌**

④ 北家持大牌点9点，两门高花为4-4型，符合应叫性加倍的条件，使用应叫性加倍，希望同伴选择一门高花。

⑤ 南家持有4张♠，叫2♠。

⑥ 北家找到了♠为4-4配合后，加叫3♠，进局邀叫。

⑦ 南家接受邀请叫4♠。

结果将牌输一墩，♦输两墩，刚好完成定约。

## 例6　　南北有局

　　　　　　　　♠AKJ4
　　　　　　　　♥KJ103
　　　　　　　　♦8
　　　　　　　　♣KQJ2

♠52　　　　　　　　　　　　　♠10987
♥A5　　　　　北　　　　　　　♥976
♦AJ9762　　西　东　　　　　　♦K43
♣A109　　　　南　　　　　　　♣875

　　　　　　　　♠Q63
　　　　　　　　♥Q842
　　　　　　　　♦Q105
　　　　　　　　♣643

叫牌过程

| 西 | 北 | 东 | 南 |
|---|---|---|---|
| 1♦① | 加倍② | 2♦③ | — |
| — | 加倍④ | — | 2♥⑤ |
| — | 4♥⑥ | 都不叫 | |

① 西家持大牌点13点，6张♦套，开叫1♦。

② 北家持大牌点18点，作技术性加倍。

③ 东家带K的3张♦，加叫到2♦。

## 第七章 防守叫牌

④北家在东家加叫到2♦后，第二轮再加倍，表示16点以上，对方开叫花色为单缺，强烈要求同伴叫牌。

⑤南家持大牌点6点，三个Q，应叫2♥。

⑥北家加叫到4♥。

结果，西家首攻♦，定约方输一墩♦、一墩♥和一墩♣，刚好完成4♥定约。

### 例7　　南北有局

♠AJ832
♥K3
♦8765
♣84

♠Q1074
♥876
♦A102
♣965

北
西　东
南

♠—
♥J1052
♦KQJ94
♣KQJ7

♠K965
♥AQ94
♦3
♣A1032

叫牌过程

| 西 | 北 | 东 | 南 |
|---|---|---|---|
|  |  | 1♦① | 加倍② |
| 1♠③ | 加倍④ | 2♣⑤ | 2♠⑥ |
| — | 3♠⑦ | — | 4♠⑧ |

都不叫

①东家持大牌点13点，♦为5张，开叫1♦。

②南家持大牌点13点，理想的技术性加倍牌型，作技术性加倍。

## 精准自然叫牌

③ 西家一盖一应叫1♠，表示4张以上。
④ 北家原准备同伴加倍后叫1♠，现在西家应叫1♠，北家只能通过应叫性加倍来表示♠的长度，为5张以上，8点以上。
⑤ 东家顺叫2♣，表示♣为4张以上。
⑥ 南家持有4张♠，同伴的应叫性加倍表示有5张♠，所以叫2♠。
⑦ 北家加叫3♠，进局邀叫。
⑧ 南家接受邀请叫4♠。

结果不论西家首攻什么牌，4♠定约都可以打成。

### 例8　双方无局

```
                ♠KQ842
                ♥842
                ♦864
                ♣42
♠975                            ♠A
♥Q63         ┌北┐               ♥AKJ10975
♦QJ1097      西 东               ♦AK52
♣96          └南┘               ♣3
                ♠J1063
                ♥—
                ♦3
                ♣AKQJ10875
```

叫牌过程

| 西 | 北 | 东 | 南 |
|---|---|---|---|
| — | — | 1♥ | 2♣ |
| 2♦ | 2♠ | 3♥ | 3♠ |
| 4♥ | — | 4NT | 5♣ |
| 5♦ | — | 6♥ | —① |

## 第七章　防守叫牌

|一　　　　　　6♠②　　　加倍　　　都不叫|

① 东家开叫1♥，南家争叫2♣，西家应叫2♦，北家争叫2♠，最后东家直叫到6♥满贯定约。南家处在直接位置，当东家叫6♥以后，他可能拿墩的也就是♣A，若对方一家缺门，一墩也拿不到，因此不叫。

② 北家处在平衡位置，当同伴在直接位置不叫的情况下，说明同伴最多只能拿到一个防守赢墩，自己一墩也拿不到，作牺牲叫6♠。

结果6♠宕一墩，只失100分。若让对方打6♥，刚好完成定约，要失980分。

## 第二节　争叫

### 一、花色争叫的条件

花色争叫是防守叫牌最常用的手段之一。争叫的条件可以从牌力、花色长度和质量，以及局况来衡量。

一是牌力。争叫的牌力相当于开叫的低限（13点）。争叫的高限为15点。争叫花色为5张以上套。

高于这个牌力，可以先使用技术性加倍，下轮再叫你的长套。你在无局时，1阶水平争叫，其低限可降至8~9点。

二是花色长度和质量。你争叫某一门花色，一般是5~6张。争叫较强的4张套，一般在1阶水平在你方无局的条件下使用。你方有局时，2阶水平争叫最好是6张套。争叫花色还有一定的质量要求，如果你争叫的花色很弱，既不利于你们主打这门花色，也不利于对方主打时同伴首攻这门花色。一般情况下，同伴会首攻你争叫的花色。

三是局况。无局方争叫可比有局方争叫适当放宽要求，因为在你方无局时，对方一般不愿意在低水平上使用惩罚性加倍，尤其是在双人赛中更为明显。

## 二、对方花色开叫后的争叫

### 1. 一盖一争叫

8~15点，所叫花色为5张以上或者强4张套。

在你方无局的情况下，持8点以上牌力就可以在1阶水平上争叫。

 **a.** ♠KJ1094 ♥94 ♦A842 ♣86
 **b.** ♠AKJ9 ♥10973 ♦K84 ♣72

 **a)** 对方开叫1♥，你方无局，你持大牌点8点，♠为5张套，可争叫1♠。

 **b)** 对方开叫1♦，你方无局，你持大牌点11点，4张♠较强，可争叫1♠。

### 2. 二盖一争叫

12~15点，所叫花色为5张以上。二盖一争叫比一盖一争叫牌力要求要强，争叫牌力是有开叫实力。

 **c.** ♠K84 ♥94 ♦A3 ♣AQ10742
 **d.** ♠109 ♥AQ874 ♦AJ2 ♣K98

 **c)** 对方开叫1♥，你持大牌点13点，6张♣套，可争叫2♣。

 **d)** 对方开叫1♠，你持大牌点14点，♥为5张套，可争叫2♥。

### 3. 1NT争叫

15~17点，均型，对方开叫花色有止张。1NT争叫与1NT开叫的牌点、牌型要求相同，但争叫1NT要求对方开叫花色有止张。

 **e.** ♠AJ9 ♥KQJ10 ♦J1083 ♣K9
 **f.** ♠AQ83 ♥KQ3 ♦AQ98 ♣82

 **e)** 对方开叫1♥，你持大牌点15点，平均牌型，对方开叫花色有止张，可以争叫1NT。

 **f)** 对方开叫1♠，你持大牌点17点，平均牌型，对方开叫花色有止张，可以争叫1NT。若对方开叫1♣，你♣没有止张，就不能争叫1NT。

## 第七章 防守叫牌

### 4. 2阶水平开叫后争叫

13点以上，所叫花色为5张以上。

g. ♠KQ1094　♥A4　　　　♦A98　　　　♣Q54
h. ♠A4　　　♥Q108　　　♦A8　　　　♣AJ10875

g）对方开叫2♥，你持大牌点15点，♠为5张套，可争叫2♠。
h）对方开叫2♠，你持大牌点15点，♣为6张套，可争叫3♣。

### 5. 阻击性争叫

（1）2阶高花阻击性争叫=8~11点，6张以上套，大部分大牌落在争叫花色中。

对方开叫1阶花色，你跳叫2阶高花为阻击性争叫。若对方开叫2阶花色，你在2阶水平上争叫2阶高花，不是阻击性争叫，是对方开叫2阶花色后的自然争叫。

（2）3阶水平阻击性争叫=8~11点，7张以上套，大部分大牌落在争叫花色中。

（3）4阶水平阻击性争叫=8~11点，8张以上套，大部分大牌落在争叫花色中。

i. ♠KQ10964　♥3　　　　　♦A972　　　　♣54
j. ♠82　　　　♥AKQ10985　♦J1093　　　　♣—
k. ♠7　　　　 ♥J103　　　　♦AKQ109432　♣6

i）对方开叫1♥，你持大牌点9点，♠为6张套，你可以争叫2♠，表示8~11点，6张以上套。

j）对方开叫1♠，你持大牌点10点，♥为7张套，你可以争叫3♥，表示8~11点，♥为7张以上套。

k）对方开叫1♥，你持大牌点10点，♦为8张套，你可以争叫4♦，表示8~11点，♦为8张以上套。

## 三、推进者的应叫

争叫者的同伴（推进者）的应叫与开叫者的同伴（应叫者）的

## 精准自然叫牌

应叫有所不同。例如，同伴开叫后，在对方没有干扰的情况下，你只需要6点大牌即可应叫；但在同伴争叫后，你需要更多的牌点才能应叫，因为争叫者的低限不到开叫牌点，高限不到16点。下面介绍推进者各种不同的应叫。

### 1. 单加叫

同伴争叫后的单叫加与同伴开叫后的单加叫大致相同。你单加叫同伴争叫的花色，除保证3张支持外，还必须有8~10点牌力。

**a.** ♠Q94　　♥84　　♦AJ42　　♣K975
**b.** ♠K1094　♥K1094　♦AQ5　　♣72

a）对方开叫1♥，同伴争叫1♠，对方上家不叫，你持大牌点10点，可以加叫2♠，表示加叫花色有3张支持，大牌点8~10点。

b）对方开叫1♣，同伴争叫1♦，对方上家不叫，你持大牌点10点，同伴争叫花色有3张支持，可以加叫2♦，表示有3张支持，大牌点8~10点。

### 2. 双加叫

同伴争叫后的双加叫（跳加叫）为阻击性加叫。除保证同伴争叫的花色有4张支持外，其他花色较弱，缺少防守能力，牌点为6点以下。

**c.** ♠KJ84　　♥3　　　♦10864　　♣10972
**d.** ♠J9842　♥864　　♦QJ104　　♣3

c）对方开叫1♣，同伴争叫1♠，对方上家不叫，你持大牌点4点，你可双加叫3♠，阻击对方出♥套，表示6点以下，4张以上支持。

d）对方开叫1♣，同伴争叫1♦，对方上家不叫，你持大牌点4点，你可双加叫3♦，表示6点以下，4张以上支持。

### 3. 应叫1NT

对方1阶花色开叫，同伴1阶水平上花色争叫，你应该1NT，表示平均牌型，同伴争叫花色较短，对方开叫花色有止张，9~12点。

**e.** ♠94　　♥AQ7　　♦J1094　　♣QJ62

## 第七章　防守叫牌

f. ♠94　　　♥AQ7　　　♦8742　　　♣J653

e）对方开叫1♥，同伴争叫1♠，对方上家不叫，你持大牌点10点，同伴争叫花色为双张小牌，对方开叫花色有止张，你应叫1NT。

f）对方开叫1♥，同伴争叫1♠，对方上家不叫，你持大牌点7点，虽然对方开叫花色有止张，但因牌点太少，应叫1NT不够牌力，同伴争叫花色没有支持，因此不叫为好。

### 4. 应叫新花色

对方开叫一门花色，同伴争叫一门花色，你在1阶水平或2阶水平应叫第三门花色，表示8点以上，同伴争叫花色没有支持，所叫第三门花色为5张以上，不逼叫。

g. ♠AJ3　　　♥AQ1092　　♦842　　　♣83
h. ♠K83　　　♥KQJ763　　♦84　　　♣108

g）对方开叫1♦，同伴争叫2♣，对方上家不叫，你持大牌点11点，♥为5张，同伴争叫花色只有2张小牌，你可以应叫2♥。若同伴加叫3♥作进局邀叫，你可以加叫4♥。

h）对方开叫1♦，同伴争叫2♣，对方上家不叫，你持大牌点9点，6张♥套，同伴争叫花色只有两张小牌，虽然你大牌点只有9点，但有较好的6张♥套，可以应叫2♥。若同伴加叫到了3♥邀局，你可以加叫4♥。

### 5. 跳叫新花

对方开叫1阶花色，同伴在1阶水平上花色争叫，你跳叫新花色（第三门花色），表示较好的6张套，11点以上，强烈的进局邀叫，但不逼叫。

i. ♠KQJ1086　♥93　　　　♦A43　　　♣K4
j. ♠AQJ864　　♥93　　　　♦A10　　　♣Q103

i）对方开叫1♦，同伴争叫1♥，你持大牌点13点，♠为较好的6张套。你可跳叫2♠，表示11点以上，有较好的6张套，同时向同伴发出强烈的进局邀叫信号。

317

## 精准自然叫牌

j）对方开叫1♦，同伴争叫1♥，你持大牌点13点，♠为较好的6张套。你可跳叫2♠，表示♠为较好的6张套，11点以上，同时向同伴发出强烈的进局邀叫信号。

### 6. 应叫2NT

对方开叫1阶花色，同伴在1阶水平上花色争叫，对方的上家不叫，你跳叫2NT，与1阶低花开叫后的自然2NT应叫相当，保证对方开叫花色有止张，13~15点，进局邀叫（开叫后2NT应叫为进局逼叫）。若平叫2NT（不跳叫2NT），对牌点要求略低一点。

k. ♠96　　　♥AQ10　　♦K1073　　♣A1083
l. ♠A96　　 ♥KJ9　　 ♦Q972　　 ♣Q63

k）对方开叫1♥，同伴争叫1♠，对方上家不叫，你持大牌点13点，对方开叫花色有止张，你可应叫2NT，表示13~15点，对方开叫花色有止张。

l）对方开叫1♥，同伴争叫2♣，对方上家不叫，你持大牌点12点，对方开叫花色有止张，你可应叫2NT，表示11~12点，对方开叫花色有止张。

### 7. 应叫3NT

对方开叫1阶花色，不管同伴是争叫1阶花色还是2阶花色，你持大牌点在16点以上，对方开叫花色有止张，都可以直接应叫3NT。应叫3NT的条件，除牌点要求强一些外，其他的要求与应叫2NT相同。

m. ♠J4　　　♥KQ10　　♦AQ84　　♣KJ108
n. ♠AQ7　　♥KJ9　　 ♦Q104　　♣KQ107

m）对方开叫1♥，同伴争叫1♠，你持大牌点16点，对方开叫花色有止张，你可直接应叫3NT，表示16点以上，对方开叫花色有止张。

n）对方开叫1♥，同伴争叫2♦，你持大牌点17点，对方开叫花色有止张，你可直接应叫3NT，表示16点以上，对方开叫花色

318

## 第七章　防守叫牌

有止张。

### 8. 扣叫对方花色

表示有限加叫或者强加叫，对同伴争叫花色有支持。有限加叫=11~12点牌力；强加叫=13点以上牌力。

（1）如果对方叫了两门花色，你扣叫较低级别的花色，表示有限加叫；扣叫较高级别的花色，表示强加叫。

o. ♠A42　　　♥AQ5　　　♦Q82　　　♣8642
p. ♠A42　　　♥AQ52　　　♦A983　　　♣86

o）对方开叫1♣，同伴争叫1♥，对方上家应叫1♠，你扣叫2♣，表示有限加叫，持大牌点11~12点。

p）对方开叫1♣，同伴争叫1♥，对方上家应叫1♠，你扣叫2♠，表示强加叫，持大牌点13点以上。

（2）如果对方叫过一门花色，如上例"o"和"p"，对方只叫过1♣，你的上家不叫，你可扣叫2♣，所表示的有限加叫或强加叫在下一轮再叫时显现出来。

如果同伴再叫原花色2♥，表示他的牌很弱，没有进局的愿望，此时你若加叫必须有很强的实力；

如果同伴再叫新花色（如2♦）为逼叫，表示他有一定的进局愿望，此时你加叫2♥表示有限加叫，跳叫3♥表示强加叫；

如果同伴跳叫原花色3♥为进局邀叫，你若强加叫或较好的有限加叫，可加叫到局；

如果同伴跳叫4♥，表示有直接进局的实力。

上述"o"例和"p"例，当同伴再叫2♥时，持"o"例牌可以不叫，持"p"例牌可以加叫到4♥；当同伴再叫新花为逼叫时，你再应叫同伴争叫花色表示有限加叫，跳叫同伴争叫花色表示强加叫。

扣叫对方花色，一般表示有限加叫或强加叫，在极少数情况下才可能对同伴争叫花色没有支持，因为扣叫者有自己的长套和进局实力。下面我们看一下对同伴争叫花色没有支持的扣叫的例子。

## 精准自然叫牌

q. ♠AQJ864　　♥93　　　♦AJ10　　　♣A4

q）对方开叫1♦，同伴争叫1♥，这副牌必须进局，你应扣叫2♦，这样同伴必须再叫，你可连续两次叫♠，同伴就会知道你持♠长套的强牌。你若直接跳叫2♠，同伴有可能不叫。

### 9. 跳扣叫

同伴争叫后的跳扣叫有两种类型：一种是混合加叫，另一种是爆裂叫。同伴争叫后的混合加叫，表示同伴争叫花色有4张支持，大牌点为9~10点，同伴再叫时可停在3阶水平上；同伴争叫后的爆裂叫，表示同伴争叫后有4张支持，对方开叫或应叫花色有单缺，大牌点在13点以上，同伴再叫时至少要停在4阶水平上。现举例说明：

| 西 | 北 | 东 | 南 |
|---|---|---|---|
| 1♣ | 1♥ | 1♠ | 3♣/3♠/4♣ |

南家跳扣叫3♣为混合加叫，表示同伴争叫♥有4张支持，同伴再叫时可停在3阶水平上；南家跳叫3♠和4♣为爆裂叫，表示同伴争叫花色有4张支持，对方开叫的♣或为应叫的♠为单缺，同伴再叫时至少停在4♥上。

（1）同伴争叫后混合加叫。混合加叫保证有同伴争叫花色的4张支持，这与双加叫的要求相同，其牌点与防守能力相当于单加叫的高限（9~10）点，两者的结合就命名为混合加叫。混合加叫与双加叫一样，可起到一定的阻击作用，但混合加叫防守能力比双加叫要强。

r. ♠864　　　♥KJ97　　　♦74　　　♣AJ76
s. ♠Q3　　　♥K1074　　♦K742　　♣A83

r）对方开叫1♦，同伴争叫1♥，对方上家应叫1♠，你持大牌点9点，同伴争叫花色有4张支持，符合混合加叫的要求，可扣叫3♦，同伴再叫时可叫3♥。

s）对方开叫1♣，同伴争叫1♥，对方上家应叫1♠，你持大牌点10点，同伴争叫花色有4张支持，符合混合加叫的要求，可扣叫3♣，同伴再叫时可叫3♥。

## 第七章　防守叫牌

（2）同伴争叫后爆裂叫。爆裂叫保证同伴争叫花有4张支持，对方开叫或应叫花色为单缺，跳扣叫单缺花色也就是跳扣叫对方开叫或应叫花色。同伴争叫后的爆裂叫与同伴开叫后的爆裂叫大致相同，不同的就是同伴争叫后爆裂叫比同伴开叫后爆裂叫牌点要求要高，要求大牌点在13点以上，所爆裂单缺花色为对方开叫花色或应叫花色。

t. ♠K983　　　♥A1097　　　♦4　　　♣AK84
u. ♠3　　　　♥A1093　　　♦A652　　♣KQJ4

t）对方开叫1♦，同伴争叫1♥，对方上家应叫1♠，你持大牌点14点，同伴争叫花色有4张支持，对方开叫花色为单张，符合爆裂叫的要求，可以扣叫4♦，逼叫进局。

u）对方开叫1♦，同伴争叫1♥，对方上家应叫1♠，你持大牌点14点，同伴争叫花色有4张支持，对方应叫花色♠为单张，符合爆裂叫的要求，可以扣叫3♠，逼叫进局。

**10. 应叫性加倍**

对方开叫，同伴争叫，对方上家应叫后，你在1阶或2阶水平上使用加倍，属应叫性加倍。使用应叫性加倍，牌点在8点以上。

（1）对方开叫和应叫只叫过一门花色，同伴争叫一门花色，你应叫性加倍，表示未叫过的两门花色均有4张支持。

| 西 | 北 | 东 | 南 |
|---|---|---|---|
| 1♥ | 1♠ | 2♥ | × |

南家的加倍为争叫后的应叫性加倍，表示未叫过的花色（♦和♣）均有4张支持，同伴争叫花色♠最多只有2张小牌。

（2）对方开叫一门花色，同伴争叫一门花色，对方应叫又是另一门花色，你应叫性加倍，表示未叫过的的一门花色一般有5张支持。

| 西 | 北 | 东 | 南 |
|---|---|---|---|
| 1♦ | 1♥ | 1♠ | × |

南家的加倍，表示未叫过的花色♣长度一般为5张，同伴争叫花

321

## 精准自然叫牌

色持2张小牌，同伴在下轮竞叫时可在两门花色中选择。

你持下列牌该怎么叫牌呢？

**v.** ♠84　　　♥1032　　　♦KJ104　　　♣KQ94

**w.** ♠842　　　♥104　　　♦KJ984　　　♣A82

**v**）对方开叫1♥，同伴争叫1♠，对方上家应叫2♥，你持大牌点9点，两门未叫过的低花均为4张，你可以叫加倍，表示未叫过的花色均有4张支持，8点以上。

**w**）对方开叫1♣，同伴争叫1♥，对方上家应叫1♠，你持大牌点8点，♦为5张套，你可以叫加倍，表示未叫过的♦一般为5张，8点以上。

当同伴使用应叫性加倍后，你怎样再叫？

**x.** ♠AJ973　　　♥K4　　　♦Q982　　　♣A6

**y.** ♠93　　　♥KQ932　　　♦Q107　　　♣KQ7

**x**）同伴持上述"v"牌，在1♥-1♠-2♥后叫加倍，你的上家不叫，你持大牌点14点，♦有4张，可叫3♦，同伴至少4张♦，你与同伴的♦为4-4配合。

**y**）同伴持上述"w"牌，在1♣-1♥-1♠后加叫倍，对方上家不叫，你持大牌点12点，♦有带Q的3张，可叫2♦，同伴的加倍表示未叫过的花色♦一般为5张，联手有8张♦。

## 第七章 防守叫牌

### 四、牌例

| 例9 | 东西有局 |
|---|---|

```
              ♠Q1075
              ♥5
              ♦Q872
              ♣9843
♠94                         ♠82
♥KJ93      ┌北┐             ♥A8742
♦1063     西  东            ♦AK9
♣10652     └南┘             ♣KQJ
              ♠AKJ63
              ♥Q106
              ♦J54
              ♣A7
```

叫牌过程

| 西 | 北 | 东 | 南 |
|---|---|---|---|
| — | — | 1♥① | 1♠② |
| —③ | 3♠④ | 都不叫 | |

① 东家持大牌点17点，♥为5张，开叫1♥。
② 南家持大牌点15点，♠为5张套，争叫1♠。
③ 西家虽然♥有支持，但因牌点太少，不敢加叫。
④ 北家持大牌点4点，4张♠支持，♥单张，双加叫3♠，阻击对方再叫♥。

南家知道北家是弱牌，所以不叫，停在3♠上。

结果西家首攻♥，定约方只输一墩♥、两墩♦和一墩♣，刚好完成3♠定约。

## 精准自然叫牌

**例10　　双方无局**

```
              ♠A103
              ♥2
              ♦KJ10875
              ♣983
♠QJ542                      ♠86
♥8764         北            ♥AJ953
♦3        西      东        ♦A92
♣764          南            ♣KQ5
              ♠K97
              ♥KQ10
              ♦Q64
              ♣AJ102
```

叫牌过程

| 西 | 北 | 东 | 南 |
|---|---|---|---|
|  |  | 1♥① | 1NT② |
| — | 2♦③ | — | 2NT④ |
| — | 3NT⑤ | 都不叫 |  |

①东家持大牌点14点，♥为5张，开叫1♥。

②南家持大牌点15点，对方开叫花色有双止张，平均牌型，争叫1NT。

③北家持大牌点8点，6张♦套，应叫2♦，表示♦为5张以上，8点以上。

④东家不叫，南家再叫2NT，表示对方开叫花色有双止张。

⑤北家加叫到3NT。

结果3NT超一墩完成定约。失一墩♥、一墩♦和一墩♣，也就是♠赢两墩、♥赢两墩、♦赢五墩、♣赢一墩共赢十墩牌。

# 第七章 防守叫牌

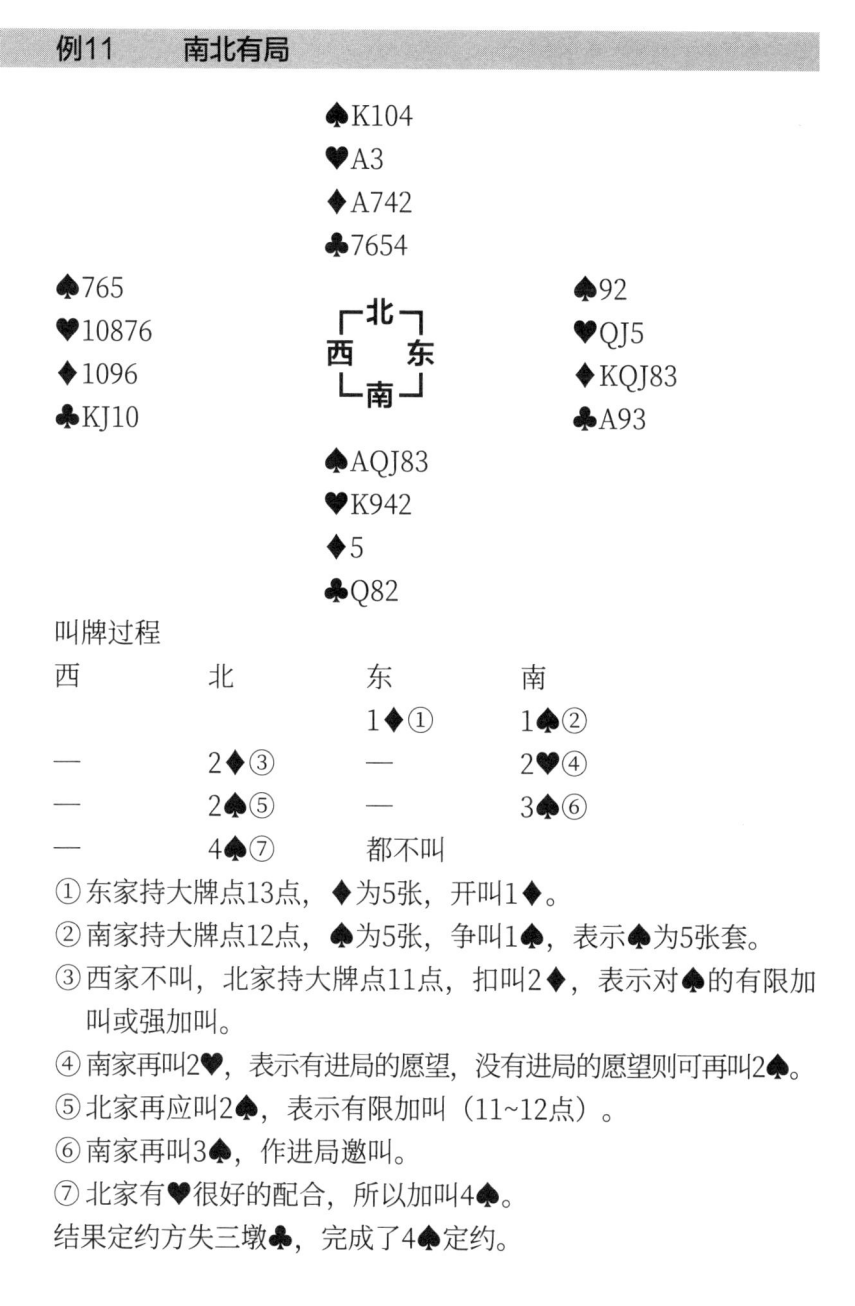

例11　南北有局

```
                    ♠K104
                    ♥A3
                    ♦A742
                    ♣7654

♠765                  北              ♠92
♥10876          西         东          ♥QJ5
♦1096                 南              ♦KQJ83
♣KJ10                                 ♣A93

                    ♠AQJ83
                    ♥K942
                    ♦5
                    ♣Q82
```

叫牌过程

| 西 | 北 | 东 | 南 |
|---|---|---|---|
|  |  | 1♦① | 1♠② |
| — | 2♦③ | — | 2♥④ |
| — | 2♠⑤ | — | 3♠⑥ |
| — | 4♠⑦ | 都不叫 |  |

① 东家持大牌点13点，♦为5张，开叫1♦。
② 南家持大牌点12点，♠为5张，争叫1♠，表示♠为5张套。
③ 西家不叫，北家持大牌点11点，扣叫2♦，表示对♠的有限加叫或强加叫。
④ 南家再叫2♥，表示有进局的愿望，没有进局的愿望则可再叫2♠。
⑤ 北家再应叫2♠，表示有限加叫（11~12点）。
⑥ 南家再叫3♠，作进局邀叫。
⑦ 北家有♥很好的配合，所以加叫4♠。

结果定约方失三墩♣，完成了4♠定约。

325

**精准自然叫牌**

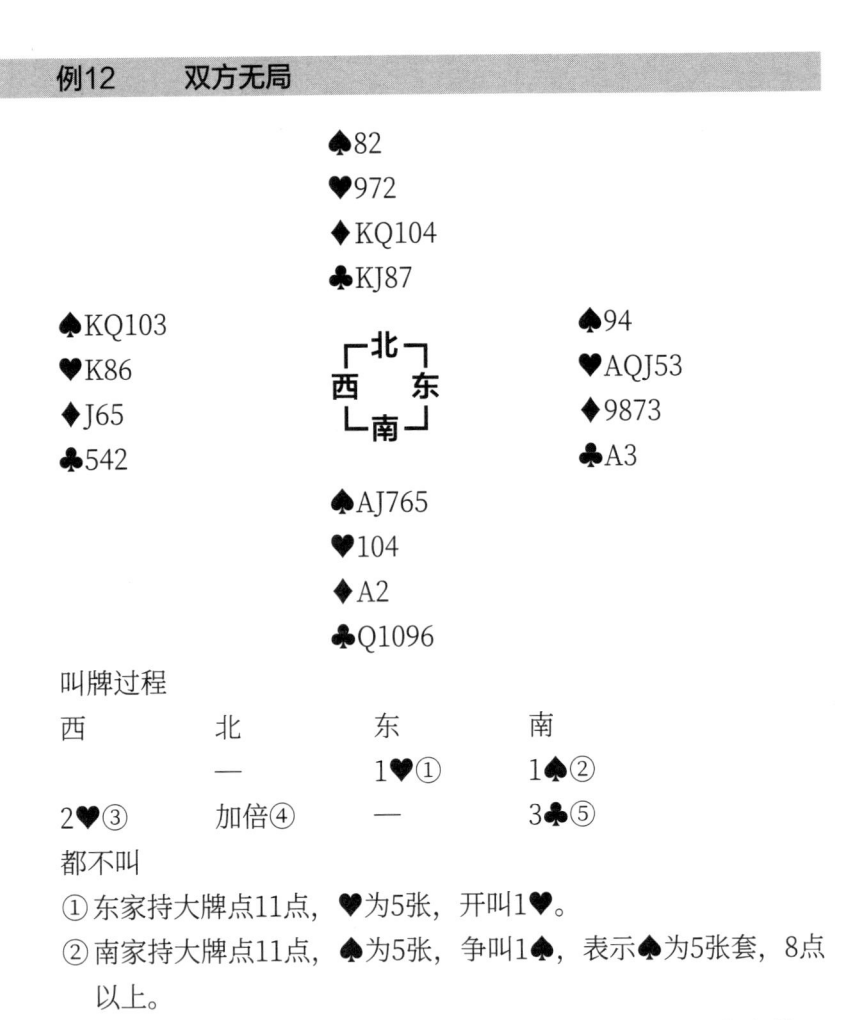

例12　　双方无局

```
              ♠82
              ♥972
              ♦KQ104
              ♣KJ87
♠KQ103                      ♠94
♥K86      ┌─北─┐            ♥AQJ53
♦J65      西   东            ♦9873
♣542      └─南─┘            ♣A3
              ♠AJ765
              ♥104
              ♦A2
              ♣Q1096
```

叫牌过程

| 西 | 北 | 东 | 南 |
|---|---|---|---|
| — | — | 1♥① | 1♠② |
| 2♥③ | 加倍④ | — | 3♣⑤ |
| 都不叫 | | | |

① 东家持大牌点11点，♥为5张，开叫1♥。

② 南家持大牌点11点，♠为5张，争叫1♠，表示♠为5张套，8点以上。

③ 西家持大牌点9点，单加叫2♥，表示同伴开叫花色有支持，8~10点。

④ 北家持大牌点9点，加倍，表示应叫性加倍，未叫过的花色均有4张支持，8点以上。

⑤ 东家不叫，南家持4张♣，再叫3♣，为最后定约。

结果定约方失一墩♠、两墩♥和一墩♣，3♣刚好打成。

# 第七章 防守叫牌

如果南北方不争叫3♣，东西方打2♥刚好完成定约，对方得分。若南北打2♠，2♠要宕一墩，也是东西方得分。

## 第三节 1NT开叫后的争叫

对方开叫1NT后，我方如何选用有效的防守叫法，一直是桥牌专家们所关心的问题。在戈伦时代，一般都采用自然争叫。在自然争叫中只能叫出一门花色，要叫出第二门花色就比较困难。要叫出第二门花色，一般要在3阶水平上叫出，若同伴没有配合，我方将接受加倍惩罚。为了弥补自然争叫的这个缺点，之后，出现了很多不同的争叫方法，其中以"兰迪争叫"采用较为广泛。但从1995年起，国际公认的《桥牌世界标准》推荐的是"卡普兰蒂争叫"。由此可见，卡普兰蒂争叫已开始逐渐取代兰迪争叫，成为现代自然叫牌体系中对付1NT开叫的主要防守叫牌方法。

卡普兰蒂争叫的特点是：用2♣表示有一门长套花色的争叫；2♦、2♥、2♠表示不同组合的两门长套花色的争叫；加倍表示至少15点，一般为平均牌型。卡普兰蒂既适用于直接位置（上家开叫1NT，你争叫），也适用于平衡位置（下家开叫1NT，同伴和上家都不叫后你争叫）。下面介绍卡普兰蒂争叫的有关规定。

### 一、卡普兰蒂争叫

#### 1. 加倍
15~17点，平均牌型，相当于开叫1NT的牌型。

a. ♠AJ8　　♥KQ74　　♦Q1042　　♣A5
b. ♠AJ2　　♥K103　　♦Q104　　♣KQJ7

a）你持大牌点16点，平均牌型。上家开叫1NT，你可以叫加倍，表示15~17点，平均牌型。

## 精准自然叫牌

b）你持大牌点16点，平均牌型。上家开叫1NT，你可以叫加倍，表示15~17点，平均牌型。

### 2. 争叫2♣

表示有一门任意花色的5张以上套，具有争叫实力（11~15点）。

c. ♠KQ9842　♥95　　　♦A4　　　♣Q42
d. ♠84　　　♥AQJ86　♦K73　　♣Q64

c）你持大牌点11点，♠为6张套。对方上家开叫1NT，你可以先争叫2♣，表示11~15点，持一门任意花色5张以上长套，下一轮再叫出♠长套。

d）你持大牌点12点，♥为5张套。对方上家开叫1NT，你可以先争叫2♣，表示11~15点，持一门任意花色5张以上长套，下一轮再叫出♥长套。

### 3. 争叫2♦

表示双高套，一般为5-5型或5-4型，至少为4-4型，具有争叫实力11~15点。

e. ♠KJ752　♥A10852　♦K3　　♣4
f. ♠J10942　♥AQJ9　　♦A5　　♣73
g. ♠KQ108　♥KQ83　　♦A72　　♣93

e）你持大牌点11点，两门高花为5-5型。对方上家开叫1NT，你可争叫2♦，表示双高套，至少高花为4-4型，11~15点牌力。

f）你持大牌点12点，两门高花为5-4型。对方上家开叫1NT，你可争叫2♦，表示双高套，至少高花为4-4型，11~15点牌力。

g）你持大牌点14点，两门高花为4-4型。对方上家开叫1NT，你可争叫2♦，表示双高套，至少高花为4-4型，11~15点牌力。

### 4. 争叫2♥/2♠

表示除保证争叫的高花为5张以上长套外，还保证有一门不确定的低花长套，11~15点。

h. ♠AQ842　♥9　　　　♦94　　　♣AQ742

## 第七章 防守叫牌

i. ♠83　　　♥AQJ42　　　♦KQ965　　　♣2

h）你持大牌点12点，♠和♣为5-5双套。对方上家开叫1NT，你可争叫2♠，表示♠为5张以上，还有一门低花为5张以上，11~15点。

i）你持大牌点12点，♥和♦为5-5双套。对方上家开叫1NT，你可争叫2♥，表示♥为5张以上，还有一门低花为5张以上，11~15点。

### 5. 争叫2NT

表示具有较强竞争力的5-5双低套，11~15点。

j. ♠8　　　♥6　　　♦KQ1086　　　♣KQJ832
k. ♠3　　　♥A6　　　♦QJ1098　　　♣AQ1092

j）你持大牌点11点，两门低花为5-6型。对方上家开叫1NT，你可争叫2NT，表示11~15点，5-5以上双低套。

k）你持大牌点13点，两门低花为5-5型。对方上家开叫1NT，你可争叫2NT，表示11~15点，5-5以上双低套。

### 6. 跳争叫

表示16点以上，所叫花色为6张以上。

l. ♠A2　　　♥AQJ874　　　♦KJ3　　　♣K3
m. ♠AKQ1085　　　♥QJ2　　　♦A8　　　♣K8

l）你持大牌点18点，♥为6张套。对方上家开叫1NT，你可跳争叫3♥，表示16点以上，♥为6张以上。

m）你持大牌点19点，♠为6张套。对方上家开叫1NT，你可跳争叫3♠，表示16点以上，♠为6张以上。

## 二、推进者的应叫

### 1. 同伴加倍1NT后的应叫

同伴加倍1NT后，你持大牌点6点以上，无进局的希望，可以不叫；若你的牌很弱，6点以下，就应该逃叫。

a. ♠K72　　　♥82　　　♦J9873　　　♣K42
b. ♠972　　　♥83　　　♦J9872　　　♣842

329

**精准自然叫牌**

a）同伴加倍对方的1NT后，若上家不叫，你持大牌点7点，你可以不叫，把同伴的加倍转为惩罚性加倍。

b）同伴加倍对方的1NT后，若上家不叫，你持大牌点1点，你的牌太弱，应该逃叫2♦。因为，对方可能会打成1NT加倍定约。

**2. 同伴争叫2♣后的应叫**

（1）不叫，表示你有很好的♣长套。

c. ♠93　　　♥85　　　♦942　　　♣KQJ1063

c）你持大牌点6点，有较好的6张♣套，大牌点集中在♣花色中，不叫为好。

（2）应叫2♦，为接力应叫（不需要有♦的长度）。此时争叫者可以叫自己的长套。例如争叫者的牌为：

d. ♠AQ963　　♥K83　　　♦K42　　　♣94
e. ♠K4　　　♥Q72　　　♦KQJ942　　♣94

d）推进者应叫2♦后，争叫者再叫2♠。

e）推进者应叫2♦后，争叫者不叫。

（3）应叫2♥/2♠，表示所叫花色为较好的6张套（或者很好的5张套）。

f. ♠KQ10942　♥94　　　♦83　　　♣J109
g. ♠K10842　♥942　　　♦864　　　♣K3

f）在同伴争叫2♣后，你持大牌点6点，♠为6张套，可以应叫2♠。

g）在同伴争叫2♣后，你持大牌点6点，没有较好的6张套，只能应叫2♦。

（4）应叫2NT，表示11点以上的平均牌型，每门花色均有3张支持，进局邀叫。这是2♣争叫后推进者的强应叫。

h. ♠K32　　　♥Q94　　　♦AJ94　　　♣Q104

h）你持大牌点12点，4-3-3-3型，每门都有3张支持，在同伴争叫2♣后，应叫2NT。争叫者如持高花长套就可以直接进局，否则在3阶

## 第七章 防守叫牌

水平上叫出他的长套。

（5）应叫再加倍。同伴争叫2♣后，对方的上家叫加倍，你可以通过再加倍来表示持大牌点8点以上，且每门花色均有支持，鼓励同伴争叫到3阶水平。例如你持下列牌就可以叫再加倍。

i. ♠Q83　　　♥Q96　　　♦J105　　　♣K732

i）你持大牌点8点，每门花色都有3张支持。同伴争叫2♣后，对方的上家叫加倍，你可以叫再加倍，表示8点以上，同伴可以在2阶或3阶上出套。

### 3. 同伴争叫2♦后的应叫

（1）不叫，表示长的♦套，两门高花均较短。

j. ♠9　　　♥82　　　♦Q987432　　　♣J103

j）你持大点3点，♦为7张套，两门高花均很短，因此不叫。

（2）应叫2♥/2♠。不具备进局邀叫的实力，同伴双高套花色选择，一般为止叫。

k. ♠83　　　♥K73　　　♦Q1062　　　♣K1043
l. ♠8　　　♥J932　　　♦J1083　　　♣Q732

k）你持大牌点8点，♥为带K的3张，选择应叫2♥。

l）你持大牌点4点，♥为4张套，选择应叫2♥。

（3）应叫2NT，表示持有两门低花长套，两门高花较短，要求争叫者叫出较长的低花。

例如，推进者持下列牌，要求同伴选择一门低花。

m. ♠93　　　♥8　　　♦KJ842　　　♣QJ942
n. ♠KJ3　　　♥82　　　♦K1093　　　♣A1082

m）你持大牌点7点，两门低花为5-5型，两门高花为2-1型。你可以应叫2NT，要求同伴叫出较长的低花。

n）你持大牌点11点，3-2-4-4牌型。你可先叫2NT，要求同伴选择一门低花；下一轮再叫3♠，表示♠有3张支持。若争叫者持有5张♠，且为高限，就可以加叫到4♠。

## 精准自然叫牌

（4）应叫3♣，表示很强的♣套，两门高花均较短。

o. ♠9　　　　♥72　　　　♦963　　　　♣KQJ10942

o）你持大牌点6点，牌点都落在♣花色中，高花均很短，只能打♣。

（5）应叫3♥/3♠。保证跳叫高花为4张套，进局邀叫（10~11点）。

p. ♠K1083　　♥82　　　　♦AQ82　　　♣Q103

p）你持大牌点11点，♠为4张，你可跳叫3♠，表示♠为4张套，10~12点，进局邀叫。

### 4. 同伴争叫2♥/2♠后的应叫

（1）应叫2NT。推进者对你所叫的高花色不感兴趣，要求争叫者叫出低花套；也可能是有支持的进局邀叫。

q. ♠9　　　　♥108732　　♦KJ83　　　♣K82

r. ♠92　　　♥K832　　　♦AJ103　　　♣K93

q）你持大牌点7点，同伴争叫2♠，你♠为单张，你可应叫2NT，要求同伴叫出低花长套，希望打低花长套定约。

r）你持大牌点11点，4张♥，同伴争叫2♥，你持大牌点10~12点，有进局邀叫的实力，先应叫2NT，下一轮再叫3♥邀叫4♥。这比直接单加叫牌力要强。

（2）应叫单加叫，表示同伴争叫花色有支持，8~10点。

s. ♠KJ4　　　♥93　　　　♦Q842　　　♣Q842

s）你持大牌点8点，在同伴争叫2♠后，你有3张好支持，可以加叫3♠。

（3）应叫新花色。对高花不感兴趣，保证应叫花色为较强的6~7张套，不逼叫。

t. ♠983　　　♥8　　　　♦AQJ9862　　♣93

t）你持大牌点7点，♦为较好的7张套。同伴争叫2♥，你应叫3♦，告诉同伴只能打3♦定约。

## 第七章 防守叫牌

### 三、牌例

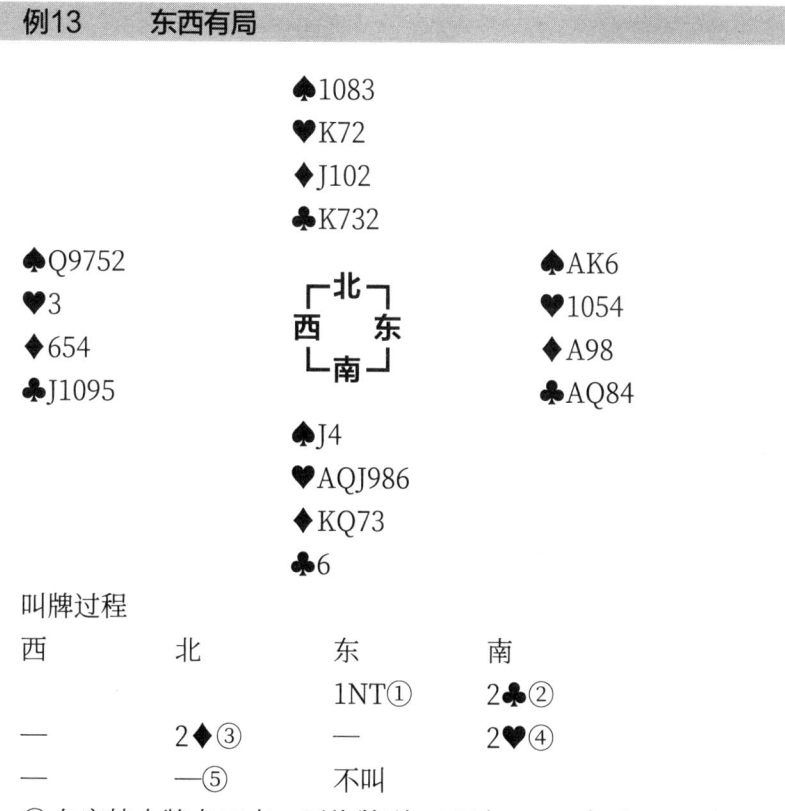

例13　　东西有局

```
                ♠1083
                ♥K72
                ♦J102
                ♣K732
♠Q9752                          ♠AK6
♥3          ┌─北─┐              ♥1054
♦654        西   东              ♦A98
♣J1095      └─南─┘              ♣AQ84
                ♠J4
                ♥AQJ986
                ♦KQ73
                ♣6
```

叫牌过程

| 西 | 北 | 东 | 南 |
|---|---|---|---|
|  |  | 1NT① | 2♣② |
| — | 2♦③ | — | 2♥④ |
| — | —⑤ | 不叫 |  |

① 东家持大牌点17点，平均牌型，开叫1NT，表示15~17点，平均牌型。

② 南家持大牌点13点，♥为6张，争叫2♣，表示11~15点，有一门长套花色。

③ 北家接应叫2♦，让同伴叫出长套花色。

④ 南家叫出自己的长套花色。

⑤ 北家只有7点牌力，联手牌力叫不到局，因此不叫。

结果定约方输两墩♠、一墩♦和一墩♣，超一墩完成定约。

333

## 精准自然叫牌

### 例14　东西有局

```
            ♠4
            ♥83
            ♦QJ1092
            ♣K9852
♠Q865                    ♠K103
♥765        北           ♥KJ92
♦A765    西    东         ♦K84
♣76         南           ♣AQ4
            ♠AJ972
            ♥AQ104
            ♦3
            ♣J103
```

叫牌过程

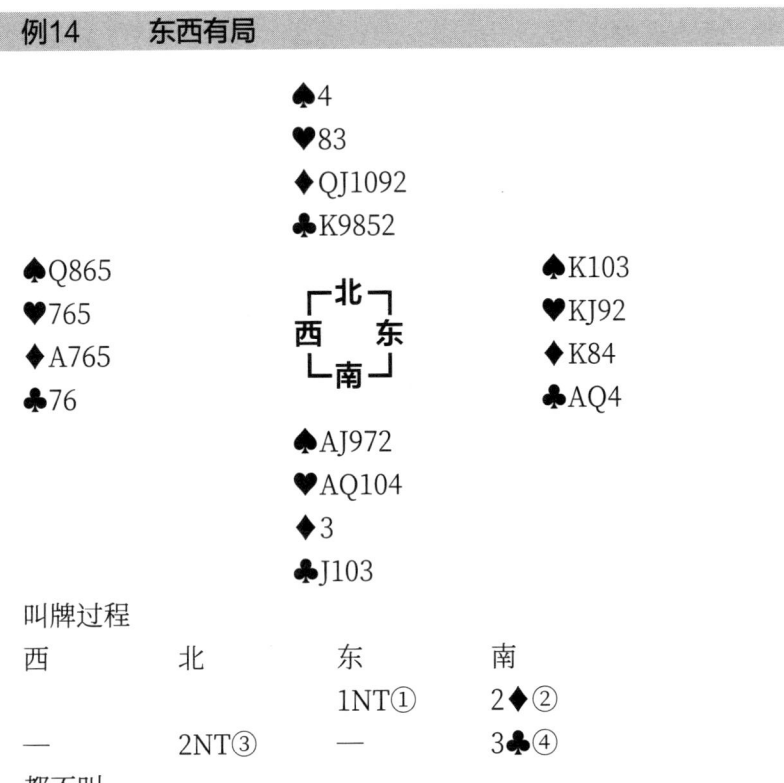

| 西 | 北 | 东 | 南 |
|---|---|---|---|
|  |  | 1NT① | 2♦② |
| — | 2NT③ | — | 3♣④ |

都不叫

①东家持大牌点16点，平均牌型，开叫1NT，表示15~17点。

②南北采用卡普兰蒂争叫。南家争叫2♦，表示双高套，11~15点。

③北家应叫2NT，表示双低花套，要求南家叫出较长的低花。

④在南家再叫3♣后，北家不叫。

3♣是最佳定约，其他定约都难以完成。如南北方采用自然争叫，是很难叫到3♣的。

# 第七章　防守叫牌

例15　　双方有局

```
              ♠3
              ♥K976
              ♦A842
              ♣Q764
♠10876                        ♠KQ5
♥2          ┌─北─┐            ♥J543
♦1065       西    东           ♦QJ9
♣109853     └─南─┘            ♣AKJ
              ♠AJ942
              ♥AQ108
              ♦K73
              ♣2
```

叫牌过程

| 西 | 北 | 东 | 南 |
|---|---|---|---|
|  |  | 1NT① | 2♦② |
| — | 3♥③ | — | 4♥④ |

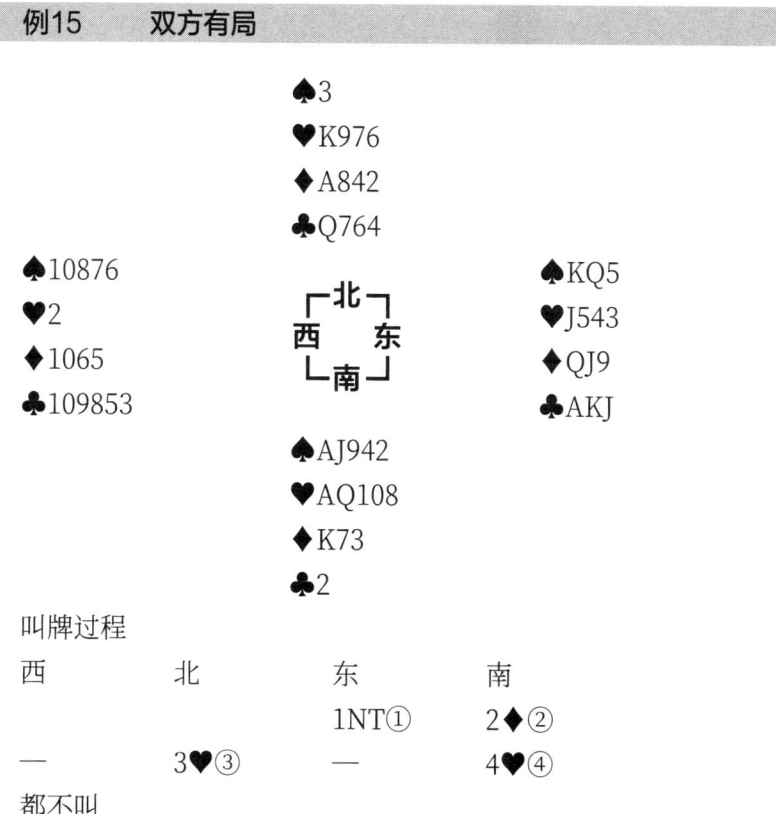

都不叫

① 东家持大牌点17点，平均牌型，开叫1NT，表示15~17点，平均牌型。

② 南家持大牌点14点，高花为5-4型，争叫2♦，表示11~15点，双高套，至少4-4型。

③ 北家持大牌点9点，♥有4张支持，单张♠，可用牌力为11点，跳叫3♥。

④ 南家持大牌14点，♣为单张，可用牌力为16点，加叫4♥。

东家首攻♣K，接着吊将牌，以破坏定约方交叉将吃，但为时已晚。定约者兑现♦A、♦K和♠A后，通过交叉将吃，共拿到了十墩

335

## 精准自然叫牌

牌，完成了定约。

如果南北方不使用卡普兰蒂争叫而使用自然争叫，南家一般争叫2♠，以后叫牌如何发展就很难说了。

**例16　　南北有局**

```
              ♠2
              ♥98752
              ♦A842
              ♣Q43
♠K10985                        ♠Q6
♥3         ┌北┐               ♥KJ4
♦Q765      西 东               ♦KJ103
♣987       └南┘               ♣AJ106
              ♠AJ743
              ♥AQ106
              ♦9
              ♣K52
```

叫牌过程

| 西 | 北 | 东 | 南 |
|---|---|---|---|
|  |  | 1NT① | 2♠② |
| 加倍③ | 都不叫 |  |  |

① 东家持大牌点15点，平均牌型，开叫1NT，表示15~17点，平均牌型。

② 南家采用自然争叫，由于♠比♥多1张，争叫2♠。

③ 西家持5张♠，叫加倍，是惩罚性加倍。北家虽然♠单张，又不好逃叫3♥，怕同伴♥较短，因此不叫，让同伴作决定。

这是双人赛中遇到的一副牌，最终由南家主打加倍的2♠定约。西家首攻♣9，结果2♠定约宕两墩。东西得500分，这肯定是顶分。

## 第七章　防守叫牌

这副牌若南北采用卡普兰蒂争叫，南家应当争叫2♦，表示双高套，北家肯定应叫2♥，此时东家和西家都很难参与竞争叫牌。由北家主打2♥定约是肯定可以完成的，还可以超墩完成定约。

### 例17　　双方无局

```
                ♠6
                ♥QJ73
                ♦J1073
                ♣J842
♠1054                        ♠K982
♥K942      北                ♥A1065
♦95     西    东              ♦AQ
♣Q1065     南                ♣A97
                ♠AQJ73
                ♥8
                ♦K8642
                ♣K3
```

开室叫牌过程

| 西 | 北 | 东 | 南 |
|---|---|---|---|
|   |   | 1NT① | 2♠② |
| — | 2NT③ | — | 3♦④ |

都不叫

闭室叫牌过程

| 西 | 北 | 东 | 南 |
|---|---|---|---|
|   |   | 1NT | 2♠ |

都不叫

①开室和闭室的东家都开叫1NT，表示持大牌点15~17点，平均牌型。

337

## 精准自然叫牌

②开室南北方采用卡普兰蒂争叫，南家争叫2♠，表示除♠长套外，还有一门低花长套。
③开室的北家推进应叫2NT，要求南家叫出低花长套，因为北家的低花都有长度。
④南家叫出自己的低花长套3♦。
开室的北家牌点太少，就停在3♦上。
开室的南北方持有9张♦，肯定可以打成，还有可能超墩。
闭室的南北方采用自然争叫，在南家争叫2♠后，北家持大牌点5点只能不叫，最终由南北方主打2♠定约。结果西家首攻♣5，南北方输了一墩♣、一墩♥、两墩♦和两墩♠，共输六墩牌，2♠定约宕一墩。

### 例18　　南北有局

```
                    ♠K1054
                    ♥J1053
                    ♦K53
                    ♣53
♠J976                                    ♠AQ82
♥9742            ┌北┐                   ♥KQ6
♦42              西  东                   ♦A87
♣K64             └南┘                   ♣987
                    ♠3
                    ♥A8
                    ♦QJ1096
                    ♣AQJ102
```

叫牌过程

| 西 | 北 | 东 | 南 |
|---|---|---|---|
|   |   |      | 1NT① | 2NT② |
| — | 3♦③ | 都不叫 |   |

## 第七章 防守叫牌

① 东家持大牌点15点，平均牌型，开叫1NT，表示15~17点，平均牌型。
② 南家持大牌点14点，低花为5-5型，争叫2NT，表示11~15点，低花为5-5型。
③ 北家持大牌点7点，4-4-3-2牌型，同伴争叫2NT，表示双低套为5-5型，选择应叫3♦。

结果东西方不叫，由北家主打3♦，东家首攻♥K。最终南北输一墩♥、一墩♠、一墩将牌和一墩♣，3♦定约圆满完成。

### 例19　东西有局

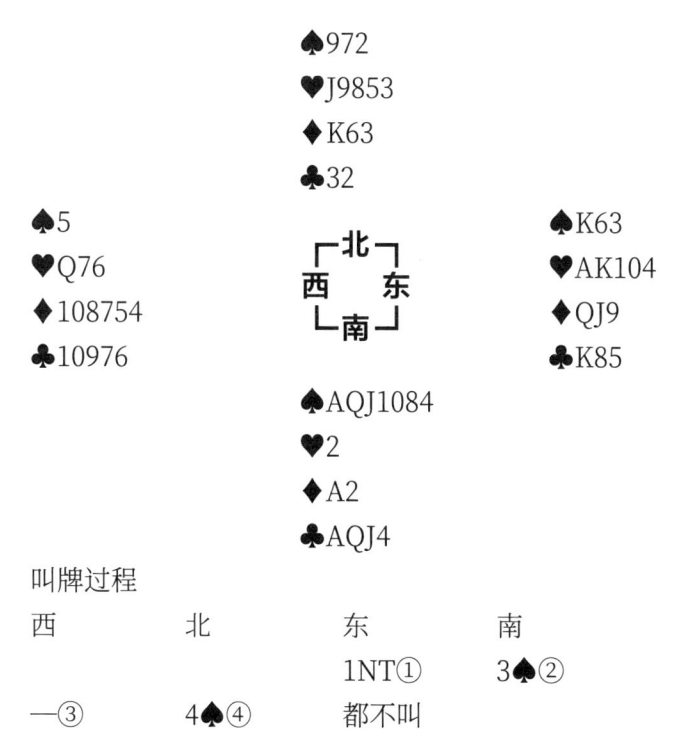

```
              ♠972
              ♥J9853
              ♦K63
              ♣32
♠5                          ♠K63
♥Q76          北            ♥AK104
♦108754    西    东         ♦QJ9
♣10976        南            ♣K85
              ♠AQJ1084
              ♥2
              ♦A2
              ♣AQJ4
```

叫牌过程

| 西 | 北 | 东 | 南 |
|---|---|---|---|
|   |   | 1NT① | 3♠② |
| —③ | 4♠④ | 都不叫 |   |

① 东家持大牌点16点，平均牌型，开叫1NT，表示15~17点，平均牌型。

339

② 南家持大牌点18点，♠为6张套，跳叫3♠，表示16点以上，♠为6张以上。

③ 西家只有2点牌力，不叫。

④ 北家持大牌点4点，3张♠支持。北家分析，同伴跳叫3♠，表示16点以上，♠为6张以上套，东家开叫1NT，表示有15~17点牌力，那么西家基本上没有什么牌点。同伴的大牌点坐在对方强牌的后面，对我方有利。虽然自己大牌点只有4点，但打成局的希望还是很大的，因此加叫到4♠。

结果西家首攻♣10，庄家用♣J叫住。再打♣A、♣4，明手将吃。明手打♠9，飞东家的♠K。这样，庄家只失一墩♥，超两墩完成定约。

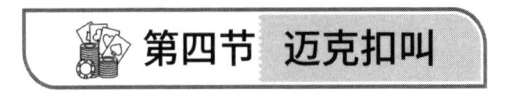

## 第四节 迈克扣叫

### 一、低花迈克扣叫

**1. 哪些牌属于低花迈克扣叫**

(1) 1♣—2♣或1♦—2♦是典型的低花迈克扣叫。

(2) 1♣—pass—pass—2♣或1♦—pass—pass—2♦，也是低花迈克扣叫。

(3) 1♣—pass—1NT—2♣或1♦—pass—1NT—2♦，也是低花迈克扣叫。

**2. 低花迈克扣叫的条件**

(1) 持有5-5型以上两门高花，牌点在8点以上，可以直接使用迈克扣叫。

(2) 持有5张♥、4张♠为5-4型两门高花，牌点在8~15点范围，可使用迈克扣叫。这种5-4型的两门高花套，若牌点在16点以上，先叫

## 第七章 防守叫牌

加倍，下一轮再叫出5张♥。

（3）持有5张♠、4张♥的5-4型两门高花套，牌点在8~15点范围，先争叫1♠，条件允许下轮再叫♥。16点以上的这种5-4型高花套，先叫加倍，下轮再出♠套。

a. ♠KQ1097　♥AQ952　♦92　♣2
b. ♠AQJ104　♥KQJ92　♦2　♣AQ
c. ♠KJ104　♥AQ1084　♦J7　♣83
d. ♠KQ1084　♥AQJ8　♦73　♣84
e. ♠KQ104　♥AKJ85　♦3　♣A103
f. ♠AQ103　♥AK987　♦10　♣732

a）对方开叫1♣，你持大牌点11点，两门高花为5-5型，符合低花迈克扣叫的条件，可以扣叫2♣。

b）对方开叫1♦，你持大牌点19点，两门高花为5-5型，符合低花迈克扣叫的条件，可以扣叫2♦。

c）对方开叫1♣，同伴不叫，对方上家应叫1NT，你持大牌点11点，两门高花♥为5张、♠为4张，符合低花迈克扣叫的条件，可以扣叫2♣。

d）对方开叫1♦，同伴不叫，对方上家也不叫，你持大牌点12点，两门高花♠为5张、♥为4张，不符合低花迈克扣叫的条件，应争叫1♠，准备下一轮再叫♥套。

e）对方开叫1♣，同伴不叫，对方上家也不叫，你持大牌点17点，♥为5张、♠为4张，不符合低花迈克扣叫的牌点要求，应先叫加倍，下一轮再叫出♥套，表示16点以上。

f）对方开叫1♦，你持大牌点13点，两门高花为5-4型，♥为5张、♠为4张，符合低花迈克扣叫的条件，可以扣叫2♦。

**3. 低花迈克扣叫后同伴的应叫**

（1）应叫2♥/2♠。牌力在6点以下，花色选择，一般为止叫。若扣叫者再叫3♣/3♦，则表示16点以上，并表示♣或♦是单缺。

341

## 精准自然叫牌

（2）应叫3♣为自然应叫。表示7张以上♣套，缺乏两门高花支持，牌力在6点以下，一般为止叫。

（3）应叫2NT。作为一种问叫，牌力在8点以上，有一门较好的高花套。同伴答叫如下：

3♣=8~11点，5张♥，4张♠；

3♦=12~15点，5张♥，4张♠；

3♥=8~10点，5-5型高花套；

3♠=11~12点，5-5型高花套；

3NT=13~15点，5-5型高花套；

4♣/4♦=16点以上，5-5型高花套，所叫花色为单缺。

当你2NT问叫时，同伴若答叫4♣/4♦，表示16点以上超高限牌后，联手总牌力已接近打小满贯的水平，要求至少逼到5阶水平。此时你再叫4♥/4♠并非止叫，而是确定这门花色为将牌。同伴再叫4NT为这门花色的关键张问叫。

在2NT问叫以后，同伴答叫后，你可再叫：

3♥/3♠=不逼叫；

3NT/4♥/4♠=准备打这个定约。

（4）应叫3♥/3♠。保证较强的4张高花套，8~10点，大牌点比较集中在两门高花中，属半阻击、半邀请。

（5）应叫3NT/4♥/4♠。准备打这个定约。

## 第七章 防守叫牌

### 4. 低花迈克扣叫牌例

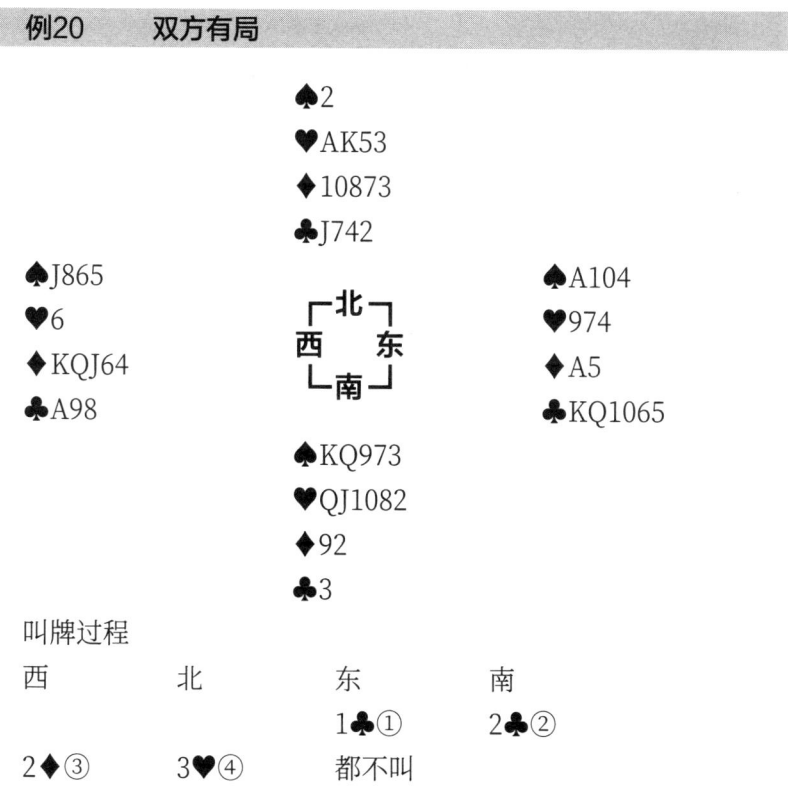

**例20　　双方有局**

```
                ♠2
                ♥AK53
                ♦10873
                ♣J742
♠J865                           ♠A104
♥6         ┌─北─┐              ♥974
♦KQJ64     西    东              ♦A5
♣A98       └─南─┘              ♣KQ1065
                ♠KQ973
                ♥QJ1082
                ♦92
                ♣3
```

叫牌过程

| 西 | 北 | 东 | 南 |
|---|---|---|---|
|   |   | 1♣① | 2♣② |
| 2♦③ | 3♥④ | 都不叫 |   |

① 东家持大牌点13点，5张♣套，开叫1♣。
② 南家持大牌点8点，两门高花为5-5型，符合低花迈克扣叫的要求，扣叫2♣，表示8点以上，两门高花至少为5-4型。
③ 西家♦为5张套，应叫2♦，表示8点以上，5张以上。
④ 北家持大牌点8点，4-4-4-1型，若应叫2♥表示6点以下，故应叫2NT或应叫3♥都可以。但对方开叫1♣，又应叫2♦，还是应叫3♥比2NT要好，应叫3♥带有半阻击、半邀请作用。

结果对方虽然有24点大牌，因受了3♥的阻击，没有在较高水平上竞争叫牌。现北家打成了3♥定约，取得了好分数。

343

**精准自然叫牌**

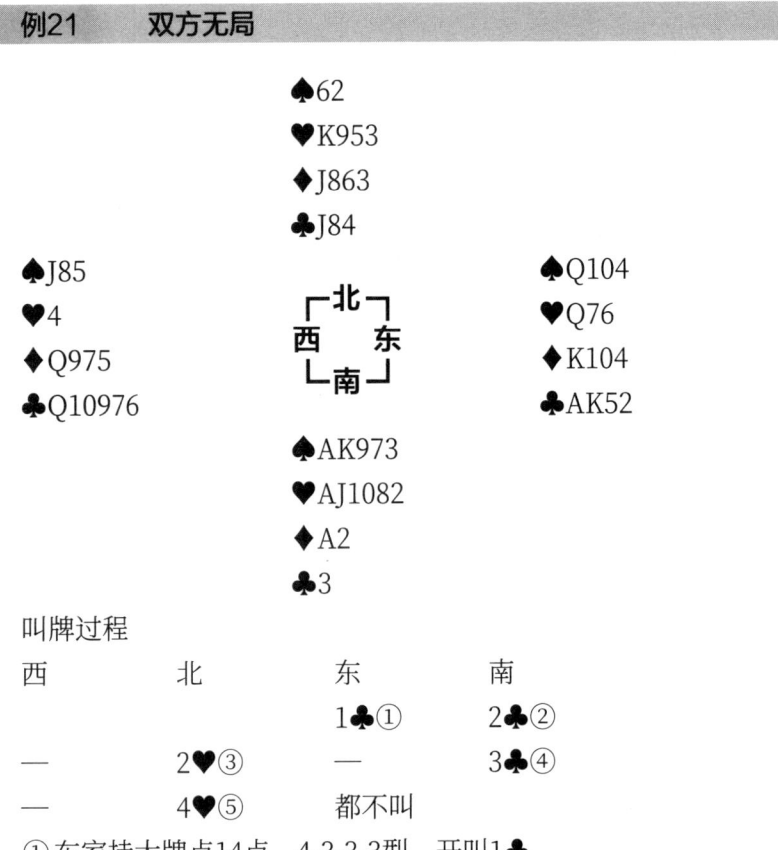

### 例21　双方无局

```
              ♠62
              ♥K953
              ♦J863
              ♣J84
♠J85                          ♠Q104
♥4          ┌北┐              ♥Q76
♦Q975      西  东              ♦K104
♣Q10976     └南┘              ♣AK52
              ♠AK973
              ♥AJ1082
              ♦A2
              ♣3
```

叫牌过程

| 西 | 北 | 东 | 南 |
|---|---|---|---|
|  |  | 1♣① | 2♣② |
| — | 2♥③ | — | 3♣④ |
| — | 4♥⑤ | 都不叫 |  |

① 东家持大牌点14点，4-3-3-3型，开叫1♣。
② 南家持大牌点16点，两门高花为5-5型，扣叫2♣，表示8点以上，两门高花至少为5-4型。
③ 北家持大牌点5点，♥为4张套，同伴扣叫2♣，表示两门高花至少为5-4型，故应叫2♥，表示6点以下，♥为4张以上。
④ 南家持大牌点16点，应叫新花色3♣，表示♣为单缺，两门高花为5-5型，强烈要求进局。
⑤ 北家虽然只有5点，加牌型点有6点，联手可用牌力至少22点。接受邀请叫4♥。

## 第七章　防守叫牌

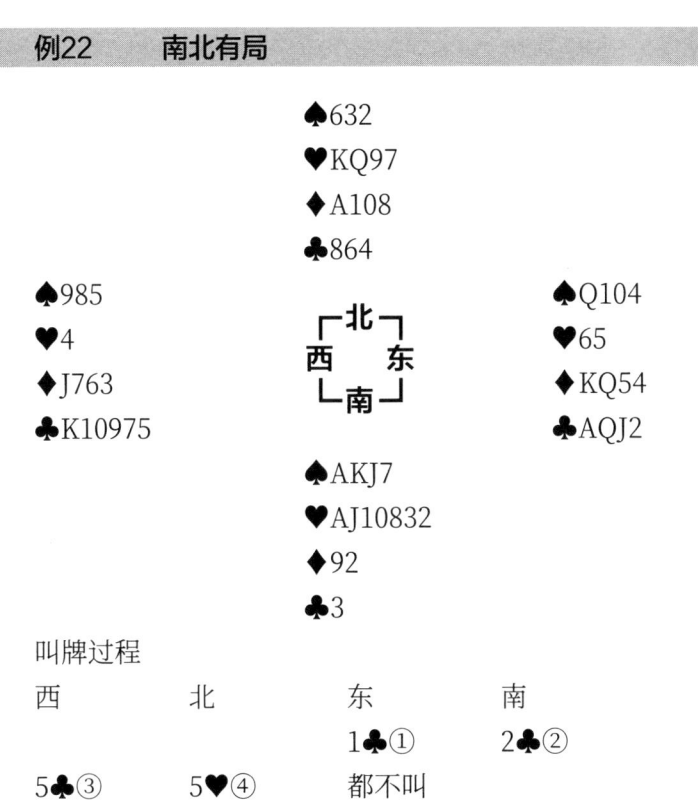

### 例22　　南北有局

```
            ♠632
            ♥KQ97
            ♦A108
            ♣864
♠985                        ♠Q104
♥4          北              ♥65
♦J763    西    东            ♦KQ54
♣K10975     南              ♣AQJ2
            ♠AKJ7
            ♥AJ10832
            ♦92
            ♣3
```

叫牌过程

| 西 | 北 | 东 | 南 |
|---|---|---|---|
|  |  | 1♣① | 2♣② |
| 5♣③ | 5♥④ | 都不叫 |  |

① 东家持大牌点14点，3-2-4-4型，开叫1♣。
② 南家持大牌点13点，高花为6-4型，符合低花迈克扣叫的要求，扣叫2♣，表示8点以上，两门高花至少为5-4型。
③ 西家持大牌点4点，5张♣支持，阻击加叫5♣。
④ 北家持大牌点9点，联手有9张以上♥，预估同伴的♣为单缺，应叫5♥是合理的。

最终南北方打成了5♥定约。

345

**精准自然叫牌**

### 例23　　东西有局

```
              ♠K2
              ♥KQ93
              ♦Q983
              ♣1084
                  北
♠864        西        东         ♠J105
♥65                              ♥74
♦754              南              ♦J106
♣J7632                           ♣AKQ95
              ♠AQ973
              ♥AJ1082
              ♦AK2
              ♣—
```

叫牌过程

| 西 | 北 | 东 | 南 |
|---|---|---|---|
|  |  | 1♣① | 2♣② |
| — | 2NT③ | — | 4♣④ |
| — | 4♥⑤ | — | 4NT⑥ |
| — | 5♣⑦ | — | 5♦⑧ |
| — | 5♠⑨ | — | 6♦⑩ |
| — | 7♥⑪ | 都不叫 |  |

① 东家持大牌点11点，♣为5张套，开叫1♣。

② 南家持大牌点18点，两门高花为5-5型，符合使用迈克扣叫的要求，故扣叫2♣，表示8点以上，两门高花至少5-4型。

③ 北家持大牌点10点，♥为4张套，符合2NT问叫的要求，应叫2NT，表示8点以上，高花有较好的支持。

④ 南家再叫4♣，表示16点以上，两门高花为5-5型，♣为单缺。

346

## 第七章　防守叫牌

⑤ 北家选择♥为将牌。
⑥ 南家以♥为将牌问关键张。
⑦ 北家答叫1个关键张或4个关键张。
⑧ 南家继续问将牌Q。
⑨ 北家答叫持有将牌Q和♠K。
⑩ 南家对♦花色问叫，若同伴持有第三轮控制就叫大满贯，否则就叫小满贯。
⑪ 有第三轮控制，故叫7♥。

### 二、高花迈克扣叫

**1. 哪些牌属于高花迈克扣叫**

（1）1♥—2♥或1♠—2♠是典型的高花迈克扣叫。
（2）1♥—pass—pass—2♥或1♠—pass—pass—2♠，也是高花迈克扣叫。
（3）1♥—pass—1NT—2♥或1♠—pass—1NT—2♠，也是高花迈克扣叫。

**2. 高花迈克扣叫的条件**

（1）♥迈克扣叫，保证5张♠和5张不确定的低花套，8点以上牌力。
（2）♠迈克扣叫，保证5张♥和5张不确定的低花套，8点以上牌力。

你持下列牌该如何争叫呢？

| | | | |
|---|---|---|---|
| a. ♠AQ1084 | ♥2 | ♦QJ985 | ♣82 |
| b. ♠10 | ♥KQJ105 | ♦KQ542 | ♣A3 |
| c. ♠J3 | ♥AQJ103 | ♦3 | ♣KQ1082 |
| d. ♠KQJ98 | ♥3 | ♦A4 | ♣AK1072 |
| e. ♠AK1075 | ♥7 | ♦94 | ♣AK1072 |
| f. ♠5 | ♥AK1073 | ♦103 | ♣AKQ73 |

347

**精准自然叫牌**

a）对方开叫1♥，你持大牌点9点，♠和♦为5-5型，符合高花迈克扣叫的条件，可以扣叫2♥。

b）对方开叫1♠，你持大牌点15点，♥和♦为5-5型，符合高花迈克扣叫的条件，可以扣叫2♠。

c）对方开叫1♠，同伴不叫，对方上家不叫，你持大牌点13点，♥和♣为5-5型，符合高花迈克扣叫的条件，可以扣叫2♠。

d）对方开叫1♥，同伴不叫，对方上家也不叫，你持大牌点17点，♠和♣为5-5型，符合高花迈克扣叫的条件，可以扣叫2♥。

e）对方开叫1♥，同伴不叫，对方上家应叫1NT，你持大牌点14点，♠和♣为5-5型，符合高花迈克扣叫的条件，可以扣叫2♥。

f）对方开叫1♠，同伴不叫，对方上家应叫1NT，你持大牌点16点，♥和♣为5-5型，符合高花迈克扣叫的条件，可以扣叫2♠。

**3. ♥迈克扣叫后同伴的应叫**

（1）应叫2♠。牌力在6点以下，花色选择一般为止叫。

若扣叫者符合邀叫条件，可以再叫3♣/3♦，表示这门花色为长套；

若扣叫者加叫3♠，保证6张♠邀叫。

（2）应叫2NT。问低花长套，11点以上，一般同伴长套花色有支持。同伴再叫如下：

3♣/3♦=低花长套，低限牌力，8~11点；

4♣/4♦=低花长套，12~15点；

3♥=16点以上牌力；

3♠=♠为6张套，6-5型。

（3）应叫3♣。示弱约定叫，表示♠较短，牌点较少，希望同伴打3阶低花定约。若同伴是♣长套，可以不叫；若同伴是♦长套，则转叫3♦。

（4）应叫3♦。自然应叫，6点以下，♦为7张以上。

（5）应叫3♠。8~10点，保证4张♠，大牌点集中♠中，属半阻击、半邀叫。

(6) 应叫3NT。13点以上，没有♠支持，其他三门均有止张。

### 4. ♠迈克扣叫后同伴的应叫

(1) 应叫2NT，问低花长套。11点以上，一般同伴长套花色有支持。同伴再叫如下：

3♣/3♦=低花长套，低限牌力，8~11点；

4♣/4♦=低花长套，12~15点；

3♥=♥为6张套，6-5型；

3♠=16点以上。

(2) 应叫3♣，示弱约定叫。表示♥很短，牌点很少，希望同伴打3阶低花定约。同伴是♣长套，可以不叫；若同伴是♦长套，则转叫3♦。

(3) 应叫3♦，为转移叫3♥。要特别注意，这里应叫3♦不作自然应叫使用，而作转移叫使用，同伴必须转移到3♥，除非有一手可能打成4♥的牌方可跳叫4♥。你一般持有♥支持的弱牌。

(4) 应叫3♥。相当于♥的单加叫，保证♥有4张支持，8~10点，属于半阻击、半邀叫。

(5) 应叫3NT。13点以上，没有♥支持，其他三门均有止张。

(6) 应叫4♥。准备打这个定约，无满贯倾向。

## 精准自然叫牌

### 5. 高花迈克扣叫牌例

**例24　　双方有局**

```
              ♠2
              ♥J8753
              ♦10873
              ♣J73
♠J10864              ♠A5
♥94       北         ♥AQ1062
♦A65   西    东       ♦KJ94
♣K64      南         ♣85
              ♠KQ973
              ♥K
              ♦Q2
              ♣AQ1092
```

叫牌过程

| 西 | 北 | 东 | 南 |
|---|---|---|---|
|  |  | 1♥① | 2♥② |
| — | 3♣③ | — | —④ |

不叫

① 东家持大牌点14点，♥为5张，开叫1♥。

② 南家持大牌点16点，♠和♣均为5张，符合♥迈克扣叫的条件，扣叫2♥，表示8点以上，♠和一门低花色为5-5型。

③ 西家不叫，北家在同伴扣叫2♥后，持大牌点2点，♠为单缺，只能使用示弱约定叫，应叫3♣，要求同伴不叫或者转叫3♦。

④ 南家属较差的16点牌，不足以进局，自己持♣套，因此不叫。

## 第七章　防守叫牌

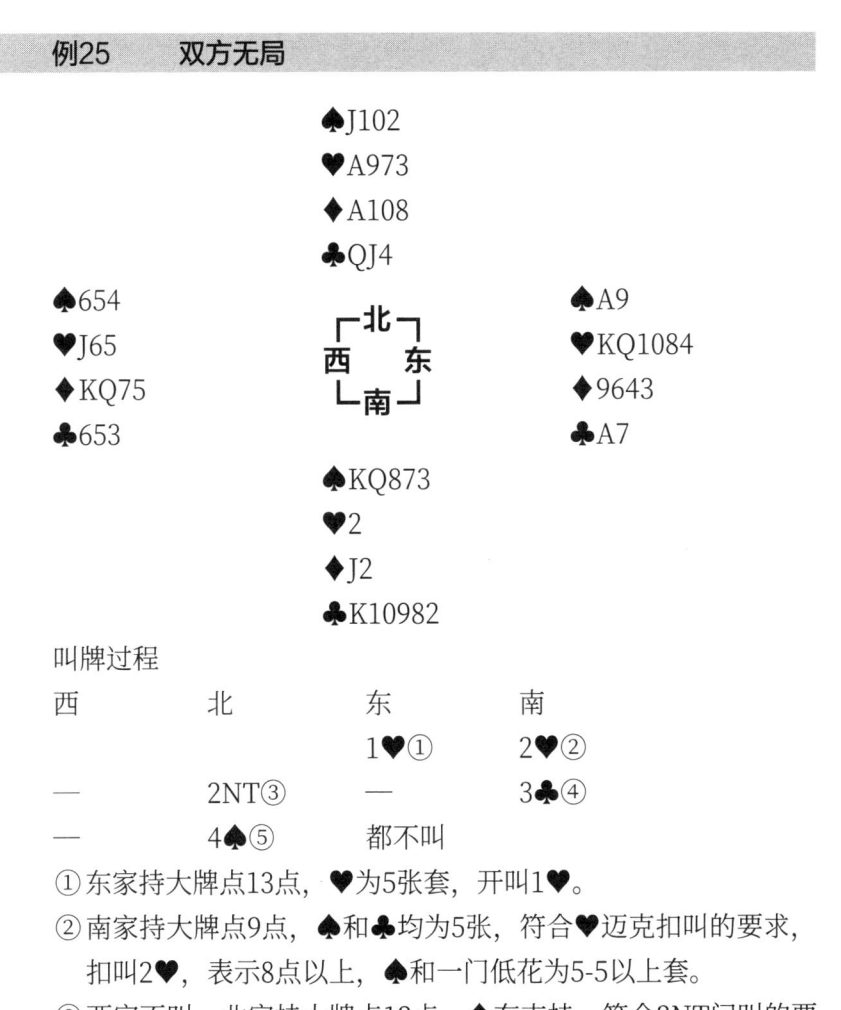

例25　　双方无局

```
           ♠J102
           ♥A973
           ♦A108
           ♣QJ4
♠654                      ♠A9
♥J65     北               ♥KQ1084
♦KQ75  西  东             ♦9643
♣653     南               ♣A7
           ♠KQ873
           ♥2
           ♦J2
           ♣K10982
```

叫牌过程

| 西 | 北 | 东 | 南 |
|---|---|---|---|
|  |  | 1♥① | 2♥② |
| — | 2NT③ | — | 3♣④ |
| — | 4♠⑤ | 都不叫 |  |

①东家持大牌点13点，♥为5张套，开叫1♥。

②南家持大牌点9点，♠和♣均为5张，符合♥迈克扣叫的要求，扣叫2♥，表示8点以上，♠和一门低花为5-5以上套。

③西家不叫，北家持大牌点12点，♠有支持，符合2NT问叫的要求，询问同伴低花长套。

④南家答叫3♣，表示8~11点，♣为5张。

⑤北家认为，牌点、牌型存在极好的配合，符合进局的条件，应叫4♠。

# 精准自然叫牌

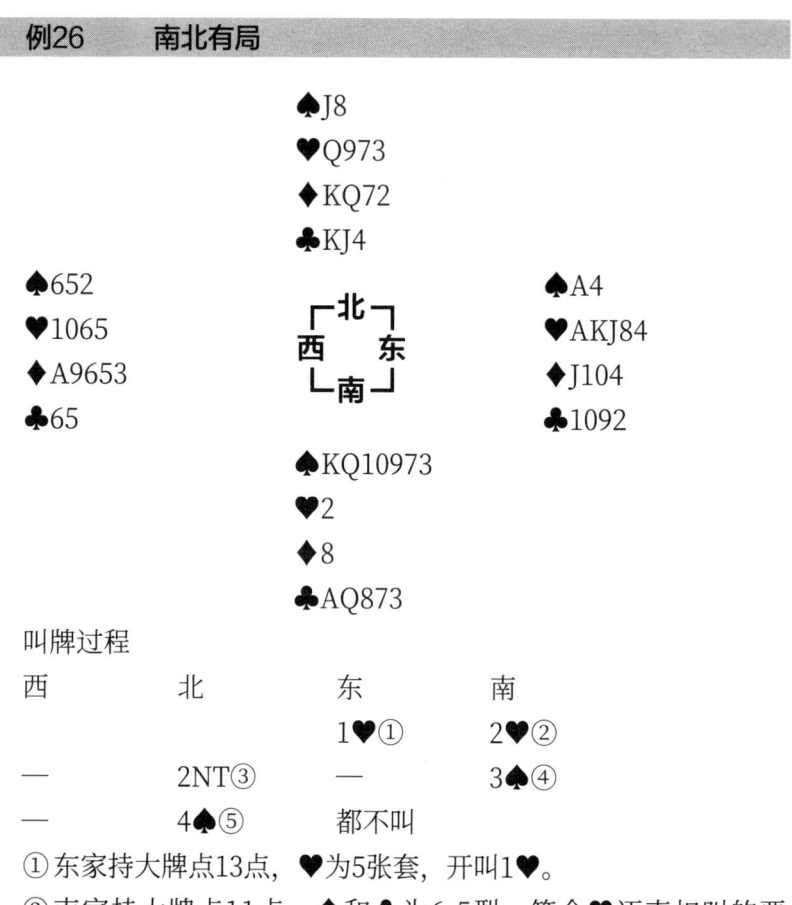

## 例26　　南北有局

```
                    ♠J8
                    ♥Q973
                    ♦KQ72
                    ♣KJ4
♠652                              ♠A4
♥1065         ┌─北─┐              ♥AKJ84
♦A9653        西    东             ♦J104
♣65           └─南─┘              ♣1092
                    ♠KQ10973
                    ♥2
                    ♦8
                    ♣AQ873
```

叫牌过程

| 西 | 北 | 东 | 南 |
|---|---|---|---|
|  |  | 1♥① | 2♥② |
| — | 2NT③ | — | 3♠④ |
| — | 4♠⑤ | 都不叫 |  |

① 东家持大牌点13点，♥为5张套，开叫1♥。
② 南家持大牌点11点，♠和♣为6-5型，符合♥迈克扣叫的要求，扣叫2♥。
③ 北家持大牌点12点，低花有支持，应叫2NT，询问同伴的低花长套。
④ 南家持6张♠、5张♣，答叫3♠，表示6张♠和不确定的5张低花长套。
⑤ 北家两门低花均有支持，打将牌6-2配是不错的定约。

352

## 第七章　防守叫牌

例27　　　东西有局

```
                    ♠Q873
                    ♥J93
                    ♦J53
                    ♣K83
♠1054                               ♠AKJ96
♥765          北                    ♥K4
♦K106      西    东                  ♦94
♣J765         南                    ♣Q1092
                    ♠2
                    ♥AQ1082
                    ♦AQ872
                    ♣A4
```

叫牌过程

| 西 | 北 | 东 | 南 |
|---|---|---|---|
|  |  | 1♠① | 2♠② |
| — | 3♥③ | — | 4♥④ |

都不叫

① 东家持大牌点13点，♠为5张套，开叫1♠。
② 南家持大牌点16点，♥和♦均为5张套，符合♠迈克扣叫的要求，扣叫2♠，表示8点以上，♥和一门低花为5-5型。
③ 西家不叫，北家持大牌7点，3张♥支持，应叫3♥。
④ 南家持大牌点16点，符合加叫到4♥的条件。

**精准自然叫牌**

例28　　双方有局

♠A862
♥3
♦AQ83
♣K842

♠1075
♥974
♦109764
♣J5

　　北
西　　东
　　南

♠KQJ94
♥QJ65
♦KJ5
♣6

♠3
♥AK1082
♦2
♣AQ10973

叫牌过程

| 西 | 北 | 东 | 南 |
|---|---|---|---|
|  |  | 1♠① | 2♠② |
| — | 2NT③ | — | 4♣④ |
| — | 4NT⑤ | — | 5♠⑥ |
| — | 7♣⑦ | 都不叫 |  |

① 东家持大牌点13点，♠为5张套，开叫1♠。

② 南家持大牌点13点，♥和♣为5-6型，符合♠迈克扣叫的要求，扣叫2♠，表示8点以上，♥和一门低花为5-5以上型。

③ 西家不叫，北家持大牌点13点，两门低花均有4张，应叫2NT，询问同伴的低花长套。

④ 南家答叫4♣，表示12~15点，♣为低花长套。

⑤ 北家以♣为将牌的关键张问叫。

⑥ 南家答叫有2个关键张和将牌Q。

⑦北家分析，5个关键张都在手，将牌有Q且至少有9张将牌，符合打大满贯的条件。故再叫7♣。

## 第五节 不寻常2NT争叫与平衡性扣叫

关于防守叫牌中两套牌的争叫，前面已经介绍了对方开叫1NT后我方持两套牌的争叫。也就是说，对方开叫1NT争叫2♦为双高套；对方开叫1NT争叫2♥/2♠，表示持有争叫花色和另一门低花的双套牌；对方开叫1NT争叫2NT，表示持有双低套。我们还介绍了持两套牌的迈克扣叫，也就是说对方开叫1♣/1♦，你可以扣叫2♣/2♦，表示持有双高套；对方开叫1♥/1♠，你可以扣叫2♥/2♠，表示持有另一门高花套和不确定的一门低花套。这一节主要讨论在直接位置的不寻常2NT争叫和在平衡位置持两套牌的争叫。

### 一、不寻常2NT争叫

你的上家开叫1阶花色，你立即跳叫2NT，属于不寻常2NT，表示至少5-5型。例如，对方开叫1阶高花，你跳叫2NT，表示持有双低套。如果对方开叫1阶低花，你跳叫2NT，表示持有未叫过的三门花色中较低的两套，即对方开叫1♣，你跳叫2NT，表示持有♦和♥两套；对方开叫1♦，你跳叫2NT，表示持♣和♥两套。

不寻常2NT争叫只适用于直接位置，不适用于平衡位置。

不寻常2NT争叫的牌力要求：《桥牌世界标准》有一个明确的规定，即"弱"或"很强"。其中"弱"表示8~11点，"很强"表示16点以上。对于12~15点的中间牌力，可先争叫较高级别的花色后再叫较低级别的花色，即通过顺叫来解决。

a. ♠4　　♥85　　♦KQ952　　♣QJ1092
b. ♠3　　♥KQ1082　　♦AJ10762　　♣4

355

## 精准自然叫牌

| | | | |
|---|---|---|---|
| c. ♠4 | ♥AQ852 | ♦73 | ♣AJ1094 |
| d. ♠4 | ♥K5 | ♦KJ1084 | ♣AQ984 |
| e. ♠6 | ♥QJ1076 | ♦AQJ76 | ♣K5 |
| f. ♠85 | ♥A | ♦KJ1073 | ♣AKQ93 |
| g. ♠4 | ♥AKJ84 | ♦K5 | ♣AQ984 |
| h. ♠— | ♥AK1083 | ♦AK10943 | ♣K5 |

a）对方开叫1♥/1♠，你持大牌点8点，两门低花为5-5型，在局方有利的情况下，可以立即跳叫2NT，表示低花为5-5型，8~11点或16点以上。

b）对方开叫1♣，你持大牌点10点，♥和♦为5-6型，可以立即跳叫2NT，表示♥和♦为5-5型，8~11点或16点以上。

c）对方开叫1♦，你持大牌点11点，♥和♣为5-5型，可以立即跳叫2NT，表示♥和♣为5-5型，8~11点或16点以上。

d）对方开叫1♥/1♠，你持大牌点13点，两门低花为5-5型，不符合跳叫2NT的条件。可以争叫2♦，下一轮再叫3♣，表示顺叫两套花色，12~15点。

e）对方开叫1♣，你持大牌点13点，♥和♦为5-5型，不符合跳叫2NT的条件。可以争叫1♥，下一轮再叫2♦，表示顺叫两套花色，12~15点。

f）对方开叫1♥/1♠，你持大牌点17点，两门低花为5-5型，可以立即跳叫2NT，表示两门低花为5-5型，8~11点或16点以上。

g）对方开叫1♦，你持大牌点17点，♥和♣为5-5型，可以立即跳叫2NT，表示♥和♣为5-5型，8~11点或16点以上。

h）对方开叫1♣，你持大牌点17点，♥和♦为5-6型，可以立即跳叫2NT，表示♥和♦为5-5型，8~11点或16点以上。

## 二、不寻常2NT争叫后的应叫

同伴使用不寻常2NT争叫后，你需先假设同伴属于8~11点的弱牌。一般可在3阶水平上选择他的一门长套花色作为将牌。如果同伴属于8~11点的弱牌，可以不叫；如果同伴是16点以上的强牌，应保持再叫，一般可在3阶水平上扣叫单缺高花，让你更确切地了解他的牌型和牌力。如果你的牌很强，加牌型点有13点以上，可以跳叫4阶高花成局或加叫3NT。

  a. ♠K83　　　♥875　　　♦Q82　　　♣8532
  b. ♠10872　　♥93　　　 ♦K983　　♣A83
  c. ♠A53　　　♥QJ97　　♦A84　　　♣Q94
  d. ♠AJ5　　　♥KQ65　♦Q8　　　 ♣J654

  a）对方开叫1♥，同伴争叫2NT，你持大牌点5点，有4张小♣，若对方上家不叫，你可应叫3♣。

  b）对方开叫1♠，同伴争叫2NT，你持大牌点7点，若对方上家不叫，你可应叫3♦。接下来若同伴在3阶水平上扣叫高花，表示所叫花色为单缺，这样同伴加牌型点就有21点以上，你就可以加叫5♦。

  c）对方开叫1♣，同伴争叫2NT，你持大牌点13点，同伴争叫2NT表示♥和♦为5-5型，你有4张♥支持，可以应叫4♥。

  d）对方开叫1♦，同伴争叫2NT，表示♥和♣为5-5型，你持大牌点13点，联手至少有26点牌力（加牌型点），♥有4张支持，可以跳叫4♥。

## 三、平衡性扣叫

  平衡位置两套牌的争叫，就是处在平衡位置，对方两家各叫过一门花色，同伴pass放过。处在第四家平衡位置，扣叫对方叫过的较低一门花色，表示持有除对方叫过的两门花色以外的剩余两门花色长套，一般为5-5型。这种扣叫称平衡性扣叫。扣叫对方叫过的花色，当然应扣叫较低级别的花色，以节省叫牌空间。

  平衡性扣叫=12~15点，表示剩余两套花色为5-5型以上。

## 精准自然叫牌

（1）西　　　北　　　东　　　南
　　1♣　　　—　　　1♥　　　?

你是南家，对方西家开叫1♣，同伴不叫，对方上家一盖一应叫1♥，你持下列牌该如何争叫呢？

a. ♠AJ1053　♥7　　♦AK1097　♣K6
b. ♠AK1073　♥93　♦AQJ97　♣9

a）你持大牌15点，♠和♦为5-5型，在对方叫过♣和♥后，你可以扣叫2♣，表示持有♠和♦为5-5型，12~15点牌力。

b）你持大牌14点，♠和♦为5-5型，在对方叫过♣和♥后，你可以扣叫2♣，表示持有♠和♦为5-5型，12~15点牌力。

（2）西　　　北　　　东　　　南
　　1♦　　　—　　　1♠　　　?

你是南家，对方西家开叫1♦，同伴不叫，对方东家一盖一应叫1♠，你持下面牌该如何争叫呢？

c. ♠J10　　♥AQJ107　♦8　　♣KQJ82
d. ♠9　　　♥KJ10973　♦10　♣AKQ53

c）你持大牌14点，♥和♣为5-5型，在对方叫过♠和♦后，你可以扣叫2♦，表示持有♥和♣为5-5型，12~15点牌力。

d）你持大牌13点，♥和♣为6-5型，在对方叫过♦和♠后，你可以扣叫2♦，表示持有♥和♣至少为5-5型，12~15点牌力。

## 第七章 防守叫牌

### 四、牌例

#### 例29　　双方无局

```
              ♠J1092
              ♥KQ104
              ♦108
              ♣J84
♠8764                        ♠KQ5
♥87          北              ♥AJ9653
♦K653      西  东             ♦74
♣652         南              ♣A7
              ♠A3
              ♥2
              ♦AQJ92
              ♣KQ1093
```

叫牌过程

| 西 | 北 | 东 | 南 |
|---|---|---|---|
|  |  | 1♥① | 2NT② |
| — | 3♣③ | — | 3♥④ |
| — | 3NT⑤ | 都不叫 |  |

① 东家持大牌点14点，♥为6张套，开叫1♥。
② 南家持大牌点16点，两低花为5-5型，跳叫2NT，表示双低套，8~11点或16点以上。
③ 北家持大牌点7点，选择3♣。
④ 南家持大牌点16点，强牌再叫3♥，表示16点以上，♥为单缺。
⑤ 北家认为，自己♥有两个止张，符合打3NT的条件，应叫3NT。
结果♥输两墩，♣输一墩，♦输一墩，3NT定约刚好打成。

359

# 精准自然叫牌

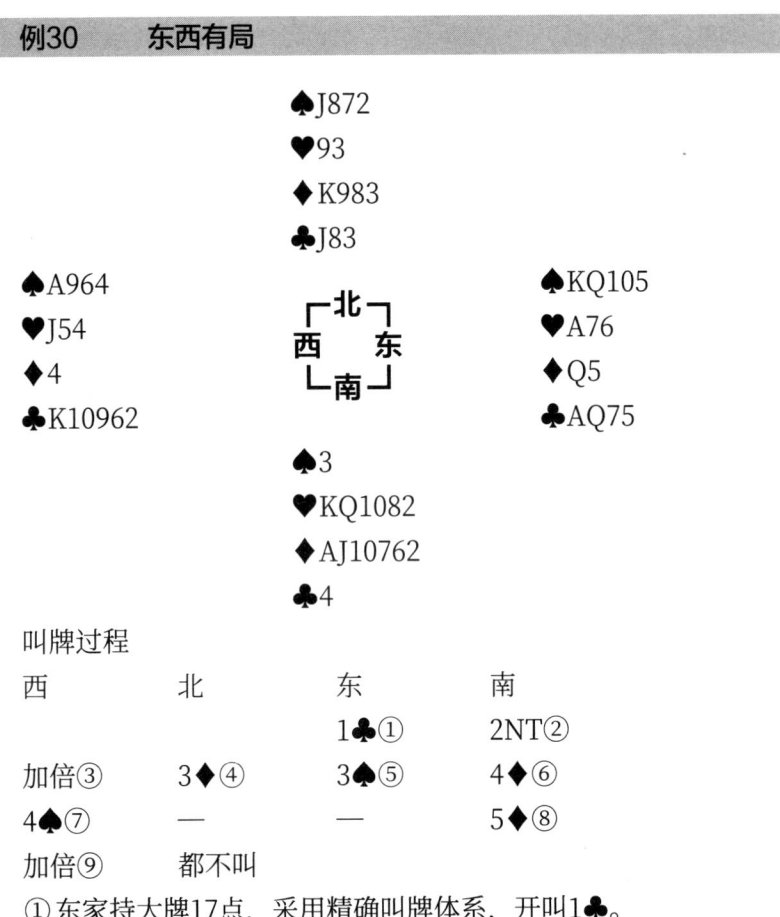

## 例30　东西有局

```
           ♠J872
           ♥93
           ♦K983
           ♣J83
♠A964              ♠KQ105
♥J54    北         ♥A76
♦4    西  东       ♦Q5
♣K10962 南         ♣AQ75
           ♠3
           ♥KQ1082
           ♦AJ10762
           ♣4
```

叫牌过程

| 西 | 北 | 东 | 南 |
|---|---|---|---|
|  |  | 1♣① | 2NT② |
| 加倍③ | 3♦④ | 3♠⑤ | 4♦⑥ |
| 4♠⑦ | — | — | 5♦⑧ |
| 加倍⑨ | 都不叫 |  |  |

① 东家持大牌17点，采用精确叫牌体系，开叫1♣。

② 南家持大牌点10点，♥和♦为5-6型，跳叫2NT，表示8~11点或16点以上，♥和♦为5-5以上型。

③ 西家持大牌点8点，在同伴开叫1♣后，有足够的牌力加倍对方的2NT。

④ 北家持大牌点5点，♦为4张套，同伴争叫2NT，表示♥和♦均为5张以上，故选择3♦逃叫。

⑤ 东家再叫自己的4张♠套。

## 第七章 防守叫牌

⑥南家♠为单张,再加叫4♦。
⑦西家持4张♠,加叫同伴的♠,应叫4♠。
⑧北家和东家都不叫,南家加叫5♦作牺牲叫。
⑨最后西家加倍。

结果5♦宕一墩。4♠肯定可以打成,让东西方打成4♠,对方得620分。现在南北方打5♦宕一墩,东西方只得100分,相差520分。

### 例31  东西有局

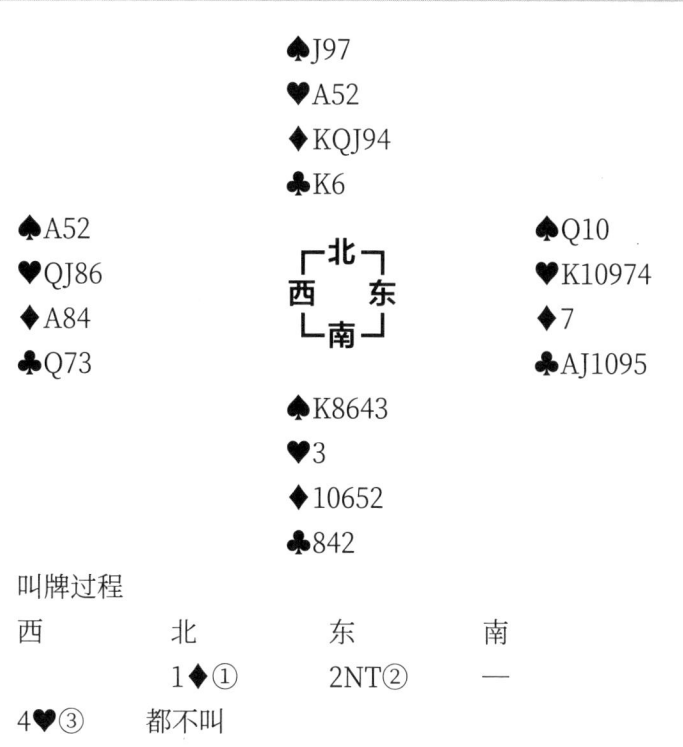

```
              ♠J97
              ♥A52
              ♦KQJ94
              ♣K6
♠A52                        ♠Q10
♥QJ86      北               ♥K10974
♦A84    西    东             ♦7
♣Q73       南                ♣AJ1095
              ♠K8643
              ♥3
              ♦10652
              ♣842
```

叫牌过程

| 西 | 北 | 东 | 南 |
|---|---|---|---|
|  | 1♦① | 2NT② | — |
| 4♥③ | 都不叫 |  |  |

①北家持大牌14点,♦为5张,开叫1♦。
②东家持大牌点10点,♥和♣为5-5型,跳叫2NT,表示8~11点,♥和♣为5-5以上套。
③西家持大牌13点,♥为4张套,同伴争叫2NT表示♥和♦为5-5

## 精准自然叫牌

型，自己持大牌点13点，同伴持大牌点至少8点，加牌型5点，牌力有13点，联手26点完全可以叫4♥。

结果输一墩♠，输一墩将牌，超一墩完成4♠定约。

### 例32　　南北有局

```
             ♠AQ5
             ♥KJ1073
             ♦J3
             ♣872
♠642                      ♠KJ987
♥9652         北          ♥AQ4
♦765       西   东         ♦A104
♣J96          南          ♣54
             ♠103
             ♥8
             ♦KQ982
             ♣AKQ103
```

叫牌过程

| 西 | 北 | 东 | 南 |
|---|---|---|---|
|  |  | 1♠① | 2♦② |
| — | 2♥③ | — | 3♣④ |
| — | 3NT⑤ | 都不叫 |  |

①东家持大牌14点，♠为5张，开叫1♠。

②南家持大牌点14点，两门低花为5-5型，不符合争叫2NT的牌力范围。应先争叫较高级别的花色，后再叫低级别的花色（顺叫），也就是先争叫2♦，表示具有开叫实力，所争叫花色为5张以上。

③北家持大牌点11点，♥为5张套，应叫2♥，表示同伴争叫花色

第七章　防守叫牌

没有支持，♥为4张以上。

④ 南家再叫第二套花色，表示顺叫新花12~15点牌力，所叫花色为4张以上。

⑤ 北家在对方开叫花色中有双止张，牌力达到了打3NT的实力，应叫3NT。

结果定约方♠拿了两墩，♦拿了四墩，♣拿了五墩，超两墩完成定约。

**例33　　南北有局**

```
              ♠K6
              ♥972
              ♦Q1074
              ♣AKJ5
♠4                              ♠Q9752
♥AK1063      ┌─北─┐              ♥Q54
♦A9652       西    东             ♦3
♣Q6          └─南─┘              ♣9873
              ♠AJ1083
              ♥J8
              ♦KJ8
              ♣1042
```

叫牌过程

| 北 | 东 | 南 | 西 |
|---|---|---|---|
| 1♣① | — | 1♠② | 2♣③ |
| — | 2♥④ | 2♠⑤ | — |
| — | 3♥⑥ | 都不叫 | |

① 北家持大牌点13点，平均牌型，开叫1♣，表示13点以上，♣为3张以上。

363

**精准自然叫牌**

②南家持大牌点10点，♠为5张，一盖一应叫1♠，表示6点以上，♠为4张以上。

③西家持大牌点13点，♥和♦为5-5型，在对方叫过♣和♠后，扣叫2♣，表示剩余两门花色为5-5型，12~15点。

④东家持大牌点4点，♥有带Q的3张支持，应叫2♥，花色选择为♥套。

⑤南家不甘心让对方打2♥，争叫2♠。

⑥东家为争夺部分定约再争叫3♥。

结果利用交叉将吃，刚好完成了3♥定约。

**例34　　双方无局**

```
              ♠A75
              ♥K763
              ♦AK75
              ♣52
♠3                         ♠J1082
♥AQ1052        北          ♥J9
♦94          西  东         ♦J1063
♣AK983         南          ♣Q74
              ♠KQ964
              ♥84
              ♦Q82
              ♣J106
```

叫牌过程

| 北 | 东 | 南 | 西 |
|---|---|---|---|
| 1♦① | — | 1♠② | 2♦③ |
| 2♠④ | 3♣⑤ | 3♠⑥ | 4♣⑦ |
| 都不叫 | | | |

364

# 第七章 防守叫牌

①北家持大牌点14点，平均牌型，开叫1♦，表示♦为3张以上。
②南家持大牌点8点，♠为5张套，一盖一应叫1♠，表示6点以上，♠为4张以上。
③西家持大牌点12点，♥和♣为5-5型，在对方叫过♦和♠后扣叫2♦，表示剩余两门花色为5-5型，12~15点。
④北家在同伴应叫♠后，自己有带A的3张支持，再叫2♠。
⑤东家在同伴扣叫2♦表示持有♥和♣为5-5型后，应叫3♣，表示有3张以上支持。
⑥南家争叫3♠，争夺部分定约。
⑦西家持♠单张，♥和♣为长套，再叫4♣，争夺部分定约。
结果♠输一墩，♥输一墩，♦输两墩，4♣定约宕一墩。让对方打成3♠定约。

## 第六节　其他防守叫牌

### 一、弱2开叫后的防守叫牌

**（一）对方弱2开叫后的争叫**

**1. 加倍**

为技术性加倍，表示比直接争叫更强的牌，13点以上。

a. ♠4　　　　♥AJ103　　　♦KQ3　　　♣A10842

a）对方开叫2♠，你持大牌点14点，可以争叫加倍，表示13点以上。

**2. 自然争叫**

对方开叫2♥后争叫2♠/3♣/3♦，对方开叫2♠后争叫3♣/3♦/3♥，一般为6张以上或较强的5张套，13点以上。

b. ♠K984　　　♥83　　　　♦A　　　　♣AKJ942

365

精准自然叫牌

c. ♠2　　　♥KQJ1064　　♦Q7　　　♣AJ92

b）对方开叫2♥，你持大牌点15点，♣为6张套，争叫3♣，表示13点以上，♣为6张以上。

c）对方开叫2♠，你持大牌点13点，♥为6张套，争叫3♥，表示13点以上，♥为6张以上。

### 3. 2NT争叫

16~18点，比开叫1NT实力更强一些，需保证开叫花色有止张。

### 4. 扣叫

16点以上。开叫2♥后扣叫3♥，开叫2♠后扣叫3♠，询问♥或♠的止张。一般表示有一门低花长套作为赢墩的来源，同伴有扣叫花色的止张可以叫3NT，否则可逃叫4♣，让你不叫或者转叫4♦。

d. ♠K2　　　♥93　　　♦AKQJ842　　♣A2

d）对方开叫2♥，你扣叫3♥，如果同伴有♥的止张就可以叫3NT，否则就逃叫4♣，这时你就可转叫4♦长套。

### 5. 4♣/4♦争叫

4♣/4♦争叫是一种约定叫。保证所叫低花和另一高花（对方开叫2♥为♠，对方开叫2♠为♥）为5-5强牌，16点以上。如同伴有另一门高花支持可转叫4♥/4♠，否则可不叫或者加叫所叫低花进局。对于单套低花强牌，可先叫加倍，下轮再叫4♣/4♦。

e. ♠2　　　♥AQJ93　　♦KQJ82　　♣A2

f. ♠2　　　♥A2　　　♦AQ2　　　♣KQJ10852

e）在对方开叫2♠后，你持大牌点17点，♥和♦为5-5型，符合约定叫的条件，可跳叫4♦，表示♦和另一门高花（♥）为5-5型，16点以上。

f）在对方开叫2♥或2♠后，你持大牌16点，♣为7张半坚固套，可先叫加倍，不能直接跳叫4♣（因为跳叫4♣为约定叫），下一轮再叫4♣，表示单套♣强牌，16点以上。

## 第七章 防守叫牌

### 6. 3♠/4♥争叫

对方开叫2♥后你跳叫3♠，对方开叫2♠后你跳叫4♥，保证很强的6张套或者7张套，16点以上。

g. ♠2　　♥KQJ10973　♦KQ2　　♣AJ
h. ♠AKQ10842　♥6　　♦KJ10　　♣A7

g）对方开叫2♠，你持大牌点16点，♥为7张套，你可跳叫4♥，表示16点以上，所叫花色为6张以上强套。

h）对方开叫2♥，你持大牌点17点，♠为7张套，你可跳叫3♠，表示16点以上，♠为6张以上强套。

### 7. 直接争叫4NT

19点以上，表示很强的两低套。若持大牌点为10点左右，持任意的两套，可先不叫，待对方叫到局以后再叫4NT作牺牲叫。

i. ♠—　　♥A3　　♦KQJ962　♣AKQ93
j. ♠—　　♥KQ1083　♦KJ10632　♣62

i）在对方开叫2♥/2♠后，你持大牌点19点，♠为缺门，你可跳叫4NT，表示19点以上，双低套强牌。

j）在对方开叫2♠后，你持大牌点9点，先不要争叫，因为大牌点不够条件。在对方叫到4♠后，你可再争叫4NT作牺牲叫。如同伴叫5♣，你可转5♦，表示♦和♥为套牌。

### （二）推进者的应叫

#### 1. 加倍后的应叫

对方弱2开叫后，你使用技术性加倍，同伴一般都要应叫。他在3阶水平上应叫某一门花色时究竟有多少牌力，很难预测。同伴的应叫可能是一手烂牌被迫应叫，也可能是具有邀叫的牌力，二者相差很大。为了解决这个问题，我们采用莱本索尔约定叫。其约定叫如下：

（1）应叫2♠/3♥为0~7点，表示4~5张♠或♥。

（2）应叫2NT一般作示弱约定叫使用，但也可能用来表示强牌。2NT应叫者，要求争叫者再叫3♣。只有当争叫者属于加倍后出

367

## 精准自然叫牌

套或者特别强的平均牌型时，才可以拒绝再叫3♣。争叫者再叫3♣后，推进者再应叫如下：

一是不叫，0~7点，♣为长套。

二是再应叫3♦，0~7点，♦为长套。

三是扣叫3♥/3♠。扣叫3♥，保证4张♠和♥有止张，进局逼叫；扣叫3♠，保证4张♥和♠有止张，进局逼叫。

四是再应叫3♥/3♠。对方开叫2♥，你再应叫3♠，表示4张♠，8~11点；对方开叫2♠，你再应叫3♥，表示4张♥，8~11点。也就是说，对方开叫2♥—同伴加倍—你应叫2NT—同伴再叫3♣—你再应叫3♠，表示4张♠，8~11点；对方开叫2♠—同伴加倍—你应叫2NT—同伴应叫3♣—你再应叫3♥，表示4张♥，8~11点。

五是再应叫3NT。对方开叫2♥，你没有4张♠，只保证♥单止张；对方开叫2♠，你没有4张♥，只保证♠单止张。如不适宜打3NT，允许转叫4阶低花。

六是再应叫4♣/4♦。保证较强的6张套，进局逼叫。

下面看几个例子。

k. ♠82　　♥J63　　♦Q9742　　♣J42
l. ♠KJ82　♥A83　　♦QJ2　　　♣K52
m. ♠83　　♥K83　　♦KJ102　　♣KQ93

k）对方开叫2♠，同伴加倍，你应叫2NT，同伴再叫3♣，你持大牌4点，转叫3♦。

l）对方开叫2♥，同伴加倍，你应叫2NT，同伴再叫3♣，你持大牌14点，扣叫3♥，表示持有4张♠和♥有止张，进局逼叫。

m）对方开叫2♥，同伴加倍，你应叫2NT，同伴再叫3♣，你持大牌12点，可应叫3NT，表示否定持有4张♠，但♥有止张。如果同伴逃叫4♣/4♦，你可不叫。

（3）应叫3♣/3♦为8~11点，5张以上。

（4）直接扣叫3♥/3♠。开叫2♥，你扣叫3♥；开叫2♠，你扣

## 第七章　防守叫牌

叫3♠。直接扣叫对方开叫花色，保证另一高花为4张套，13点以上，否定开叫花色有止张，进局逼叫。

（5）跳叫3♠/4♥为8~11点，跳叫花色5张以上。对方开叫2♥，同伴加倍后你跳叫3♠，保证♠5张以上；对方开叫2♠，同伴加倍后你跳叫4♥，保证♥为5张以上。

n. ♠K10942　　♥94　　　　♦Q842　　　♣A2

n）对方开叫2♥，同伴加倍，你持大牌点9点，5张♠，跳叫3♠，表示8~11点，♠为5张以上。

（6）应叫3NT。准备打3NT，保证对方开叫花色有双止张。

o. ♠J9　　　　♥KJ103　　　♦K1072　　♣AJ9

o）对方开叫2♥，同伴加倍，你持大牌点13点，对方开叫花色有双止张，跳叫3NT，表示对方开叫花色有双止张，准备打3NT。

（7）应叫4♣/4♦。所叫花色为6张以上套，进局邀叫。

p. ♠106　　　♥J93　　　　♦AKQ963　　♣A5

p）对方开叫2♠，同伴加倍，你持大牌点14点，6张♦套，跳4♦，表示♦为6张套，进局邀叫。

### 2. 2NT争叫后的应叫

（1）3♣为斯台曼问叫。

（2）3♦/3♥为转移叫或问叫。

2♥—2NT—3♥=转移叫3♠。

2♠—2NT—3♦=转移叫3♥。

2♥—2NT—3♦=转移叫3♥和2♠—2NT—3♥=转移叫3♠没有意义，因此，应叫者持一门低花长套且大牌点在8点以上，可以将转移叫改为问叫使用。即同伴在对方弱2开叫花色中有双止张就打3NT；若只有单止张，就转到3♥或3♠上，让你转叫4阶低花或者跳叫5阶低花。

q. ♠J93　　　♥3　　　　　♦K75　　　♣KJ9763
r. ♠102　　　♥Q93　　　　♦KQ10963　♣Q10

q）对方开叫2♥，同伴争叫2NT，表示16~18点，对方开叫花色

## 精准自然叫牌

有止张。你持大牌点8点，♣为6张套，应叫3♦，表示持有一门低花长套，8点以上牌力，询问同伴♥是否有双止张。若同伴有双止张就叫3NT；若只有单止张就叫3♥，你再转叫4♣。

r）对方开叫2♠，同伴争叫2NT，表示16~18点，对方开叫花色有止张。你持大牌点9点，♦为6张套，应叫3♥，询问同伴♠是否有双止张。若同伴有双止张就叫3NT；若只有单止张就叫3♠，你再叫4♦。

### 二、弗兰纳里2♦开叫后的防守叫牌

弗兰纳里2♦开叫后，如你仍然使用常规的防守叫牌，很可能会吃亏，因此，必须针对弗兰纳里2♦开叫的特点，制定行之有效的防守叫牌方法。

下面介绍针对弗兰纳里2♦开叫特点制定的防守叫牌办法，具体是：

#### 1. 加倍

一般表示平均牌型，相当于1NT开叫的实力，两门高花均有止张。

**a.** ♠KQ5　　♥Q1076　　♦AJ10　　♣AJ10

a）对方开叫2♦后，你持大牌点17点，两门高花均有止张，平均牌型。叫加倍，表示15~17点，平均牌型，两门高花均有止张。

#### 2. 争叫2♥

相当于技术性加倍。13点以上，表示♥较短，其他三门花色均有较好的支持，要求同伴参与竞争叫牌。用2♥争叫取代短套的技术性加倍是合理的。

**b.** ♠K1084　　♥4　　♦AQ96　　♣KQ76

b）对方开叫2♦后，你大牌点14点，♥为单张，其他花色均有4张。争叫2♥，表示♥短的技术性加倍，其他三门均有支持。

#### 3. 争叫2♠/3♣/3♦

属于自然争叫。13点以上，5张以上，但2♠争叫需要特别慎重，一般应有较好的6张套，因为对方2♦开叫者持有4张♠。

**c.** ♠AQJ932　　♥8　　♦A942　　♣K8

## 第七章 防守叫牌

d. ♠K84　　　♥4　　　　♦AQ10942　　♣A82

c）对方开叫2♦，你持大牌点14点，♠为较好的6张套。你可争叫2♠，表示13点以上，♠为较好的6张套。

d）对方开叫2♦，你持大牌点13点，♦为6张套。你可以争叫3♦，表示13点以上，♦为5张以上。

### 4. 争叫2NT

表示双低套，11点以上。

e. ♠94　　　♥8　　　　♦AQJ84　　　♣KQ652

e）对方开叫2♦，你持大牌点12点，低花为5-5型。你可争叫2NT，表示双低套，11点以上。

## 三、赌博性3NT开叫后的防守叫牌

赌博性3NT开叫，其所起的阻击作用要比3阶花色开叫更为强烈，给防守方参与竞争叫牌增加了不少难度。防守方先要了解对方的赌博性3NT开叫在旁门花色中允许有多少牌力。在这个基础上，可以采用以下措施。

### 1. 加倍

表示你有较强的实力，可能是平均牌型，也可能是不平均牌型，16点以上，要求同伴叫牌。

a. ♠AQJ4　　♥KJ104　　　♦4　　　　♣AK84
b. ♠AK76　　♥KQ8　　　♦84　　　♣AK98

a）对方开叫3NT，你持大牌点18点，4-4-4-1牌型，可以叫加倍，表示16点以上，要求同伴叫牌。

b）对方开叫3NT，你持大牌点19点，4-4-3-2牌型，可以叫加倍，表示16点以上，要求同伴叫牌。

### 2. 争叫4阶低花

表示双高套。考虑到自然争叫4阶低花的作用不大，因此，规定争叫4阶低花为约定叫，13点以上，争叫时选择两门低花中较强的一

**精准自然叫牌**

门争叫。

  c. ♠KJ1084  ♥KQ984  ♦—  ♣AQ7

  d. ♠4  ♥A8  ♦42  ♣KQJ98642

  c）对方上家开叫3NT，你持大牌15点，两门高花为5-5型，你可争叫4♣，表示两门高花均为长套，要求同伴选择一门。

  d）对方上家开叫3NT，你持大牌10点，♣为8张套，你不能争叫4♣，因为争叫4♣为约定叫，你可以跳叫5♣，作自然争叫。

  **3. 争叫4阶高花**

  属于自然争叫，表示有6张以上很强的高花长套，13点以上。

  e. ♠QJ104  ♥KQJ10852  ♦4  ♣A

  e）对方上家开叫3NT，你持大牌13点，♥为7张套，你可以争叫4♥，表示13点以上，♥为6张以上套。

## 四、牌例

**例35  双方无局**

|  | ♠QJ73 |  |
|---|---|---|
|  | ♥A6 |  |
|  | ♦976 |  |
|  | ♣J852 |  |
| ♠109854 |  | ♠A6 |
| ♥542 | 北 西 东 南 | ♥KQJ1087 |
| ♦10 |  | ♦53 |
| ♣KQ107 |  | ♣963 |
|  | ♠K2 |  |
|  | ♥93 |  |
|  | ♦AKQJ842 |  |
|  | ♣A4 |  |

## 第七章 防守叫牌

叫牌过程

| 西 | 北 | 东 | 南 |
|---|---|---|---|
|  |  | 2♥① | 3♥② |
| —③ | 3NT④ | 都不叫 |  |

① 东家持大牌点10点，♥为6张套，开叫2♥，表示弱2开叫。
② 南家持大牌点17点，♦为坚固的7张套，除♥外其他两门都有止张，扣叫3♥，表示16点以上，询问同伴对方开叫花色是否有止张。同伴若有止张就叫3NT，若没有止张就逃叫4♣。
③ 西家大牌点为5点，同伴弱2开叫大牌点不超过11点，联手牌点太少，不叫。
④ 北家持大牌点8点，♥有止张，应叫3NT，表示对方开叫花色有止张。

结果东家首攻♥K，庄家用A拿住，连出♦拿七墩牌，再出♣A，共拿到九墩牌，圆满完成定约。

### 例36　南北有局

```
              ♠754
              ♥1062
              ♦A65
              ♣QJ84
♠K96                        ♠AQJ1083
♥K75          北            ♥84
♦973        西  东           ♦104
♣10975        南            ♣K63
              ♠2
              ♥AQJ93
              ♦KQJ82
              ♣A2
```

373

**精准自然叫牌**

叫牌过程

| 西 | 北 | 东 | 南 |
|---|---|---|---|
|  |  | 2♠① | 4♦② |
| —③ | 4♥④ | 都不叫 |  |

① 东家持大牌点10点，♠为6张套，开叫2♠，表示弱2开叫。
② 南家持大牌点17点，♦和♥为5-5型，争叫4♦，表示16点以上，保证♦和♥为5-5型。
③ 西家持大牌点6点，联手大牌点最多17点，不足以争叫4♠，不叫。
④ 北家持大牌点7点，同伴长套花色都是3张，♦有A，♥有10，还是应叫4♥更好。

结果将牌输一墩，♠输一墩，超一墩完成定约。

### 例37　东西有局

```
              ♠KJ82
              ♥A92
              ♦Q42
              ♣K52
♠75                        ♠A63
♥653         北            ♥KQJ1084
♦J1065    西    东         ♦93
♣Q873        南            ♣104
              ♠Q1094
              ♥7
              ♦AK87
              ♣AJ96
```

叫牌过程

| 西 | 北 | 东 | 南 |
|---|---|---|---|
|  |  | 2♥① | 加倍② |

374

## 第七章 防守叫牌

| | | | |
|---|---|---|---|
| —③ | 2NT④ | — | 3♣⑤ |
| — | 3♥⑥ | — | 4♠⑦ |

都不叫

① 东家持大牌点10点，♥为6张套，开叫2♥，表示弱2开叫。
② 南家持大牌点14点，4-1-4-4牌型，争叫加倍，表示技术性加倍，13点以上，要求同伴叫牌。
③ 西家持大牌点3点，牌点太少，还是不叫为好。
④ 北家持大牌点13点，4-3-3-3牌型，应叫2NT，表示强牌或弱牌。
⑤ 南家按规定应叫3♣。
⑥ 北家扣叫3♥，表示持有4张♠，♥有止张，进局逼叫。
⑦ 南家持有4张♠，再叫4♠。

结果将牌输一墩，♣输一墩，超一墩完成定约。

### 例38　双方有局

```
            ♠J93
            ♥3
            ♦K75
            ♣KJ9763
♠8764                      ♠KQ5
♥542      ┌北┐            ♥AJ10976
♦Q986    西   东           ♦103
♣A10      └南┘            ♣52
            ♠A102
            ♥KQ8
            ♦AJ42
            ♣Q84
```

叫牌过程

| 西 | 北 | 东 | 南 |
|---|---|---|---|
| | | 2♥① | 2NT② |

375

# 精准自然叫牌

| —③ | 3♦④ | — | 3NT⑤ |

都不叫

① 东家持大牌点10点，♥为6张套，开叫2♥，表示弱2开叫。

② 南家持大牌点16点，平均牌型，对方开叫花色有止张，争叫2NT，表示16~18点，平均牌型，对方开叫花色有止张。

③ 西家持大牌点6点，同伴开叫2♥，表示不超过11点，联手最多17点，不叫为好。

④ 北家持大牌点8点，6张♣套，应叫3♦为问叫，问同伴在♥花色中是否有双止张。若同伴有双止张就叫3NT；单止张就转移叫3♥，再由应叫者转移到4♣。

⑤ 南家有双止张，叫3NT。

结果西家首攻♥2，东家用A拿住。再打♥6，南家用K拿住。打♣4，西家用A拿住，再出♥4。庄家吃住后，连拿♣赢墩，兑现♦AK和♠A，共有十个赢墩，超一墩完成定约。

### 例39　双方无局

```
                    ♠862
                    ♥4
                    ♦K432
                    ♣K10652

♠A94                              ♠Q1073
♥953          ┌北┐                ♥AKJ72
♦875          西  东                ♦QJ6
♣J974         └南┘                ♣3

                    ♠KJ5
                    ♥Q1086
                    ♦A109
                    ♣AQ8
```

376

## 第七章 防守叫牌

叫牌过程

| 西 | 北 | 东 | 南 |
|---|---|---|---|
|  |  | 2♦① | 加倍② |
| 2♥③ | 3♣④ | 都不叫 |  |

① 东家持大牌点13点，高花为4-5型，开叫2♦，表示♥为5张，♠为4张，13点以上。
② 南家持大牌点16点，平均牌型，两门高花均有止张，争叫加倍，表示15~17点，平均牌型，两门高花均有止张。
③ 西家持大牌点5点，有3张♥支持，争叫2♥。
④ 北家持大牌点6点，♣为5张套，应叫3♣，表示5张以上♣。
结果♥输一墩，♦输一墩，♠输两墩，圆满完成了3♣定约。

### 例40　　南北有局

```
                    ♠95
                    ♥A87
                    ♦108752
                    ♣Q65
♠Q63                               ♠A1082
♥10932          ┌北┐               ♥KQJ65
♦4              西  东              ♦QJ3
♣KJ983          └南┘               ♣2
                    ♠KJ74
                    ♥4
                    ♦AK96
                    ♣A1074
```

叫牌过程

| 西 | 北 | 东 | 南 |
|---|---|---|---|
|  |  | 2♦① | 2♥② |

377

**精准自然叫牌**

| 加倍③ | 3♦④ | — | — |
|---|---|---|---|
| 3♥⑤ | — | — | 4♦⑥ |
| 都不叫 | | | |

① 东家持大牌点13点，高花为4-5型，开叫2♦，表示♥为5张和♠为4张，13点以上。

② 南家持大牌点15点，♥为单张，其他三门花色均有4张，争叫2♥，表示技术性加倍，除♥外其他三门花色均有支持。

③ 西家持大牌点6点，4张♥支持，对南家争叫2♥作应叫性加倍，表示对同伴的♥有支持。

④ 北家持大牌点6点，5张♦套，争叫3♦，表示♦有4张以上。

⑤ 西家自己♦为单张，在北家应叫3♦后争叫3♥，争夺部分定约。

⑥ 南家在西家争叫3♥后，不甘心让对方打3♥，争叫4♦。

结果♠输一墩，♣输一墩，将牌输一墩，圆满完成了4♦定约。

### 例41　东西有局

```
              ♠107
              ♥AQ952
              ♦1085
              ♣1062

♠96532      ┌北┐        ♠A8
♥876        西  东        ♥3
♦63         └南┘        ♦AKQJ972
♣QJ7                     ♣953

              ♠KQJ4
              ♥KJ104
              ♦4
              ♣AK84
```

378

## 第七章　防守叫牌

叫牌过程

| 西 | 北 | 东 | 南 |
|---|---|---|---|
|  |  | 3NT① | 加倍② |
| — | 4♥③ | 都不叫 |  |

① 东家持大牌点14点，♦为坚固的7张套，开叫3NT，表示赌博性3NT，有一门低花为坚固的7张以上套。
② 南家持大牌点17点，4-4-4-1牌型，叫加倍，表示16点以上，要求同伴叫牌。
③ 北家持大牌点6点，对方开叫3NT，同伴加倍，自己持有5张♥，应叫4♥。

结果定约方输一墩♥、一墩♦和一墩♣，圆满完成4♥定约。

### 例42　　南北有局

```
              ♠A952
              ♥104
              ♦KJ102
              ♣973
♠J73                        ♠6
♥AJ2     ┌─北─┐            ♥873
♦98653   西    东            ♦4
♣J5      └─南─┘            ♣AKQ108642
              ♠KQ1084
              ♥KQ965
              ♦AQ7
              ♣—
```

叫牌过程

| 西 | 北 | 东 | 南 |
|---|---|---|---|
|  |  | 3NT① | 4♦② |

379

**精准自然叫牌**

—     4♠③    都不叫

① 东家持大牌点9点，8张♣套，开叫3NT，表示赌博性3NT，有一门坚固的低花长套为7张以上。

② 南家持大牌点16点，两门高花为5-5型，争叫4♦，表示13点以上，两门高花为5-5型。

③ 北家持大牌点8点，♠为4张套，应叫4♠，表示花色选择为♠。

结果♥输一墩，超两墩完成定约。

# 第八章
# 满贯叫牌

要想叫到满贯定约，先要预估你和同伴联手牌的实力有没有达到满贯的条件。前面讲过，一般来说，做小满贯定约，联手牌力要达到33点左右；做大满贯定约，联手牌力要达到37点左右。做满贯定约不像做成局定约，一旦叫到满贯定约，你的失墩最多只有一墩，没有回旋余地，所以叫满贯定约的成功把握应当要有80%以上。

无将满贯定约，主要凭大牌点实力，只要牌点到了应有的数量，就可以考虑叫满贯定约。有将满贯定约较复杂，除考虑大牌点实力外，还要考虑有没有单张或缺门，有没有可以树立的长套，只要牌型好，联手20多点大牌也可以打成满贯定约。若加入牌型点，联手牌力也应达到33点左右。

叫满贯定约，首先要求有相当的实力。联手牌力（加牌型点）要达到33点以上。其次是要有足够的A。叫小满贯至少应有3个A，叫大满贯应有4个A，一个也不能少。缺少相应的A，立马就会宕。

精准自然叫牌

## 第一节 黑木问叫与格伯问叫

### 一、黑木问叫

黑木问叫又叫布莱克伍德问叫。当了解到与同伴的联手牌力达到33点左右时，并自信在5阶水平上叫牌是安全的，就可以使用黑木问叫，但需查明同伴有几个A。

#### （一）4NT问A

问叫人叫4NT，问同伴有几个A，答叫如下：

5♣=0或3个A　　　　　没有A或有3个A；
5♦=1或4个A　　　　　有1个或4个A；
5♥=2个A（贴邻）　　　有两个相邻的A；
5♠=2个A（跳档）　　　有两个不相邻的A。

相邻的2A为♣和♦、♦和♥、♥和♠；
不相邻的2A为♣和♥、♣和♠、♦和♣。

**例1　　双方无局**

♠5
♥KQ95
♦AKJ1095
♣K7

```
  ┌北┐
 西  东
  └南┘
```

♠AK7
♥A8643
♦Q72
♣62

叫牌过程

| 北 | 南 |
|---|---|
| 1♦ | 1♥ |
| 3♦① | 4♦ |
| 4NT② | 5♥③ |
| 6♦④ | |

①开叫1♦后，同伴一盖一应叫1♥，北家跳叫3♦，表示16~18点，

382

## 第八章 满贯叫牌

　　◆为5张以上。

②北家牌型很好，同伴又加叫自己开叫花色，因此，使用4NT问A。同伴若应叫5♣或5◆，表示无A或只有1个A，便没有越过5◆；若同伴应叫越过5◆表示有2个A，就可以打小满贯。

③南家答叫5♥，表示有相邻的2A。

④北家分析，同伴有♥A和♠A，还缺少一个A，6◆定约没有问题。

**（二）5NT问K**

问叫人在4NT询问过同伴有几个A后，再叫5NT询问同伴有几个K。问叫人在5NT问叫之前，先要考虑同伴答叫是否会越过6阶将牌定约。否则，就不能再叫5NT问K。

同伴在5NT问K后，答叫如下：

6♣=0或3个K　　　　　　没有K或有3个K；
6◆=1或4个K　　　　　　有1个或4个K；
6♥=2个K（贴邻）　　　　有两个相邻的K；
6♠=2个K（跳档）　　　　有两个不相邻的K。

**例2　　南北有局**

| | 叫牌过程 | |
|---|---|---|
| ♠7 | | |
| ♥AKJ84 | 南 | 北 |
| ◆AQ6 | 1♠ | 2♥ |
| ♣AK87 | 2NT | 4NT① |
| | 5◆② | 5NT③ |
| | 6♠④ | 7NT⑤ |

♠AKQ52
♥5
◆K93
♣QJ109

## 精准自然叫牌

① 北家在同伴开叫1♠后，二盖一应叫2♥。北家持大牌点21点，同伴既然开叫，至少有13点，联手至少有34点牌力，可以使用满贯叫牌。于是再叫4NT，询问同伴有几个A。
② 南家答叫1个A或4个A。
③ 北家再叫5NT问K。
④ 南家答叫有两个不相邻的K。
⑤ 北家分析，联手有4个A、4个K，大牌点在34点以上，可以叫7NT。

### 二、格伯问叫

同伴开叫1NT，或者再叫无将时，你跳叫4♣，这就是格伯问叫。格伯问叫是用4♣来询问同伴有几个A。比如：1NT—4♣，2NT—4♣，1♥—2NT—4♣，1NT—2♣—2♦—4♣，这四种情况下叫4♣都是格柏问叫。

问叫人叫4♣，必须是同伴开叫或者再叫无将时，你跳叫4♣才是格伯问叫。

#### （一）4♣问A

问叫人在同伴叫无将之后跳叫4♣问A，答叫如下：

4♦=0或3个A　　　　　　没有A或有3个A；
4♥=1或4个A　　　　　　有1个或4个A；
4♠=2个A（贴邻）　　　　有相邻的两个A；
4NT=2个A（跳档）　　　有不相邻的两个A。

相邻的2A为♣和♦、♦和♥、♥和♠；
不相邻的2A为♣和♥、♣和♠、♦和♠。

# 第八章　满贯叫牌

### 例3　　　南北有局

♠K103
♥A108
♦Q83
♣QJ105

叫牌过程

| 南 | 北 |
|---|---|
| 2NT① | 4♣② |
| 4NT③ | 6NT④ |

```
  ┌北┐
 西　东
  └南┘
```

♠AQ94
♥KQ6
♦AK74
♣K6

①南家开叫2NT，表示20~21点，平均牌型。
②北家分析，自己持12点，联手至少32点，达到叫满贯的牌力，于是用4♣问同伴有几个A。
③南家答叫有不相邻的两个A。
④北家分析，还差一个A，只能打6NT。

## （二）5♣问K

问叫人在同伴用4♣询问过A以后，再用5♣问K，答叫如下：

| 5♦=0或3个K | 没有K或有3个K； |
|---|---|
| 5♥=1或4个K | 有1个或4个K； |
| 5♠=2个K（贴邻） | 有相邻的两个K； |
| 5NT=2个K（跳档） | 有不相邻的两个K。 |

385

精准自然叫牌

### 例4　　双方有局

♠K109
♥A98
♦K64
♣KQJ4

```
    北
 西    东
    南
```

♠AJ32
♥KQJ2
♦AQ
♣1042

叫牌过程

| 北 | 南 |
|---|---|
| 1NT① | 2♣② |
| 2♦③ | 4♣④ |
| 4♥⑤ | 5♣⑥ |
| 5♦⑦ | 6NT⑧ |

①北家开叫1NT，表示15~17点，平均牌型。

②南家应叫2♣问高套。

③北家答叫2♦，表示无高套。

④南家作格伯问叫。

⑤北家答叫1个或4个A。

⑥南家5♣问K。

⑦北家答叫0个或3个K。

⑧南家分析，同伴开叫1NT，至少有15点大牌，联手大牌点至少32点，3个A在手，应该有4个K，叫6NT定约应该没有问题。

386

# 第八章　满贯叫牌

## 第二节　罗马关键张问叫

4NT问关键张，最早答叫采用0314（就是5♣=0个或3个关键张，5♦=1个或4个关键张）。自从艾迪·坎特提出1403后，现在基本上都改为1403。即5♣=1个或4个关键张，5♦=0个或3个关键张；5♥、5♠答叫不变。

为什么要把0314改为1403呢？主要原因是：你用4NT问叫时，以较低的5♣应答表示1个关键张，有利于继续问叫。你可用5♦问将牌Q，如同伴没有将牌Q，仍可停在5阶水平；反之如果以5♦表示1个关键张，当红心为将牌时，你就无法用5♥问将牌Q，此时5♥为止叫。

关键张=4个A+将牌K，共有5个。

4NT关键张问叫后，答叫如下：

5♣=1或4关键张；

5♦=0或3关键张；

5♥=2关键张+无将牌Q；

5♠=2关键张+有将牌Q。

### 一、高花为将牌的确认

4NT关键张问叫，一般是高花为将牌的关键张问叫。低花为将牌时，因受叫牌空间的限制，多数牌手采用4♣关键张问叫。以高花为将牌的关键张问叫，其将牌花色怎样来确定呢？一般来讲，主要有以下几种情形。

（1）以开叫花色为将牌。

你开叫1阶高花，同伴加叫，加叫有单加叫、双加叫和三加叫，你开叫的高花为将牌。

你开叫1阶高花，同伴跳叫2NT，也就是雅可比2NT，表示对你开叫的高花有4张支持，你开叫的高花为将牌。

## 精准自然叫牌

你开叫1阶高花，同伴双跳叫新花色，表示对开叫的花色有4张支持，所跳叫新花色为单缺，你开叫的花色为将牌。同理你中途爆裂叫后，表示对同伴所叫花色有支持，同伴所叫花色为将牌。

你开叫1阶高花，同伴二盖一应叫一低花，你再叫开叫花色，同伴加叫，你开叫的花色为将牌。

（2）应叫花色为将牌。

你开叫1阶花色，同伴一盖一应叫1阶高花或二盖一应叫高花，你加叫同伴应叫花色，你加叫的高花为将牌。

你开叫1阶花色，同伴跳叫一高花，你加叫同伴所跳叫的高花，同伴跳叫的高花为将牌。

（3）你开叫1NT或2NT，同伴用斯台曼问叫，你答叫持有高花套，同伴加叫或者直接叫4NT，你答叫的高花为将牌。

（4）在叫牌过程中，同伴之间叫花色时，没有互相加叫或者没有表示对同伴所叫花色有支持，则将在4NT关键张问叫前所叫的花色定为将牌。

### 例5　南北有局

♠AK10543
♥2
♦KQJ3
♣AQ

```
 ┌北┐
西　东
 └南┘
```

♠Q962
♥A1054
♦A104
♣K3

叫牌过程

| 北 | 南 |
|---|---|
| 1♠ | 2NT① |
| 3♥② | 3♠ |
| 4NT③ | 5♠④ |
| 5NT⑤ | 6♣⑥ |
| 7♠⑦ | |

## 第八章　满贯叫牌

① 雅可比2NT，表示13点以上，4张♠支持，要求同伴报单缺。
② ♥为单缺。
③ 以♠为将牌的关键张问叫。
④ 答叫2个关键张+将牌Q。
⑤ 旁花K问叫。
⑥ 答叫有♣K。
⑦ 北家分析，♠可拿六墩，♦可拿四墩，再加上♥A和♣AK，十三墩牌就有了。

### 例6　　　东西有局

♠AQ10842
♥93
♦A8
♣AJ10

| 叫牌过程 | |
|---|---|
| 北 | 南 |
| 1♠ | 2♦① |
| 2♠② | 3♠③ |
| 4♣④ | 4♥⑤ |
| 4NT⑥ | 5♠⑦ |
| 5NT⑧ | 7♠⑨ |

♠K93
♥A2
♦KQJ953
♣92

① 在开叫1♠后，南家二盖一应叫2♦，表示11点以上，♦为5张以上。
② 再叫2♠，表示13~15点，♠为6张以上。
③ 加叫3♠，表示♠有3张支持。
④ 扣叫♣，表示♣有A。
⑤ 扣叫♥，表示♥有A。
⑥ 以♠为将牌的关键张问叫。

## 精准自然叫牌

⑦答叫有2个关键张，没有将牌Q。
⑧旁花K问叫。
⑨南家考虑，同伴有6张♠，自己有6张♦，加上5个关键张都在手，已有十三墩牌，所以不答叫旁花K，直接叫大满贯。如果北家不叫5NT而叫6♠，南家就不能加叫到7♠。

### 例7　　双方有局

♠KQ102
♥AJ3
♦J104
♣A103

```
  ┌北┐
  西 东
  └南┘
```

♠AJ65
♥K52
♦AKQ32
♣2

叫牌过程

| 北 | 南 |
|---|---|
| 1NT | 2♣① |
| 2♠② | 4NT③ |
| 5♦④ | 5♥⑤ |
| 5NT⑥ | 7♠⑦ |

①同伴开叫1NT后，南家2♣问高套。
②答叫有4张♠套。
③以♠为将牌的关键张问叫。
④答叫0个或3个关键张。
⑤将牌Q问叫。
⑥有将牌Q但没有旁花K。
⑦南家分析，将牌有四墩，♥有两墩，♦可能有五墩，♣有一墩，还差一墩应该可以通过将吃♣获得。大满贯应该没有问题。

390

第八章　满贯叫牌

## 二、继续问将牌Q

在4NT关键张问叫后，同伴答叫5♣或5♦，他是否有将牌Q不清楚。你自己没有将牌Q，想知道同伴是否有将牌Q，可在同伴答叫5♣后用5♦问将牌Q；或者在同伴答叫5♦后用5♥或5♠问将牌Q，若♥为将牌就用5♠问将牌Q。也就是说在4NT关键张问叫后，同伴答叫5♣或5♦，问叫人应采用接力叫继续问将牌Q，若接力叫碰到将牌则跳过将牌问将牌Q。

继续接力叫问将牌Q时，答叫如下：
将牌花色=没有将牌Q；
5NT=有将牌Q，但没有旁花K；
旁花=有将牌Q和所叫旁花K，可能还有较高级别的旁花K；
6NT=有将牌Q和3个旁花K。

### 例8　双方有局

♠AK1087
♥3
♦AKQ73
♣A3

| 叫牌过程 | |
|---|---|
| 北 | 南 |
| 1♠ | 3♠① |
| 4NT② | 5♣③ |
| 5♦④ | 6♣⑤ |
| 7♠⑥ | |

♠Q942
♥AJ542
♦J4
♣K10

① 南家在同伴开叫♠后跳加叫，表示11~12点，有4张支持。
② 以♠为将牌的关键张问叫。

③答叫1个关键张。
④将牌Q问叫。
⑤答叫有将牌Q和♣K，可能还有较高级别的K。
⑥北家分析，5个关键张和将牌Q都在手，联手有9张将牌，同伴还有♣K，大满贯应该没有问题。

### 三、5NT旁花K问叫

使用4NT问过关键张后，再叫5NT，就是旁花K问叫。这里问K是问K所在的花色，而不是问K的数量，这与黑木问叫中5NT问叫截然不同。

5NT旁花K问叫必须具备两个条件：一是所有的5个关键张均在你和同伴的手中，一个也不缺；二是将牌无失张，即你或同伴有将牌Q，或者总共有10张以上将牌。

#### 1. 5NT问旁花K

答叫如下：

将牌=没有旁花K；

旁花=持有此门花色的K，也许还有较高级别的K；

6NT=有3个旁花K；

有一门长套可以树立，已达到十三墩牌，可以不答叫旁花K，直接叫大满贯。

#### 2. 花色K问叫

在5NT问旁花K以后，再在6阶水平叫新花色，问这门花色是否有K。答叫如下：

若答叫人持有问叫花色的K，就叫大满贯；

若答叫人没有问叫花色的K，就叫小满贯。

# 第八章　满贯叫牌

### 例9　　双方无局

♠ Q762
♥ K6
♦ A984
♣ K92

```
 ┌北┐
西   东
 └南┘
```

♠ AK1053
♥ AQ3
♦ 7
♣ AQ103

| 叫牌过程 | |
|---|---|
| 北 | 南 |
| 1♦ | 2♠ |
| 3♠ | 4NT① |
| 5♣② | 5♦③ |
| 5♥④ | 5NT⑤ |
| 6♣⑥ | 7♠⑦ |

①南家在北家开叫1♦后应叫2♠，表示16点以上，北家加叫3♠，南家立马以♠为将牌问关键张。

②答叫1个关键张。

③将牌Q问叫。

④答叫有将牌Q和♥K，可能还有其他的K。

⑤旁花K问叫。

⑥答叫有♣K。

⑦南家分析，5个关键张在手，将牌有五墩，♥有三墩，♣有三墩，♦有一墩，还差一墩，应该可以做出来，叫大满贯。

## 精准自然叫牌

### 例10　南北有局

♠AQ842
♥2
♦AQJ4
♣AQ4

```
 ┌北┐
西  东
 └南┘
```

♠K973
♥A103
♦K93
♣K92

叫牌过程

| 北 | 南 |
|---|---|
| 1♠ | 2NT① |
| 3♥② | 4♠ |
| 4NT③ | 5♥④ |
| 5NT⑤ | 6♣⑥ |
| 6♦⑦ | 7♠⑧ |

①南家雅可比2NT应叫，表示13点以上，4张♠支持，要求同伴报单缺。

②♥为单缺。

③以♠为将牌的关键张问叫。

④答叫有2个关键张，无将牌Q。

⑤旁花K问叫。

⑥答叫有♣K，也可能还有较高级别的K。

⑦北家分析，将牌有9张，AKQ在手，♥有A，♣有AKQ，若同伴还有♦K，则可以打大满贯。再叫6♦，问有无♦花色K。

⑧有♦K，故叫7♠。

# 第八章 满贯叫牌

## 例11　东西有局

♠AKJ76
♥AQJ1083
♦K
♣5

```
  北
西   东
  南
```

♠Q83
♥K
♦A9876
♣AK42

| 叫牌过程 | |
|---|---|
| 北 | 南 |
| 1♥ | 2♦ |
| 2♠① | 2NT |
| 3♠② | 4♠③ |
| 4NT④ | 5♠⑤ |
| 5NT⑥ | 6♣⑦ |
| 6♥⑧ | 7♠⑨ |

① 北家先开叫♥，再叫♠，逆叫表示16点以上。
② 再叫3♠，表示♠为5张套。
③ 加叫4♠，表示♠有3张支持。
④ 以♠为将牌的关键张问叫。
⑤ 答叫有2个关键张和将牌Q。
⑥ 旁花K问叫。
⑦ 答叫有♣K。
⑧ 问有无♥花色K。有这门花色的K就叫大满贯，没有这门花色的K就叫小满贯。
⑨ 有♥K，直接叫7♠。

395

精准自然叫牌

### 四、花色问叫

花色问叫就是询问某一门花色的控制情况。在4NT问叫以后，问叫一门花色，这门花色不属于将牌Q问叫时，就是花色问叫。

（1）在将牌Q已经明确的情况下，4NT问叫以后再叫任何一门花色都是花色问叫。

（2）在将牌Q问叫后，有两种情况属于花色问叫：

一种是在将牌Q问叫后，同伴答叫5NT，表示有将牌Q但没有旁花K，此时在6阶水平上再叫旁花属于花色问叫。

另一种情况是，在将牌Q问叫后，同伴在5阶水平答叫旁花，表示有将牌Q和旁花K，此后问叫人在6阶水平上直接叫旁花也是花色问叫。

（3）6阶水平花色问叫，因受叫牌空间限制，规定只答第三轮控制。答叫如下：

无第三轮控制=应叫6阶将牌；

有第三轮控制=跳叫7阶将牌。

（4）6阶水平叫新花色是花色问叫还是旁花K问叫呢？

6阶水平旁花K问叫是在5NT旁花K问叫之后再叫新花色。因为旁花K有三个，5NT问旁花K，答叫人只答最便宜的一个（最低级别的一个），还有两个K不知，问叫人想知道其中的一个打大满贯，就是6阶水平上再叫新花色，问这门花色的K。

6阶水平花色问叫是在4NT关键张问叫后，或者继续将牌Q问叫后，回答再叫新花色。因回答将牌Q问叫，有将牌Q还有旁花K时答叫旁花K花色，此时答叫的阶数有5阶水平也有6阶水平。此后若问叫人再叫新花色就是花色问叫，询问同伴这门花色中是否有第三轮控制，有第三轮控制就叫大满贯，没有第三轮控制就叫小满贯。

## 第八章　满贯叫牌

### 例12　双方有局

♠42
♥AK10875
♦AK94
♣A

```
  ┌北┐
 西  东
  └南┘
```

♠AK76
♥QJ9
♦852
♣Q75

| 叫牌过程 | |
|---|---|
| 北 | 南 |
| 1♥ | 1♠① |
| 3♦ | 3♥② |
| 4♣③ | 4♠④ |
| 4NT⑤ | 5♣⑥ |
| 5♦⑦ | 5♠⑧ |
| 6♦⑨ | 6♥⑩ |

① 一盖一应叫1♠，表示6~15点，4张以上。

② 加叫3♥，表示♥有3张以上支持。

③ 扣叫♣，表示♣有A。

④ 扣叫♠，表示♠有A。

⑤ 以♥为将牌的关键张问叫。

⑥ 答叫有1个关键张。

⑦ 将牌Q问叫。

⑧ 答叫有将牌Q和♠K。

⑨ ♦花色问叫，问是否有第三轮控制。

⑩ 答叫6阶将牌，表示没有第三轮控制。

# 精准自然叫牌

## 例13　双方无局

♠Q952
♥86
♦AK1072
♣K9

```
 ┌北┐
西   东
 └南┘
```

♠AKJ103
♥AK973
♦5
♣A4

| 叫牌过程 | |
|---|---|
| 北 | 南 |
| 1♦ | 2♠ |
| 3♠ | 4NT① |
| 5♣② | 5♦③ |
| 6♣④ | 6♥⑤ |
| 7♠⑥ | |

①南家在跳叫2♠后，同伴加叫♠，南家自己持有21点牌力，加短套牌型点共有24点牌力，已达到试探满贯的牌力，故以♠为将牌问关键张。

②答叫有1个关键张。

③将牌Q问叫。

④答叫有将牌Q和♣K。

⑤对♥的花色问叫，问是否有第三轮控制。

⑥叫7♠，表示♥有第三轮控制。

## 第八章　满贯叫牌

### 例14　南北有局

♠AK10653
♥5
♦K6
♣AK32

```
┌北┐
西  东
└南┘
```

♠Q972
♥A82
♦AJ4
♣Q74

叫牌过程

| 北 | 南 |
|---|---|
| 1♠ | 2NT① |
| 3♥② | 4♦③ |
| 4NT④ | 5♠⑤ |
| 6♣⑥ | 7♠⑦ |

①雅可比2NT，表示13点以上，4张♠支持，要求同伴报单缺。
②答叫♥为单缺。
③扣叫♦，表示♦有A。
④以♠为将牌的关键张问叫。
⑤答叫2个关张键+将牌Q。
⑥对♣花色问叫，询问同伴是否有第三轮控制。
⑦叫7♠，表示有♣第三轮控制。

## 五、有缺门的表示办法

有缺门的表示办法有多种，下面介绍两种表示有缺门的有效办法。

（1）在将牌确定后，如果联手总牌力已达到打小满贯的要求，同伴用4NT关键张问叫，你可使用高于5♠的答叫来表示有一个缺门。

5NT=2个关键张+重要的缺门。

这个缺门一般是已知的，如使用爆裂叫以后或者在争叫过程中表

**精准自然叫牌**

示过的单缺花色。但这种有缺门答叫5NT的方法，无法表明是否有将牌Q，同伴可再叫6阶缺门花色问将牌Q。你有将牌Q可以跳叫7阶将牌，否则可转叫6阶将牌。如果缺门花色高于将牌花色，可用接力叫6♣问将牌Q。

### 例15　双方无局

♠AK972
♥KQ7
♦K3
♣J94

```
┌─北─┐
西    东
└─南─┘
```

♠QJ83
♥A963
♦AQ542
♣—

叫牌过程

| 北 | 南 |
|---|---|
| 1♠ | 4♣① |
| 4NT② | 5NT③ |
| 6♣④ | 7♠⑤ |

① 在同伴开叫1♠后爆裂叫，表示11点以上，同伴开叫花色有4张支持，♣为单缺。
② 以♠为将牌的关键张问叫。
③ 答叫2个关键张和♣缺门。
④ 叫缺门花色问将牌Q，有将牌Q就叫大满贯。
⑤ 叫7♠，有将牌Q。

（2）你使用爆裂叫后，同伴用4NT问叫时，即使你有缺门，因情况不明，一般仍采用一至四级常规答叫。如果同伴必须知道你单缺花色究竟是单张还是缺门，他可再叫这门花色进行问叫（一般在6阶水平），答叫7阶将牌表示缺门，叫6阶将牌表示单张。

## 第八章　满贯叫牌

| 例16 | | 南北有局 |

♠AQJ63
♥AKQ2
♦K9
♣J9

```
  ┌北┐
 西  东
  └南┘
```

♠K1072
♥J875
♦—
♣AKQ54

叫牌过程

| 北 | 南 |
|---|---|
| 1♠ | 4♦① |
| 4NT② | 5♥③ |
| 6♦④ | 7♠⑤ |

① 北家开叫1♠后，南家4♦爆裂叫，表示11点以上，同伴开叫花色有4张支持，所叫花色为单缺。
② 北家持大牌20点，同伴爆裂叫，联手有满贯的实力，故以♠为将牌问关键张。
③ 答叫2个关键张+没有将牌Q。
④ 北家分析，自己持2个关键张和将牌Q，同伴有2个关键张，若同伴的♦为单张则缺1个关键张；若同伴的♦是缺门就可以打大满贯。因此，北家在6阶水平叫♦，表示若同伴♦花色上是缺门就叫大满贯，是单张就叫小满贯。
⑤ 叫7♠，表示♦是缺门。

## 六、两门花色的关键张问叫

两门花色的关键张问叫大致分为两类。

一类是：你叫的花色得到了同伴的支持，同伴叫的花色也得到了你的支持，这两门花色至少是5-3配合，均可作为将牌。此时你或同伴

## 精准自然叫牌

用4NT或者4♣进行关键张问叫，应把这两门花色的K都作为关键张计算。两门花色关键张问叫时共有6个关键张；两门花色的Q称关键Q，并与其他Q加以区别。

另一类是：你已表示平均牌型（无单缺），如1NT开叫，同伴已表示有两门长套，其中一门确定为将牌，此时你或同伴用4NT问叫或者是4♣问叫，也属于两门花色关键张问叫。其两门花色关键张问叫也是把两门花色的K都作为关键张计算，两门花色共有6个关键张。两门花色的Q称关键Q，并与其他Q加以区别。如果有足够的将吃能力，同伴的另一门长套你是双张，即使没有该花色的Q，也可作为有该花色的Q应答。

两门花色关键张问叫的答叫如下：

加一级=1个或4个关键张；

加二级=0个或3个关键张；

加三级=2个或5个关键张，无关键Q；

加四级=2个或5个关键张，有较低级别关键Q；

加五级=2个或5个关键张，有较高级别关键Q；

加六级=2个或5个关键张，有两个关键Q。

在答叫一级或二级后，也可通过接力问叫来问关键Q。其答叫如下：

加一级=无关键Q；

加二级=有较低级别的关键Q；

加三级=有较高级别的关键Q；

加四级=有两个关键Q。

# 第八章　满贯叫牌

**例17　东西有局**

♠AQ852
♥A765
♦83
♣Q4

```
  ┌北┐
西   东
  └南┘
```

♠KJ7
♥KQ10842
♦A5
♣A3

叫牌过程

| 北 | 南 |
|---|---|
| 1♠ | 2♥ |
| 3♥① | 3♠② |
| 4♥③ | 4NT④ |
| 5NT⑤ | 7NT⑥ |

① 北家开叫1♠，南家应叫2♥，北家加叫3♥，表示同伴应叫花色有3张以上支持。
② 南家再应叫加3♠，表示♠有3张支持。
③ 北家再加同伴应叫的♥，表示有4张支持。
④ 以两门花色（♥和♠）为将牌的关键张问叫。
⑤ 五级答叫，表示有2个或5个关键张和较高级别的关键Q。
⑥ 南家分析，同伴有2个关键张和♠Q，同伴开叫♠应该是5张套，这样♠就有五墩牌；♥自己有6张，同伴有4张，应该有六墩牌，加上低花的两个A，十三墩牌有了。故叫7NT。

403

精准自然叫牌

**例18　双方有局**

♠KQ82
♥K6
♦A84
♣A1092

```
┌─北─┐
西　东
└─南─┘
```

♠AJ1074
♥A10752
♦K2
♣3

叫牌过程

| 北 | 南 |
|---|---|
| 1NT | 2♥① |
| 2♠② | 3♥③ |
| 4♠④ | 4NT⑤ |
| 5♣⑥ | 5♦⑦ |
| 6♣⑧ | 7♠⑨ |

①南家在同伴开叫1NT后，应叫2♥转移叫。

②转移到♠上。

③南家持两门高花为5-5型，再叫3♥。

④再叫♠，表示♠有较好的支持。

⑤以两门花色（♥和♠）为将牌的关键张问叫。

⑥答叫有1个或4个关键张。

⑦关键Q问叫。

⑧加四级答叫，表示有两个关键Q。♥双张，虽然没有♥Q，可以通过将吃弥补。

⑨南家分析，同伴有♠K和♠Q，♥又有第二轮和第三轮控制，完全可以拿到十三墩牌。因此叫7♠。

## 第八章　满贯叫牌

例19　双方无局

♠AQ84
♥KJ3
♦AJ103
♣AQ

```
  ┌ 北 ┐
  西   东
  └ 南 ┘
```

♠KJ106
♥AQ102
♦Q42
♣93

| 叫牌过程 | |
|---|---|
| 北 | 南 |
| 2NT | 3♣① |
| 3♦② | 4♣③ |
| 4NT④ | 5♠⑤ |
| 5NT⑥ | 6♥⑦ |
| 6♠⑧ | |

①开叫2NT，南家应叫3♣，为傀儡斯台曼问叫。
②有4张高花。
③两门高花均为4张，满贯试探。
④以两门花色（♥和♠）为将牌的关键张问叫。
⑤加四级答叫，有2个或5个关键张和较低级别的关键Q。
⑥北家分析，自己持有4个关键张和较高级别的关键Q，同伴有2个关键张和较低级别的关键Q，再叫5NT问旁花K。
⑦没有旁花K，答叫较低级别的将牌，让同伴选择。
⑧北家4张♠3张♥，将牌只能选♠，因此改叫6♠。

### 第三节　低花为将牌的关键张问叫

低花为将牌的关键张问叫，因受叫牌空间的限制，许多牌手都采用格伯关键张问叫。格伯关键张问叫是在原格伯问叫的基础上稍作修

405

**精准自然叫牌**

改演变而成的。当用4♣问叫时，在你与同伴已明确将牌的情况下，就把将牌K当作A来处理，这样一副牌就有5个关键张。格伯关键张问叫的答叫法，还是采用1403，与高花为将牌的关键张答叫一致。

4♣关键张问叫的答叫如下：
4♦=1个或4个关键张；
4♥=0个或3个关键张；
4♠=2个关键张+无将牌Q；
4NT=2个关键张+有将牌Q。

### 一、低花为将牌的确认

（1）应叫者对开叫花色有支持，以开叫花色为将牌。

例如，开叫人开叫1阶低花，应叫人对开叫的低花反加叫，以开叫花色为将牌。

**例20　　双方有局**

♠K42
♥KQ74
♦AJ104
♣52

```
┌──北──┐
西      东
└──南──┘
```

♠AQ53
♥AJ3
♦KQ982
♣4

| 叫牌过程 | |
|---|---|
| 北 | 南 |
| 1♦ | 2♦① |
| 2♥② | 4♣③ |
| 4♦④ | 4NT⑤ |
| 5♥⑥ | 6♦⑦ |

①南家对同伴开叫1♦进行低花反加叫，表示11点以上，♦有4张以上。

406

## 第八章　满贯叫牌

②再叫2♥，表示4张以上。
③以♦为将牌的关键张问叫。
④答叫1个关键张。
⑤旁花K问叫。
⑥答叫有♥K，可能还有较高级别的K。
⑦南家分析，联手缺少1个关键张，只能打小满贯。

又如，开叫人开叫1阶低花，应叫人对开叫花色爆裂叫，以开叫花色为将牌。

### 例21　双方无局

♠AQ102
♥J83
♦A1042
♣KQ

|  | 叫牌过程 |  |
|---|---|---|
|  | 北 | 南 |
|  | 1♦ | 3♥① |
|  | 4♣② | 4NT③ |
|  | 5♣④ | 5♠⑤ |
|  | 6♦⑥ |  |

♠KJ95
♥5
♦KQJ96
♣A92

① 开叫1♦后，南家爆裂叫，表示11点以上，有5张♦支持，♥为单缺。
② 以♦为将牌的关键张问叫。
③ 答叫有2个关键张+将牌Q。
④ 旁花K问叫。
⑤ 答叫有♠K。
⑥ 北家分析，联手还缺1个关键张，只能打小满贯。

407

**精准自然叫牌**

再如，开叫人开叫1阶低花后再叫第二套花色，应叫人加叫开叫花色，以开叫花色为将牌。

### 例22　南北无局

♠A953
♥A9
♦K2
♣AQJ63

```
┌─北─┐
西   东
└─南─┘
```

♠K107
♥KQ83
♦A65
♣K107

| 叫牌过程 | |
|---|---|
| 北 | 南 |
| 1♣ | 1♥① |
| 1♠② | 3♣③ |
| 4♣④ | 4♠⑤ |
| 4NT⑥ | 5♥⑦ |
| 6♣⑧ | |

① 开叫1♣后，南家一盖一应叫1♥，表示6点以上，4张以上。
② 再叫1♠，♠为4张以上。
③ 跳加同伴开叫花色，表示11点以上，3张以上♣支持。
④ 以♣为将牌的关键张问叫。
⑤ 答叫有2个关键张，没有将牌Q。
⑥ 旁门花色问K。
⑦ 答叫持有♥K，可能还有较高级的K。
⑧ 北家分析，虽然5个关键张和将牌Q都在手，但两门高花小牌太多，叫大满贯可能难以消化，还是小满贯稳妥。

## 第八章 满贯叫牌

（2）开叫人加叫应叫人应叫花色，以第一应叫花色为将牌。

例如，开叫人开叫高花，同伴二盖一应叫低花，开叫人加叫同伴的低花，以应叫人的应叫低花为将牌。

### 例23　　东西无局

♠KQ10
♥AQ1073
♦A109
♣53

```
 ┌北┐
西   东
 └南┘
```

♠A7
♥K5
♦KQJ875
♣A96

叫牌过程

| 北 | 南 |
|---|---|
| 1♥ | 2♦① |
| 3♦② | 4♣③ |
| 4♠④ | 4NT⑤ |
| 5♠⑥ | 6♦⑦ |

① 北家开叫1♥后，南家二盖一应叫2♦，表示11点以上，♦为5张以上。
② 加叫3♦，表示带大牌的3张支持。
③ 以♦为将牌的关键张问叫。
④ 答叫有2个关键张，没有将牌Q。
⑤ 旁花K问叫。
⑥ 答叫有♠K，表示没有♣K和♥K。
⑦ 南家分析，梅花两张小牌难以处理，还是叫小满贯为好。

又如，开叫人开叫1阶低花，同伴跳叫低花，开叫人加叫同伴的跳叫低花色，以同伴第一应叫低花为将牌。

## 精准自然叫牌

### 例24　双方无局

♠A105
♥K103
♦K95
♣KJ104

```
 ┌北┐
西  东
 └南┘
```

♠KQ2
♥A2
♦AQJ1084
♣Q9

叫牌过程

| 北 | 南 |
|---|---|
| 1♣ | 2♦① |
| 3♦② | 4♣③ |
| 4♠④ | 4NT⑤ |
| 5♣⑥ | 6♦⑦ |

① 北家开叫1♣后，南家跳叫2♦，表示16点以上，♦为5张以上。

② 加叫3♦，表示带大牌的3张支持。

③ 以♦为将牌的关键张问叫。

④ 答叫有2个关键张，没有将牌Q。

⑤ 旁花K问叫。

⑥ 答叫有♣K，可能还有较高级别的K。

⑦ 南家分析，联手还差1个关键张，只能打小满贯。

## 第八章　满贯叫牌

（3）开叫人开叫1NT，同伴应叫2♠问低花4张以上套，开叫人再叫低花，应叫人加叫或者直接应叫4♣问关键张，以开叫人再叫的低花为将牌。

**例25　　南北有局**

♠A543
♥KJ6
♦K8
♣AQ54

```
┌─北─┐
西    东
└─南─┘
```

♠2
♥A5
♦AQ752
♣KJ1097

| 叫牌过程 | |
|---|---|
| 北 | 南 |
| 1NT | 2♠① |
| 3♣② | 4♣③ |
| 4NT④ | 5♣⑤ |
| 5♦⑥ | 5♥⑦ |
| 7♣⑧ | |

① 南家在同伴开叫1NT后，应叫2♠问同伴的低花长度，为低花斯台曼问叫。

② 答叫3♣，表示♣持有4张以上。

③ 以♣为将牌的关键张问叫。

④ 答叫有2个关键张+将牌Q。

⑤ 旁花K问叫。

⑥ 答叫有♦K，可能还有较高级别的K。

⑦ 对♥花色K问叫。南家分析，联手5个关键张和将牌Q都在手，若同伴还有♥K，则可打大满贯。因此南家再叫5♥，表示若同伴持有♥K就叫大满贯，否则就叫小满贯。

⑧ 叫7♣，表示有♥K。

# 精准自然叫牌

（4）以关键张问叫之前最后所叫花色为将牌。

### 例26　　东西有局

♠K2
♥AQ3
♦K4
♣AQ9854

```
   北
西     东
   南
```

♠A6
♥K4
♦AQ965
♣KJ76

| 叫牌过程 | | |
|---|---|---|
| 北 | | 南 |
| 1♣ | | 1♦① |
| 3♣② | | 4♣③ |
| 4NT④ | | 5♣⑤ |
| 5♦⑥ | | 5♠⑦ |
| 7♣⑧ | | |

① 南家在同伴开叫1♣后一盖一应叫1♦，表示6点以上，♦为4张以上。

② 跳叫3♣，表示16~18点，5张以上。

③ 以♣为将牌的关键张问叫。

④ 答叫有2个关键张+将牌Q。

⑤ 旁花K问叫。

⑥ 答叫有♦K，可能还有较高级别的K。

⑦ 对♠K问叫。南家分析，联手5个关键张和将牌Q在手，若同伴持有♠K就叫大满贯，没有就叫小满贯。

⑧ 叫7♣，表示持有♠K。

# 第八章　满贯叫牌

## 二、继续问将牌Q

在4♣关键张问叫后，同伴答叫4♦和4♥只表示关键张的个数，将牌Q是否持有并不清楚。你自己没有将牌Q，又想知道同伴是否持有将牌Q，你就可以在同伴答叫后接力问将牌Q。即同伴在4♣关键张问叫时答叫4♦，你就可以用4♥问同伴的将牌Q；若同伴在4♣关键张问叫时答叫4♥，你就可以用4♠问将牌Q。这里将牌是低花，4♥和4♠问将牌Q都可以。将牌Q问叫的答叫如下：

将牌=没有将牌Q；
4NT=有将牌Q，没有旁花K；
旁花=有将牌Q和所叫花色K，可能还有其他的K；
5NT=有将牌Q和3个旁花K。

**例27　　双方无局**

| | | |
|---|---|---|
|♠A852| 叫牌过程 | |
|♥AK| 北 | 南 |
|♦3| 1♣ | 2♣① |
|♣AK9752| 4♣② | 4♦③ |
| | 4♥④ | 4♠⑤ |
| | 5♠⑥ | 7♣⑦ |

```
┌北┐
西  东
└南┘
```

♠K7
♥1063
♦AQ5
♣QJ863

① 开叫♣后，南家低花反加叫，表示11点以上，5张以上支持。
② 以♣为将牌的关键张问叫。
③ 答叫1个关键张。
④ 将牌Q问叫。

## 精准自然叫牌

⑤ 答叫有将牌Q还有♠K。

⑥ 对♠花色问叫。北家分析，5个关键张和将牌Q都在手，联手有11张将牌，若同伴有♠第三轮控制，就可以打大满贯，否则就打小满贯。

⑦ 叫7♣，表示有♠第三轮控制。

### 例28　南北有局

♠98
♥J106
♦Q84
♣AKQ84

```
┌─北─┐
西   东
└─南─┘
```

♠AK
♥A
♦AK109852
♣752

| 叫牌过程 | |
|---|---|
| 北 | 南 |
| 1♣ | 2♦① |
| 3♦② | 4♣③ |
| 4♦④ | 4♥⑤ |
| 5♣⑥ | 6♣⑦ |
| 7♦⑧ | |

① 开叫♣后，南家跳叫2♦，表示16点以上，所叫花色5张以上。

② 加叫3♦，表示带大牌的3张支持。

③ 以♦为将牌的关键张问叫。

④ 答叫1个关键张。

⑤ 将牌Q问叫。

⑥ 答叫有将牌Q还有♣K。

⑦ 对♣花色问叫。南家分析，5个关键张和将牌Q都在手，只有♣还有一个失张，若同伴有♣第三轮控制，就可以打大满贯，否则就打小满贯。

⑧ 叫7♦，表示有♣第三轮控制。

## 第八章　满贯叫牌

### 三、旁花K问叫

4♣低花关键张问叫后，答叫为4♦、4♥、4♠时，可用4NT问旁花K；答叫4NT时，则用5♣问旁花K。用4NT或5♣问旁花K有前提条件，联手必须有5个关键张，一个也不能少，将牌没有失张。否则，就不能轻易用4NT或5♣问旁花K。

#### 1. 4NT或5♣旁花K问叫

用4NT或5♣问旁花K后，答叫如下：

将牌=没有旁花K；

旁花=有此门花色K，也许还有其他的K。

#### 2. 花色K问叫

旁花K问叫以后，再在5阶水平上叫一门新花色，是在问这门花色是否有K。答叫如下：

答叫人持有问叫花色的K就叫大满贯；

答叫人没有问叫花色的K就叫小满贯。

**例29　东西有局**

♠A8
♥K10862
♦K4
♣K864

```
  北
西  东
  南
```

♠3
♥A3
♦AQ83
♣AQ9732

叫牌过程

| 北 | 南 |
|---|---|
| 1♥ | 2♣① |
| 3♣② | 4♣③ |
| 4♠④ | 4NT⑤ |
| 5♦⑥ | 5♥⑦ |
| 7♣⑧ | |

①北家开叫1♥后，南家二盖一应叫2♣，表示11点以上，♣为5

### 精准自然叫牌

张以上。

②加叫同伴应叫花色，表示有带大牌的3张以上支持。

③以♣为将牌的关键张问叫。

④答叫有2个关键张，没有将牌Q。

⑤南家分析，联手5个关键张和将牌Q都在手，可4NT旁花K问叫。

⑥答叫有♦K，可能还有其他的K。

⑦南家分析，♣♦♠都没有失张，应对♥花色K问叫，若同伴有这门花色的K就叫大满贯，没有就叫小满贯。

⑧叫7♣，有♥K。

### 四、花色问叫

在4♣关键张问叫后，再叫一门旁花，如果不是将牌Q问叫，就是花色问叫。花色问叫就是对某门花色的控制问叫。

花色问叫的答叫，只答叫是否有第三轮控制：

有第三轮控制就跳叫大满贯；

没有第三轮控制就跳叫小满贯。

#### 例30　　双方无局

♠AK106
♥8
♦AK10842
♣A6

```
┌北 ┐
西  东
└南 ┘
```

♠Q3
♥AK1083
♦QJ65
♣K7

叫牌过程

| 北 | 南 |
|---|---|
| 1♦ | 1♥① |
| 1♠② | 3♦③ |
| 4♣④ | 4♦⑤ |
| 4♥⑥ | 5♣⑦ |
| 5♠⑧ | 7♦⑨ |

## 第八章　满贯叫牌

①北家开叫1♦，南家一盖一应叫1♥，表示6点以上，♥为4张以上。
②再叫1♠，♠为4张以上。
③跳加叫同伴开叫花色，表示有带大牌的3张以上支持，大牌点在11~15点。
④北家分析，联手可达到打满贯的要求，故以♦为将牌问关键张。
⑤答叫1个关键张。
⑥将牌Q问叫。
⑦答叫有将牌Q和♣K，可能还有其他的K。
⑧对♠花色问叫。北家分析，5个关键张和将牌Q都在手，同伴还有♣K，若同伴还有♠的第三轮控制就可以打大满贯，因此再叫5♠问叫，表示若同伴有♠的第三轮控制就叫大满贯，没有第三轮控制就叫小满贯。
⑨叫7♦，♠有第三轮控制。

### 五、低花为将牌用4NT问关键张

有时候在3阶水平上不能确定将牌，要到4阶水平才能确定将牌，那么低花为将牌的关键张问叫就只能用4NT问关键张。例如，你开叫1♦，同伴对你开叫的♦有5张支持，♣单缺，他采用爆裂叫，第一应叫必须叫4♣，这时你就不能用4♣问关键张了。再比如，你开叫2♦，16~18点牌力，♣或♦单缺，同伴持大牌在13点以上，没有高花4张套，低花却均有4张以上，他第一应叫为3♦，要求你报牌力和单缺，这里你只能答叫4♣或4♦，同伴也不能用4♣问关键张。

417

## 精准自然叫牌

### 例31　双方有局

♠AKQ9
♥AJ74
♦8
♣K1053

```
┌─北─┐
西    东
└─南─┘
```

♠5
♥K8
♦AQ984
♣AQ964

叫牌过程

| 北 | 南 |
|---|---|
| 2♦① | 3♦② |
| 4♦③ | 4NT④ |
| 5♦⑤ | 5NT⑥ |
| 6♠⑦ | 7♣⑧ |

① 开叫2♦，表示4-4-4-1型或4-4-5-0型，13~21点。

② 应叫3♦，表示13点以上，要求同伴报牌力和单缺。

③ 答示4♦，表示16~18点，♦为单缺。

④ 南家知道，同伴牌力为16~18点，♦为单缺，自己手上有大牌点15点，且♠为单张，有足够的牌力叫满贯。因为不能在3阶水平确定将牌，要在4阶水平确定将牌，所以，以♣为将牌的关键张问叫不能用4♣来问，只能用4NT来问了。

⑤ 答叫0个或3个关键张。

⑥ 同伴有3个关键张，自己有2个关键张和将牌Q，南家接着再叫5NT问旁花K。

⑦ 答叫有♠K。

⑧ 南家分析，联手至少9张将牌，南北将吃的机会都很多，叫大满贯应该没有问题。

# 第八章 满贯叫牌

### 例32　南北有局

♠K3
♥KJ108
♦AQ985
♣A8

```
┌北┐
西　东
└南┘
```

♠A87
♥AQ94
♦K10763
♣3

| 叫牌过程 | |
|---|---|
| 北 | 南 |
| 1♦ | 4♣① |
| 4NT② | 5♦③ |
| 5♥④ | 7♦⑤ |

①在同伴1♦开叫后应叫4♣，表示爆裂叫，对开叫花色有5张支持，♣单缺，11点以上。
②以♦为将牌的关键张问叫。
③答叫0个或3个关键张。
④北家分析，联手5个关键张和将牌Q都在手，将牌有10张，将牌没有失张，♠和♣没有失张，只要同伴有♥Q，大满贯就没有问题。于是，对♥花色问叫。
⑤答叫7♦，有♥的第三控制。

## 第四节　其他满贯叫牌

### 一、无将满贯叫牌

当你花色开叫时，若找不到联手8张以上的花色配合，且牌力达到叫满贯的要求，你们在没有明确将牌的情况下，叫4NT就是无将

## 精准自然叫牌

定约问A；当你开叫无将或者应叫无将时，同伴跳叫4♣就是格伯问A。4NT问A和4♣格伯问A，其答叫都是只答持有几个A，不存在关键张。因此，4NT问A就是黑木问叫，5NT问K就是问有几个K；4♣问A就是格伯问A，5♣问K就是问有几个K。

### 例33　　双方无局

♠K2
♥K102
♦AQJ72
♣K83

```
    ┌北┐
   西  东
    └南┘
```

♠AQ1073
♥A93
♦K8
♣AJ10

叫牌过程

| 北 | 南 |
|---|---|
| 1♦ | 2♠① |
| 3NT② | 4NT③ |
| 5♦④ | 6NT⑤ |

① 在同伴开叫1♦后跳叫2♠，表示16点以上，♠为5张以上。
② 跳叫3NT，表示16~18点，对同伴应叫的♠没有支持。
③ 黑木问叫。
④ 答叫1个或4个A。
⑤ 南家分析，同伴持有1个A，应当持有3个K，叫6NT应该没有问题。

第八章　满贯叫牌

### 例34　　南北有局

♠QJ1083
♥KQ3
♦K92
♣A7

```
┌─北─┐
西　东
└─南─┘
```

♠K4
♥AJ6
♦A103
♣KQJ83

叫牌过程

| 北 | 南 |
|---|---|
| 1♠ | 2♣ |
| 2NT | 4NT① |
| 5♦② | 6NT③ |

① 黑木问叫。
② 答叫1个或4个A。
③ 南家分析，联手还缺1个A，只能打6NT。

### 例35　　东西有局

♠AJ84
♥K42
♦A72
♣KJ7

```
┌─北─┐
西　东
└─南─┘
```

♠KQ3
♥A107
♦K106
♣AQ65

叫牌过程

| 北 | 南 |
|---|---|
| 1NT | 4♣① |
| 4NT② | 5♣③ |
| 5NT④ | 6NT⑤ |

421

## 精准自然叫牌

① 开叫1NT后，南家直接跳叫4♣问A，表示有满贯兴趣，16点以上牌力。
② 答叫有2个跳档的A。
③ 5♣问K。
④ 答叫有跳档的2个K。
⑤ 南家分析，4个A和4个K都在手，打无将定约只能靠大牌点，联手牌力最多35点，没有长套牌型点，叫大满贯较危险，还是打小满贯。

### 例36　　双方有局

♠AQ84
♥KQ3
♦A104
♣AQ3

```
┌北┐
西　东
└南┘
```

♠KJ10
♥A102
♦K95
♣J1094

叫牌过程

| 北 | 南 |
|---|---|
| 2NT | 4♣① |
| 4♦② | 5♣③ |
| 5♥④ | 6NT⑤ |

① 开叫2NT后，南家持大牌12点，联手已达到满贯的牌力，没有高花4张套，直接叫4♣问A。
② 答叫0个或3个A。
③ 5♣问K。
④ 答叫有1个或4个K。
⑤ 南家分析4个A和3个K在手，打小满贯应该没有问题。

# 第八章 满贯叫牌

## 二、扣叫

扣叫就是指在将牌确定以后，你或者同伴再叫旁门花色来表示有这门花色的控制和对满贯有兴趣。利用扣叫进行满贯试探的主要优点是：

（1）可以核对每门旁门花色是否有控制，这样可以避免某一旁门花色缺乏控制却叫到小满贯。

（2）能否打满贯将由你和同伴共同来决策，而不是由你或由同伴单方面来决策。

（3）具有一定的灵活性。你扣叫后，既可以叫到满贯，也可以停在4阶或5阶水平，一切视情况而定。

扣叫一门花色，一般来讲，第一次扣叫表示有这门花色的第一轮控制（有A或缺门），第二次扣叫表示有这门花色的第二轮控制（有K或单张）。

要注意，同级扣叫优先较低级别的花色，而且首控要显示在次控之前扣叫。若一家回到将牌花色，表示没有本轮控制或本方控制已经扣叫完毕，表示无法扣叫或继续扣叫下去。

### 例37　双方有局

♠AJ864
♥82
♦QJ108
♣KQ

```
┌北┐
西　东
└南┘
```

♠KQ972
♥Q7
♦AK3
♣A105

实际叫牌过程

| 北 | 南 |
|---|---|
| 1♠ | 2NT① |
| 3♠② | 4NT③ |
| 5♣④ | 6♠⑤ |

正确叫牌过程

| 北 | 南 |
|---|---|
| 1♠ | 2NT |
| 3♠ | 4♦⑥ |
| 4♠⑦ | 5♦⑧ |
| 5♠⑨ | 不叫⑩ |

423

## 精准自然叫牌

① 雅可比2NT，13点以上，保证4张♠支持，要求同伴报单缺。
② 答叫13~15点低限牌力，无单缺。
③ 虽然开叫者表示持低限牌力，但应叫者持18点大牌，并且♠有5张支持，牌力已达到叫小满贯的要求，用4NT问关键张。
④ 答叫1个关键张。
⑤ 应叫人最终还是定约6♠。
因为无法知道开叫者手中只有两张小♥，结果对方连拿两墩♥，6♠定约宕一墩。如果采用扣叫，就能解决这个问题。其实前面几轮叫牌都一样，就是应叫者预计♥是薄弱环节，所以改用扣叫方法核对♥是否有控制。
⑥ 应叫者不叫4NT问关键张，而是扣叫4♦，希望同伴能扣叫♥，这样可防止连失两墩。
⑦ 由于缺乏♥的第一轮，只能再叫4♠。
⑧ 再扣♦第二轮控制。
⑨ 由于缺乏♥的第二轮，只能再叫5♠。
⑩ 同伴没有♥的前两轮控制，不叫为好。

### 例38　东西有局

♠K92
♥AQ9853
♦7
♣962

┌北┐
西 东
└南┘

♠AQJ83
♥KJ4
♦954
♣AK

| 叫牌过程 | |
|---|---|
| 北 | 南 |
| 2♥ | 2NT① |
| 3♠② | 4♣③ |
| 4♥④ | 5♣⑤ |
| 5♦⑥ | 6♥⑦ |

424

# 第八章 满贯叫牌

① 在同伴弱2开叫2♥后，南家持19点牌力，并且♥有好支持，打4♥没有问题，因此叫2NT问牌情。
② 答叫3♠，表示♠有大牌。
③ 扣叫4♣，表示♣有A，希望同伴扣叫♦。
④ 没有旁门花色的第一控制。
⑤ 扣叫♣，表示♣有第二轮控制。
⑥ 扣叫♦，表示♦有第二轮控制。
⑦ 6♥为最终定约。

## 例39　　南北有局

♠KQJ1075
♥KQJ103
♦—
♣AK

| 叫牌过程 | |
|---|---|
| 北 | 南 |
| 2♣ | 2♦① |
| 2♠② | 3♠③ |
| 4♣④ | 4♠⑤ |
| 4NT⑥ | 5♣⑦ |
| 6♠⑧ | |

♠A832
♥85
♦J643
♣975

① 在同伴2♣强开叫后，南家只有5点牌力，应叫2♦，表示0~10点牌力。
② 显示持有♠长套。
③ 对同伴的长套有支持。
④ 扣叫4♣，表示♣有A。
⑤ 表示旁门花色没有控制。
⑥ 以♠为将牌的关键张问叫。

425

## 精准自然叫牌

⑦答叫有1个关键张。

⑧同伴将牌有A,叫小满贯没有问题。

| 例40 | 南北有局 | 东发牌 |
|---|---|---|

♠AK106
♥4
♦A6
♣Q65432

```
┌北┐
西 东
└南┘
```

♠J4
♥A2
♦KQ10
♣AK10987

叫牌过程

| 西 | 北 | 东 | 南 |
|---|---|---|---|
|  |  | — | 1♣① |
| 1♠ | 2♣② | | 3♣③ |
|  | 3♦④ | | 3♥⑤ |
|  | 4NT⑥ | | 5♦⑦ |
|  | 5NT⑧ | | 7♣⑨ |

这是第七届天健杯（2016年）湖南省VS湖北省厅级干部桥牌赛打过的一副牌。湖北队周坚卫和李茂林搭档叫到7♣。

①开叫1♣,表示16点以上（精确）。

②北家在对方争叫1♠后应叫2♣,表示♣为5张以上。

③加叫3♣,确定♣为将牌。

④扣叫3♦,表示♦有A。

⑤扣叫3♥,表示♥有A。

⑥以♣为将牌的关键张问叫。

⑦答叫0个或3个关键张。

⑧北家果断叫出5NT大满贯推进叫。

⑨南北约定,没有旁花K就叫6♣,有一个旁花K叫6阶旁花色,有两个旁花K就叫大满贯。南家手中有一个♦K,但还有一个♦Q,看成是另外一个K。因此,南家直叫7♣大满贯。

# 第八章　满贯叫牌

## 三、小满贯邀请叫

高花叫到4阶已经到局，如果一方把双方同意的高花将牌花色从4阶加到5阶，或者越过4阶直接跳叫到5阶，这便是小满贯邀请叫，表示旁门花色最多失一墩，一般缺少一个A，请同伴在将牌中有两张大牌（A、K、Q）时加到6阶小满贯。否则便不叫，就打5阶高花定约。

### 例41　　南北有局

♠AKJ1063  
♥73  
♦852  
♣74

叫牌过程

| 北 | 南 |
|---|---|
| 2♠① | 5♠② |
| 6♠③ | |

```
  ┌北┐
西    东
  └南┘
```

♠Q92  
♥KQ106  
♦AKQJ104  
♣—

① 开叫2♠，表示8~11点，♠为6张以上。
② 应叫5♠，表示旁门花色只有一个失墩，若同伴有将牌中的两张大牌就可以叫小满贯。
③ 叫6♠，将牌中有两张大牌。

## 精准自然叫牌

### 例42　东西有局

♠A10973
♥KQ7
♦3
♣AKQ7

```
  ┌─北─┐
  西   东
  └─南─┘
```

♠KQ42
♥A86
♦Q65
♣J102

| 叫牌过程 | |
|---|---|
| 北 | 南 |
| 1♠ | 3♠① |
| 4♣② | 4♥③ |
| 5♠④ | 6♠⑤ |

① 跳叫3♠，表示11~12点，4张♠支持。

② 扣叫4♣，表示有♣A。

③ 扣叫4♥，表示有♥A，同时否定♦有第一轮控制。

④ 跳叫5♠，小满贯邀请叫，有将牌中的两张大牌就叫小满贯。

⑤ 有两张大牌，最终定约6♠。

## 第八章　满贯叫牌

有些牌既不适宜罗马关键张问叫，也不适宜扣叫，只能使用直接满贯邀叫才能收到较好效果。例如，平均牌型，能否打无将满贯定约，直接满贯邀叫较为合适。

### 例43　　双方无局

♠A1095
♥K106
♦AK74
♣K6

```
  ┌─北─┐
  西  东
  └─南─┘
```

♠KQ4
♥AQ8
♦Q83
♣QJ102

叫牌过程

| 北 | 南 |
|---|---|
| 1NT | 4NT① |
| 6NT② | |

①北家开叫1NT后，南家直接叫4NT并非问A，而是直接邀叫6NT。同伴持高限就叫6NT，持低限就不叫。
②北家持17点牌力属于高限，接受邀请。

### 四、大满贯推进叫

在打有将定约时，如果旁门花色已确定没有失张，你可直接用5NT来问将牌是否有失张，这种叫法称为大满贯推进叫。当然你也可先使用罗马关键张问叫，以后再使用将牌Q问叫，同样可以达到这个效果。但有时在扣叫到5阶水平后，你已无法再使用关键张问叫，你却可以使用大满贯推进叫，用5NT来问将牌的情况。

5NT问叫者至少有将牌中的A、K、Q三个顶张中的一个，否则他就不具备问叫的条件。答叫者如在将牌中有两个顶张，他可直接跳

## 精准自然叫牌

叫大满贯，否则在6阶水平上作相应的应答。下面就是在6阶水平上的具体的应答方法。

### 1. 高花为将牌的应答
（1）6♣=否定有A或有K，可能有Q。

问叫者再叫6♦问是否有Q，有Q则跳叫大满贯。

（2）6♦=有A或有K。

（3）6♥=有A或有K且将牌中有附加长度。

### 2. 低花为将牌的应答
（1）6♣=将牌中没有顶张。

（2）6♦=将牌中有A或有K。

**例44　　　南北有局**

♠3
♥AK982
♦A2
♣KQ1065

```
 ┌北┐
西  东
 └南┘
```

♠AQ9
♥Q1074
♦K94
♣A83

| 叫牌过程 | |
|---|---|
| 北 | 南 |
| 1♥ | 2NT① |
| 3♠② | 4♣③ |
| 4♦④ | 4♠⑤ |
| 5♣⑥ | 5♦⑦ |
| 5NT⑧ | 6♣⑨ |
| 6♦⑩ | 7♥⑪ |

①南家在同伴开叫1♥后应叫雅可比2NT，表示13点以上，保证4张支持，要求报单缺。

②应答3♠，表示13~15点，♠为单张。

③扣叫4♣，表示有♣A。

④扣叫4♦，表示有♦A。

## 第八章　满贯叫牌

⑤扣叫4♠，表示有♠A。

⑥扣叫5♣，表示有♣K或单张。

⑦扣叫5♦，表示有♦K或单张。

⑧北家分析，4个A都在手，同伴还有♦K，大满贯有希望，作5NT大满贯推进叫。

⑨答叫没有将牌A或K，可能有将牌Q。

⑩继续问同伴是否有将牌Q，有将牌Q就叫大满贯。

⑪叫7♥，有将牌Q。

### 例45　东西有局

♠K2
♥AK
♦AJ10982
♣AQ3

```
┌北┐
西    东
└南┘
```

♠AQ4
♥872
♦K6543
♣K2

叫牌过程

| 北 | 南 |
|---|---|
| 1♦ | 2♦① |
| 3♣② | 3♠③ |
| 4♥④ | 5♣⑤ |
| 5NT⑥ | 6♦⑦ |
| 7♦⑧ | |

①南家在同伴开叫1♦后加叫2♦，表示大牌11点以上，同伴开叫花色有4张以上支持。

②扣叫♣，表示有♣A。

③扣叫♠，表示有♠A。

④扣叫♥，表示有♥A。

⑤扣叫♣，表示♣有K或单张。

⑥大满贯推进叫，问将牌情况。

**精准自然叫牌**

⑦表示持有将牌A或K中的一个。
⑧北家分析,将牌中有A和K,缺少Q,但将牌有11张,不会有失张。

# 附录1  桥牌比赛记分办法

## 一、基本分（墩分）

定约方完成定约，得分如下：

1. 花色定约：低花定约基数为六墩，之后每一墩为20分；高花定约基数为六墩，之后每一墩为30分。

2. 无将定约：基数为六墩，之后第一墩为40分，第二墩起每墩为30分。

如果定约被加倍，则分数乘以2，如果定约被再加倍，分数应乘以4。

定约的基本分达到100分及100分以上的，称作成局定约。定约的基本分未满100分的，称作未成局定约。

例如：定约3NT，基本分为40+30×2=100（分）；

定约4♥或4♠，基本分为30×4=120（分）；

定约5♣或5♦，基本分为20×5=100（分）。

上述这些定约基本分均达到100分或100分以上，所以称作成局定约。

3. 两个特殊定约：就是必须赢十二墩的小满贯定约和赢十三墩的大满贯定约。也就是6阶水平定约为小满贯定约，7阶水平定约为大满贯定约。

## 二、奖分

1. 定约方超额完成定约。定约方每超一墩，记上基本分，也就是说低花定约超额一墩奖20分，高花和无将定约超额一墩奖30分。

遇到加倍定约超额完成定约时，无局方时每超额一墩奖100分，有局方时每超额一墩奖200分。

## 精准自然叫牌

2. 定约方完成加倍定约时，奖50分。
3. 定约方完成再加倍定约时，奖100分。
4. 定约方完成未成局定约时，奖50分。
5. 定约方完成成局定约时：
   （1）当定约方处在无局方时，奖300分；
   （2）当定约方处在有局方时，奖500分。
6. 定约方完成小满贯定约时：
   （1）当定约方处在无局方时，奖500分；
   （2）当定约方处在有局方时，奖750分。
7. 定约方完成大满贯定约时：
   （1）当定约方处在无局方时，奖1000分；
   （2）当定约方处在有局方时，奖1500分。

但是，定约方完成满贯定约，实际上是双奖。完成小满贯定约的奖分为：

处在无局方时：300+500=800（分）；
处在有局方时：500+750=1250（分）。
完成大满贯定约奖分为：
处在无局方时：300+1000=1300（分）；
处在有局方时：500+1500=2000（分）。

**奖分表**

|  | 无局方 | 有局方 |
|---|---|---|
| 完成未成局定约 | 50 | 50 |
| 完成成局定约 | 300 | 500 |
| 完成小满贯定约 | 300+500=800 | 500+750=1250 |
| 完成大满贯定约 | 300+1000=1300 | 500+1500=2000 |
| 完成加倍定约 | 50 | 50 |
| 完成再加倍定约 | 100 | 100 |

# 附录1 桥牌比赛记分办法

## 三、罚分

定约方未完成定约时就要罚分（宕分）。

1. 当定约未被加倍时：

（1）当定约方处在无局方时，每宕一墩为50分；

（2）当定约方处在有局方时，每宕一墩为100分。

2. 当定约被加倍时：

（1）当定约方处在无局方时，宕第一墩为100分，第二墩、第三墩为200分，从第四墩起每宕一墩为300分。为便于记忆，简称为"1、3、5、8、11"。

（2）定约方处在有局方时，宕第一墩为200分，以后每宕一墩为300分。简称为"2、5、8、11、14"。

3. 当定约遇到再加倍时，则根据是有局方还是无局方，在定约被加倍的分数上再翻一番。

### 宕分表

| 局况／罚分／墩数 | 无局方 未加倍 | 无局方 加倍 | 无局方 再加倍 | 有局方 未加倍 | 有局方 加倍 | 有局方 再加倍 |
| --- | --- | --- | --- | --- | --- | --- |
| 第一墩 | 50 | 100 | 200 | 100 | 200 | 400 |
| 第二墩、第三墩每墩 | 50 | 200 | 400 | 100 | 300 | 600 |
| 以后每墩 | 50 | 300 | 600 | 100 | 300 | 600 |

# 附录2　桥牌国际比赛分换算表

| 分数 | 国际比赛分 | 分数 | 国际比赛分 |
| --- | --- | --- | --- |
| 0~10 | 0 | 750~890 | 13 |
| 20~40 | 1 | 900~1090 | 14 |
| 50~80 | 2 | 1100~1290 | 15 |
| 90~120 | 3 | 1300~1490 | 16 |
| 130~160 | 4 | 1500~1740 | 17 |
| 170~210 | 5 | 1750~1990 | 18 |
| 220~260 | 6 | 2000~2240 | 19 |
| 270~310 | 7 | 2250~2490 | 20 |
| 320~360 | 8 | 2500~2990 | 21 |
| 370~420 | 9 | 3000~3490 | 22 |
| 430~490 | 10 | 3500~3990 | 23 |
| 500~590 | 11 | 4000以上 | 24 |
| 600~740 | 12 | | |

# 附录3　胜利分20制整数转换表

| 胜利分 (VP) | 8副 (IMP) | 10副 (IMP) | 12副 (IMP) | 16副 (IMP) | 20副 (IMP) | 24副 (IMP) |
|---|---|---|---|---|---|---|
| 10：10 | 0~0 | 0~0 | 0~1 | 0~1 | 0~1 | 0~1 |
| 11：9 | 1~3 | 1~3 | 2~4 | 2~4 | 2~5 | 2~5 |
| 12：8 | 4~6 | 4~6 | 5~7 | 5~8 | 6~9 | 6~10 |
| 13：7 | 7~9 | 7~9 | 8~11 | 9~12 | 10~14 | 11~15 |
| 14：6 | 10~12 | 10~13 | 12~15 | 13~17 | 15~19 | 16~21 |
| 15：5 | 13~16 | 14~17 | 16~19 | 18~22 | 20~25 | 22~27 |
| 16：4 | 17~20 | 18~22 | 20~24 | 23~28 | 26~31 | 28~34 |
| 17：3 | 21~25 | 23~27 | 25~30 | 29~35 | 32~39 | 35~43 |
| 18：2 | 26~30 | 28~34 | 31~37 | 36~43 | 40~48 | 44~53 |
| 19：1 | 31~38 | 35~42 | 38~46 | 44~53 | 49~60 | 54~65 |
| 20：0 | 39+ | 43+ | 47+ | 54+ | 61+ | 66+ |